# A Glossary of Spanish Literary Composition

# A Glossary of

# Spanish Literary Composition

# JAMES REDFERN
*Louisiana State University*

**Harcourt Brace Jovanovich, Inc.**

*New York | Chicago | San Francisco | Atlanta*

ISBN: 0-15-529628-0

Library of Congress Catalog Card Number: 72-91161

Printed in the United States of America

# Preface

This book is intended for the student of Spanish who is beginning to write compositions on literary selections he is reading. It assumes that he has a knowledge of basic Spanish grammar and enough experience in reading Spanish to be able to use a standard dictionary, if needed, to get at the meaning of these entries. It has been compiled with a second-year college Spanish class in mind but could be used in the first year with a really strong group. In addition, it may be used on any level as a reference.

Its purpose is to present the elements of a basic critical vocabulary in contexts which can serve as models of expression for the student's own ideas. It is hoped that having entries *in context*—that is, in a complete sentence or word grouping—will lead the student to correct phrase structures by analogy and will help him to introduce a greater variety of expression, while generally discouraging the formation of English-type sentences.

A work of this size cannot be exhaustive, but this one does include most of the basic vocabulary used in literary manuals and reference works of both Spain and Latin America. Illustrations have been taken also from literary journals, weeklies, and miscellaneous writings of prominent critics and well-known writers of past and present. Closely related words, expressions, and certain definitions appear in addition to the literal listings. This makes readily available to the student the thoughts and observations of eminent men of letters, expressed in their own words. Also included are pertinent sayings and proverbs by means of which the student's ideas might be illustrated or further stimulated and developed.

There is nothing here about how to structure a composition, organize and present ideas, or set forth conclusions; these basics are beyond the scope of this glossary. Students who are interested in techniques of literary explication, or who desire additional guidance in critical terminology, will find useful references listed at the end of the book.

Among those who have made suggestions helpful to the progress of this book, I should like to thank Professors Enrique Anderson-Imbert, Frank Casa, Hugo Montero, Antonio Ruiz-Salvador, and John Turner; also Hilda Avila and Mrs. George Beiers. I want especially to express my gratitude to Professor Manuel Durán, Richard Schillen, Gladys García, and Noemi Knapp, who read the entire manuscript and made numerous observations which have substantially improved certain parts of it.

James Redfern

# To the student: how to use the glossary

The purpose of this book is to help you write better compositions in Spanish. As soon as you pass from basic grammar into elementary reading, you need a much expanded vocabulary if you are to write something pertinent and interesting about the poem, play, or story you are reading. The basic vocabulary needed for literary composition is presented here, but unlike most dictionaries, which tend to give words in isolation or in neutral context, this glossary illustrates each word for you in whole clauses or sentences of a literary nature. Given such models to refer to, you can quite readily contrive sentences of your own to suit individual purposes, and the result will be an improved piece of work, free of many grammatical errors and expressed in a way a more experienced writer might have chosen. There is no need to use incorrect prepositions, unsuitable adjectives, inappropriate verbs, or English-type phraseology, if the models here are carefully examined and followed.

To learn how to use this glossary, the following illustrations will be helpful:

## ENTRIES

Main entries present the featured word in boldface. Subentries do not contain words in boldface:

**essay**
Su nombre se ve citado frecuentemente en los **ensayos** literarios.
(critical)  Su forma preferida de expresión es el ensayo de carácter informativo y crítico.

Virtually all the entries are listed alphabetically by English equivalent. In a few cases it was deemed preferable to enter the word in another language, either because it has thus acquired general literary currency or because a truly appropriate English equivalent does not exist. Some examples of this are **leitmotiv, commedia dell'arte, mal du siècle, ars poetica, culteranismo, costumbrismo, conceptismo, raison d'être, machismo, nouveau roman,** and **zarzuela.**

## GENDER OF NOUNS

In certain cases where doubt might arise, the gender of a noun is given in parentheses:

**contribution**
    Es su **aporte** (m.) más original y feliz a la historia del teatro español.

If gender is signaled elsewhere in the entry, no further identification is provided:

**value**
    (n.) Posee un sistema de **valores** humanos absolutamente diferente de lo corriente.

In this case **humanos** shows that **valores** is masculine.

## PARTS OF SPEECH

Using the above examples, observe that **value** is identified as a noun by the sign (n.). **Contribution** is not so identified because it can be nothing else, whereas **value** might also be a verb. Throughout the glossary this sort of identification-where-necessary is made of nouns (n.), verbs (v.), and adjectives (a.).

## VERBS

The infinitive form (plus preposition, where applicable) is given in parentheses at the end of main entries, unless the infinitive itself happens to be used in the body of the example. If a verbal phrase is used, infinitive plus ellipsis is given, rather than the entire expression.

**influence**
    (v.) Lista **influyó en** las generaciones sucesivas por su enorme prestigio como crítico maestro.   (influir en)

**judge**
(v.) No debemos **juzgar** al poeta romántico por lo que dice.

**introduce**
Sierra **dio a conocer** en Méjico algunos poetas parnasianos franceses.
(dar a . . .)

## CONTEXT

Make it a point to observe not only the boldface word you are seeking but also the context in which it occurs:

**influence**
(n.) Garcilaso ejerció una enorme **influencia** en la literatura castellana.

You could find **influencia** in any Spanish dictionary. The value of the glossary is that you know, by observing the surrounding structure, that the idea of "having an influence on" is, in Spanish, **ejercer una influencia en.** This gives you the noun, its gender, a correct preposition, and the commonly used verb, all assembled in the proper order.

## NUANCE

The fact that two equivalents of an English word are given does not necessarily mean they can be freely interchanged. This may be possible, but be sure you know the sense of the entry before making such replacements:

**grow**
Salinas **se creció** mucho en América y nunca fue tan fecundo como en el decenio del 40.   (crecerse)
En el tercer acto **aumenta** el interés dramático . . .   (aumentar)

Here **crecerse** means "grow (in intellectual development)," and **aumentar** means "grow (increase)"; hence they would not be interchangeable.

## QUOTATIONS

You will find a number of quotations, scattered throughout the glossary, which give a celebrated person's observation on the concept in question. They are meant in part to serve as models, but their chief value is that they can stimulate your own ideas. Experienced critics make use of quotations to give support and dimension to their arguments. Too many quotations will of course detract from your composition, but an occasional one, aptly chosen, can enhance its overall effect.

## ADJECTIVES BASED ON PROPER NAMES

At the end of the book, after the alphabetical listings, is appended a list of names of important writers along with adjectives formed from their names—**Lope de Vega: los autógrafos lopescos.**

## CONVENTIONS

Parentheses enclose an infinitive (evocar), part of speech (v.), gender (m.), alternate form [comic(al)], and the sense in which an entry is to be taken—**person (grammatical).** Brackets signal a cross-reference—**evaluation** [> appraisal]— where the sign > means "see also." As already mentioned, the word being defined or illustrated normally appears in boldface, although the word was not originally emphasized in this way.

## DEVELOPMENT OF YOUR SKILLS

In addition to practice in writing Spanish, a good way to improve your abilities in literary composition is to become a habitual reader of critical articles and reviews in whatever Spanish-language books, journals, magazines, and papers are available to you. As you read, be on the alert for interesting ways of expressing judgment, make note of neologisms and adjectives referring to new literary schools or movements, and keep a list of expressions you might put to use in future explications.

Literary expression in Spanish is a worthwhile goal, to be achieved by perseverance and patience. If this glossary assists you along the way, it will have accomplished its purpose.

# A Glossary of Spanish Literary Composition

# a

**abandon**
El novelista, **dejó** la literatura para dedicarse al estudio de la filología.  (dejar)

Más tarde **abandonó** la escena al notar que tenía más éxito como escritor y periodista.  (abandonar)

Al evolucionar en trayectorias individuales, los poetas **se desprendieron del** ultraísmo.  (desprenderse de)

**abbreviation**
Entre las **siglas** utilizadas se encuentran: O.N.U., O.E.A., . . .

Se emplea asimismo el punto detrás de las **abreviaturas** (e.g., Sr.).

**ability**   [ > skill]
Lo que Moreto no tuvo de invención lo ganó en **habilidad** técnica.

Poseyó un talento dramático superior a su **capacidad** narrativa.

El no tiene **aptitud** para escribir poesía.

**abound**
El lector de hoy, amante de las comparaciones concretas que tanto **abundan** en esta poesía . . .  (abundar)

**above-mentioned**
Aunque Hernández no ha variado la imagen en el poema **arriba citado** . . .

Los tres primeros libros de los **arriba enumerados** constituyen esa tonalidad inicial . . .

El valor y contenido de los textos **anteriormente citados** . . .

En cada uno de los dramas **antes citados** . . .

**abridged**
Todas las novelas de Galdós están **extractadas.**

El texto no está completo.

**absence**
Todavía hay que advertir la **ausencia** de grandes figuras de la crítica actual.

El estilo novelesco del siglo XIX se caracterizó por la **ausencia** de metáforas.

**absent**
La mujer y el amor están totalmente **ausentes** del poema.

**absolute**
En literatura narrativa no es posible la originalidad **total.**

Unamuno concibe su drama con una seriedad espiritual **absoluta.**

**abstract**   [ > condensation, summary]
(a.) "Es imposible trazar la división exacta entre los nombres concretos y los **abstractos.**" —A. ALONSO

El detalle viene a tiempo para matizar lo que estaba destiñéndose en una idea **abstracta.**

**abstraction**
Su poesía es ahora más pura, llena de **abstracciones** por su sentido metafísico.

**absurd**
También se cultiva la narrativa del **absurdo** de la cual vamos a estudiar a uno de los autores más caracterizados.

### academy
La Real **Academia** Española (1714) es la primera que se constituye con carácter oficial en nuestra patria.

"De las horribles blasfemias de las **academias**, líbranos, señor." —DARÍO

### accent  [ > emphasize, stress, underscore]
(n.)  La sílaba sobre la cual recae el **acento** es la predominante en la palabra.

El **acento** es un elemento esencial en la versificación española.

(written)  Hay algunas palabras que llevan o no acento ortográfico según el oficio que desempeñen.

Se denominan acentos gráficos algunos signos de la escritura, aunque a veces no resalten peculiaridades fónicas.

(v.)  La interrogación **acentúa** la ironía que encierran estas ideas.  (acentuar)

### accept
Para que el lector **acepte** ese fin inesperado . . .  (aceptar)

Hay muchos escritores que no **reconocen** sus errores.  (reconocer)

Sin embargo, la crítica francesa no quiere **admitir** esta explicación.

### acceptance
Pasemos ahora a una obra que goza de universal **aceptación** . . .

Le dieron al autor una **acogida** maravillosa.

### acclaim  [ > fame, renown, reputation]
(n.)  El primer ensayo en atraerle amplia **aclamación** fue . . .

### accomplish  [ > achieve, attain, reach]
Parece que ese ensayo no **ha conseguido** su fin didáctico.  (conseguir)

El no pudo **llevar a cabo** su crítica literaria.

### (in) accordance (with)
Las obras se escriben **de acuerdo a** la preceptiva clásica.

Las palabras han sido elegidas por el poeta **conforme a** la finalidad temática y a su técnica culta.

### account
(n.)  Este **relato** autobiográfico se halla escrito con fluidez y continuidad.

### achieve  [ > accomplish, attain, reach]
Goytisolo no **ha alcanzado** todavía la perfección expresiva requerida por su estilo.  (alcanzar)

Tengo que declarar que en las muy frecuentes escenas sexuales el autor **logra** sus mejores momentos.  (lograr)

**Consigue** los mejores efectos con la sobriedad en la expresión de lo dramático.  (conseguir)

### acquire
Y muy pronto **adquirió** prestigio de escritor exquisito y raro.  (adquirir)

En realidad, la acción **cobra** espontaneidad, naturalidad, cuando los personajes influyen menos en ella que ella en los personajes.  (cobrar)

### acrostic
(n.)  El **acróstico** es una composición poética en la cual las iniciales de los versos, leídas verticalmente, componen una palabra o una frase.

(a.)  Los versos **acrósticos** que figuran al frente de "La Celestina" . . .

**act**
(n.) El **acto** de poetizar le daba más placer que el contemplar un poema logrado.

Excepcional importancia tienen sus piezas en un **acto**.

Compárense estas palabras con las que en la escena IV del **acto** II pronuncia el protagonista.

El teatro español ha preferido casi siempre la división en tres **jornadas**.

**action**
"Yo creo inversamente que siendo la **acción** un elemento no más que mecánico, es estéticamente peso muerto, y por tanto debe reducirse al mínimo." —ORTEGA Y GASSET

La **acción** avanza, retrocede, zigzaguea . . .

La **acción** gira principalmente alrededor de un motivo erótico.

La **acción** está calculada en un sentido lógico y equilibrado.

la **acción** principal del relato es sencilla pero irregular.

Tan elevado pensamiento se desarrolla en una **acción** conmovedora, interesante y grandiosa.

No hay una **acción** unitaria, sino una serie de acciones parciales relativas a un hecho real, relacionadas entre sí muy vagamente por la comunidad de personajes.

En esta **acción** se determinan tres partes: exposición, nudo y desenlace.

**active**
Todavía estaban **activos** algunos de los poetas modernistas.

La voz **activa** expresa que la acción del verbo es ejecutada por el sujeto.

**activity**
Sus primeras **actividades** literarias fueron como poeta.

**actor**
"En el teatro del mundo todos son **representantes**."   —CALDERÓN

Fue la primera obra en que el poeta aparece como **actor** de la epopeya que describe.

Los **intérpretes** gozaban de extremada popularidad.

A todo lo referente al teatro y a la escena dio altura este **comediante**.

**actress**
Pocas veces se han reunido en una **comedianta** tantas dotes de sensibilidad.

En España la profesión de **actriz** ha hallado tan eminentes como distinguidas personalidades.

**adapt**
La obra **ha sido adaptada** al cine en español e inglés.   (adaptar)

**adaptation**
Por bien hecha que esté una **adaptación**, nunca puede suplantar a la obra original.

**addition**
Se encuentran **adiciones** marginales en la edición de 1579 . . .

La obra de ese poeta es una gran **agregación** a la literatura.

(in a. to)   A más de estos libros de versos, ha publicado poemas, teatro y cuentos infantiles.

**adhere to**
La métrica del poeta **se ajusta a** las normas románticas.   (ajustarse a)

**adjective**
Bello es un maestro consumado en el uso del **adjetivo**, preciso y adecuado al objeto descrito.

Azorín, ecónomo de los **adjetivos**, empleó en esta ocasión uno muy destacado.
"Si un sustantivo necesita de un **adjetivo**, no lo carguemos con dos . . ."
—Azorín

Estudiemos el **epíteto** como elemento descriptivo de personas y cosas.

(multiple)       La acumulación adjetival es un procedimiento estilístico.

(placement of)   Si el adjetivo le antecede, estilísticamente contiene un valor evocador y afectivo, mientras que si le sigue, posee un carácter definitorio y técnico.

Cuando el adjetivo va antepuesto, la cualidad se pone de relieve y se presenta con especial afecto.

El adjetivo, cuando va pospuesto, no hace más que añadir una cualidad al sustantivo.

(use of)        La adjetivación es recia y melodiosa.

Hay un leve juanramonismo de adjetivación.

**admire**
No fue crítico ni siquiera de lo que **admiraba**.   (admirar)

**adopt**
De la escuela romántica **se apropió** la noción de libertad individual.
   (apropiarse)

**advance**
(n.) Representa un gran **paso en el avance** del desarrollo y valores estéticos.

Queremos examinar el **avance** de la poesía a través de los siglos y la evolución de los géneros.

(v.) La acción **avanza** majestuosa hacia su terminación.   (avanzar)

La acción **se adelanta** o se atrasa, caprichosamente.   (adelantarse)

Hay varias maneras de **llevar adelante** esta tremenda empresa informativa.
   (llevar . . .)

Si los cantantes supieran actuar la acción en esta ópera, **progresaría** con más facilidad.   (progresar)

**advantage**
La oposición al orden natural no trae siempre **ventaja** estética.

**adventure**
Las **aventuras** de Lázaro son alegres picardías casi infantiles.

**adverb**
El **adverbio** 'casi' colocado delante de esa imagen, hace la separación más angustiosa.

**adversary**   [ > antagonist, opponent, rival]
Por el contrario, muchos de sus **adversarios** se aprovechaban de la crítica para negar estas ideas.

**adversity**
Es cierto que la **adversidad** es ingrediente necesario a esas historias.

**aesthete**
Fue un **esteta** en la manera que estimaba la creación poética como la más elevada de las culturales y defendía la tesis del arte por el arte.
Algunos eran **estetas** puros, que con desparpajo juvenil jugaban a la literatura, deshumanizándola.

**aesthetic**
(n.) Toda crítica no es más que la aplicación de una **estética**.
(a.) Los grandes valores **estéticos** de los componentes de la generación eran innegables.

**aestheticism**
El **esteticismo** busca la organización de los estilos según las leyes de lo bello.
Nadie podía acusarlo de frivolidad y superficial **esteticismo**.
A Baroja le faltó el **esteticismo** suficiente para conseguir unas cuantas obras perfectas

**aesthetics**
Se empieza a discutir y a propagar la nueva **estética**.
**Estética** se denomina generalmente al estudio de lo 'bello', donde este concepto de bello debe ser tomado en el sentido más amplio, sin ningún carácter normativo ni contenido.

**affect**
Esta alteración del título no **afecta** para nada **al** contenido de la obrita. (afectar a)
La ruptura causada por la guerra de 1936 apenas **afectó a** la poesía lírica.

**affectation**
En literatura, la **afectación** se revela por la ampulosidad de la frase, el abuso de las antítesis, y lo rebuscado de las imágenes.
"No reprendo la facilidad, sino la **afectación** en la manera de hablar." —Herrera
La prosa, a pesar de raras caídas en un **amaneramiento** artístico, avanza eficazmente.

**affected**
En los libros españoles había aprendido a ser **amanerado** . . .
Y los utiliza de modo natural, sin rebuscamientos **afectados**.

**affective**
Dejando de lado el aspecto retórico de la lítote, allí sin duda el diminutivo tiene una connotación **afectiva**.
Esta relación es más bien **afectiva** que espacial para el autor.

**affirmative**
La frase **afirmativa** ofrece un enunciado compatible con el adverbio 'sí'.

**agility**
Con **soltura** y gracia utiliza el autor varios recursos para matizar actitudes y emociones.
Tenía una **agilidad** fantástica para las frases hipérbolas.

**agree**
El aspecto ceremonial de una oración de esta índole **concuerda** perfectamente con el tema mismo.   (concordar)

**agreed**
Los críticos están **de acuerdo** en que el estilo de la traducción es superior al desaliñado texto original.

**aim** [ > goal, intention, objective, purpose]
(n.) El **propósito** de la novela no es novelesco, sino histórico.

La obra tiene el **propósito** de denuncia y de reivindicación social.

El arte tiene una **finalidad** docente.

Hacernos comprender lo que nos conmueve es el **fin** de toda ciencia literaria.

El **intento** de la historia era de transmitir ese mensaje.

El **objeto** fundamental ya no era adoctrinar, enseñar, educar, sino, simplemente, entretener, divertir.

Su **empeño** fue poner en el habla del vulgo abundancia, entonación y armonía.

(v.) Pero este libro no **aspira** a decirlo todo.   (aspirar)

**alexandrine**
(n.) El **alejandrino** es un verso español de catorce sílabas.

(a.) Unos mil poemas escritos en verso **alejandrino** . . .

**alienation**
Ortega y Gasset habló del **enajenamiento** de las masas.

Este tema de la **alienación** interior surge constantemente en la obra de Unamuno.

**allegorical**
El principal mérito literario del breve relato es su carácter simbólico y **alegórico**.

Hay también en su teatro amplio lugar para la comedia filosófica y el drama **alegórico**.

**allegory**
La **alegoría** es una figura retórica, y el alegorismo, un género literario.

La aparente **alegoría** de esta novela quizá distraiga la atención del lector . . .

En ellos la **alegoría** juega un papel decisivo.

**alliteration**
La **aliteración**, suerte de rima imperfecta por la repetición de las mismas vocales o consonantes en diferentes palabras, tiene un uso reiterado.

Cuando la **aliteración** es involuntaria, constituye un defecto literario censurable.

**allude to** [ > refer to]
Acabamos de **aludir a** estos fenómenos literarios.

El título de la primera página **alude a** la tragedia de la última página.

**allusion** [ > reference]
Son frecuentes las **alusiones** a la realidad política, social e incluso literaria.

Recuérdense las **alusiones** en el último acto.

Este entremés, escrito en prosa, está lleno de **referencias** clásicas.

**allusive**
Tiende el poeta a una expresión lo más **alusiva** posible.

**almanac**
El primer **almanaque** conocido fue el dirigido —1475— por el célebre astrólogo Regio Montano.

**aloud**
> Algunos autores recomiendan, para desarrollar las disposiciones literarias, la lectura **en voz alta**.

**alphabet**
> Se ha intentado, en alguna ocasión, crear un **alfabeto** fonético único, de validez internacional.

**(to be in) alphabetical order**
> Al final del libro **se ordenan alfabéticamente** dichos términos extranjeros. (ordenarse . . .)

**alternate**
> (v.) Su tendencia formal **fluctúa** entre la regularidad y la libertad.   (fluctuar)
> **Alterna** muy bien los diálogos con los pasajes narrativos.   (alternar)

**alternation**
> El prólogo ha estado presidido por la **alternancia** entre la narración rápida y la lentitud descriptiva.
> Hay una **alternación** constante de vocabulario simple y complicado.
> Se nota también la **alternativa** de elementos cómicos y trágicos.

**amateur**    [ > dilettante]
> La literatura de **aficionados** es generalmente mediana y de poco interés.

**ambiguity**
> La **ambigüedad** no debe confundirse con el equívoco, ya que en éste interviene la intención de provocar la duda, mientras que aquélla es involuntaria.
> Una vez más el caso se presta a las mayores **ambigüedades**.
> La segunda fuente de **ambigüedad** es el **doble sentido** de su humor.
> Esto se presta a un **equívoco** y hace dudar acerca del verdadero carácter de la obra.

**ambiguous**
> La expresión que ofrece dos o más sentidos se llama **equívoca** o **ambigua**.

**ambition**
> Sin **ambiciones** literarias fue asentando en páginas sueltas lo que oyó, pensó, vio y leyó.

**ambitious**
> Es un libro enormemente **ambicioso** por la riqueza de su lenguaje, por su audacia expresiva, por la amplia y compleja riqueza imaginativa.

**amphibology**
> La **anfibología**, al revés, resulta un defecto de los que componen con excesiva lentitud.

**amuse**
> La novela **divierte** y **entretiene** . . .   (divertir, entretener)
> Se puede **distraer** a cualquier lector con ese lenguaje.

**amusing**    [ > comic(al), funny, humorous]
> Las aventuras son **divertidas**, y la ironía con que se narran de lo más fino en la literatura hispanoamericana.

**anachronism**
> Los **anacronismos** de detalle no alteran el efecto fundamental.
> Demuestra un estudio exacto de los acontecimientos de la corte de Juan II, aunque incurra en algunos **anacronismos**.

### anachronistic
Llamar prosaica la lengua de Berceo adolece de impropiedad **anacrónica**.

### anacoluthon
El concepto gramatical veía en el **anacoluto** una transgresión sintáctica.

El **anacoluto** es una figura gramatical que consiste en dejar una palabra como aislada y sin la debida concordancia.

La **anacoluta** es un vicio de construcción que tiene lugar siempre que una proposición no tiene conexión lógica con la que le procede.

### anadiplosis
La **anadiplosis** es una figura retórica que consiste en empezar una proposición con la palabra con que concluye la precedente.

### anagram
El **anagrama** consiste en una transposición de las letras de una palabra o un nombre.

En Guatemala el mayor prosista fue Salomé Jil, **anagrama** de José Milla.

### analogy
Los eruditos encuentran no pocas **analogías** entre aquella época y la nuestra.

La **analogía** ejerce un importante papel en la lingüística.

### analysis
"El **análisis** de lo bello mata lo bello." —Nervo

Haremos ahora un breve **análisis** de cada una.

Al **análisis** cuidadoso de todo el teatro de . . .

No incluye el estudio y **análisis** de todas las obras producidas.

Hay que determinar si es posible el **análisis** ideológico de un poeta romántico.

Oscuros misterios de la forma poética quedan relativamente aclarados a la luz de estos **análisis** tan precisos como científicos.

(in the final a.)  Pero al final de cuentas es la voz, no el alarido, lo que hace andar a la poesía.

(psychological)  Sus análisis psicológicos son complejos, detenidos, convincentes.

(stylistic)  Un análisis estilístico probará las complicadas operaciones inventivas con que se creó esa novela.

En al análisis estilístico se intenta la comprensión desde dentro, poniendo la obra en relación con su creador a través de la expresión, del estilo.

### analytical
Por su parte, la generación del 98 actúa siempre con una mente **analítica**.

### analyze
El texto que debemos **analizar** comprende los versos finales del poema.

Su obra **ha sido** fragmentariamente **analizada** por distinguidos escritores.

### anaphora
La **anáfora** es una figura que consiste en la repetición de una palabra al comienzo de una frase.

La **anáfora** tiene aquí una expresión que cruza el poema como leitmotiv.

### anecdote
El genio del narrador consiste en saber extraer de la **anécdota** todo lo que verdaderamente contiene.

La **anécdota** se refiere al momento en que Sancho desaparece.

**anguish**

Una incertidumbre, una **angustia** permeaba las almas, poniéndolas en tensión espiritual.

**annals**

Históricamente, los **anales** son libros en los cuales se consignan los sucesos por orden cronológico y distribuidos en años, meses o días.

**annotate**

El mismo autor **anotó** la primera edición . . .   (anotar)

**announce**

Está entre Sierra, que **anuncia al** modernismo, y Gutiérrez Nájera, que le abre la puerta.   (anunciar a)

**anonymity**

Otra vez el autor se escondió en la **anonimía** bajo el anagrama Jorge Hayaseca.

**anonymous**

Los problemas suscitados por la **anónima** identidad del autor intensificaron la investigación de los estudiantes.

Casi todas las que se conocen son **anónimas**.

**answer**

(n.) El público literario esperaba una **contestación** del crítico en su defensa.

La **respuesta** es afirmativa, y el drama nos permite afirmarlo en el acto siguiente.

**antagonist**   [ > adversary, opponent, rival]

En la última escena se encuentra el héroe frente a su **antagonista** (m.).

**anthologist**

Como **antólogo** recogió la poesía de su propio grupo en . . .

Según nos dice el **colector** . . .

El **antologista** no hace crítica, pero antes de las poesías de cada autor va una breve biografía.

**anthology**

En su citada **antología** Vitier dijo que . . .

Una **antología** de esa prosa sorprenderá a sus lectores por su sabrosa espontaneidad.

**anticipate**

Debemos **anticipar** el influjo que ejerció Quintana en los poetas de la independencia americana.

En algunas de sus obras **anticipó** fórmulas y procedimientos de escuelas literarias futuras.

¿Quiere esto decir que el realismo español **se anticipa al** europeo, o que coincide con él?

**anticipation**   [ > foreshadowing]

El siglo barroco se puede definir como un **anticipo** del romanticismo.

**anticlimactic**

Ese fin es demasiado **anticlimático** para la novela.

**anticlimax**

En el cine, el **anticlímax** es un segundo desenlace que sucede al auténtico, dilatando el fin.

### antiquated
Herrera regenera palabras **anticuadas** o usadas en sentido latino.

### antisocial
Todo esto se resume en una condena moral: la novela hace **antisocial** al individuo.

### antithesis
Sancho Panza es la **antítesis** de Don Quijote.

Es una especie de anacoreta mundano, si se me permite la **antítesis**.

Abundan en él las frases cortadas y las **antítesis**.

### antithetical
El paralelismo es **antitético** en este último caso como antes entre sustantivos y verbos.

### antonomasia
La **antonomasia** consiste en emplear una voz apelativa en lugar del nombre propio: 'el filósofo' por 'Aristóteles'.

Después de la publicación de "Prosas profanas" Darío es el poeta por **antonomasia**.

### anxiety   [ > concern]
No nos hace sentir **ansiedad** o **angustia** por el destino personal de sus héroes.

### aphorism
El **aforismo** resume en pocas palabras un conocimiento esencial.

La literatura de **aforismos** estaba muy difundida en la época de Cervantes.

### apogee   [ > high point]
La literatura española llega a su **apogeo** en los primeros treinta años del siglo XVII.

El siglo XIX marcó el **ápice** del melodrama.

### apologue
Los **apólogos** en la pluma de Ruiz cobran agilidad y viveza.

### apology
La **apología** es un escrito literario en favor de una persona o de una cosa.

### aposiopesis
Figura muy útil en los accesos de cólera, la **aposiópesis** es una interrupción brusca del discurso que añade fuerza a lo que se está diciendo.

### apostrophe
El (la) **apóstrofe** es una figura retórica que consiste en dirigir la palabra a seres o cosas fuera del hilo narrativo, en forma de ataque o lamentación.

El **apóstrofo** es un signo ortográfico (') que en algunas lenguas se emplea para indicar la supresión de una vocal.

### apparent   [ > evident, obvious]
Los temas más **aparentes** son los del erotismo y la muerte.

### appeal
(v.)   Arte fuertemente expresivo, que **apela**, no a la razón, sino al sentimiento.
(apelar)

### appear   [ > seem]
La palabra 'Dios' apenas **aparece** en su obra.   (aparecer)

La mayoría de los 98 poemas que **figuran** en esta colección . . .   (figurar)

Entre los que enriquecen el arte realista de contar, **surgen** en estos años Micrós y
  Gamboa.   (surgir)

Al **manifestarse** su obra se retiró del campo literario.

## appearance
Sus obras más notables son, por orden de **aparición** . . .

Es quizá el más importante de los autores dramáticos anteriores a la **aparición** de
  Lope de Vega.

Pocas veces nos es dado asistir tan a lo vivo al **advenimiento** de un género
  nuevo.

La **apariencia** de la segunda novela en 1968 . . .

## appendix
La edición se completa con un **apéndice** de notas que recogen las otras ediciones.

## apply
Se advierte la tendencia a **aplicar** a la evocación del pasado las técnicas del
  realismo.

## appraisal   [ > evaluation]
Tiende al mismo tiempo a expresar una **valoración** superlativa de la actividad
  poétiea.

## approach
(n.) El **enfoque** filosófico tiene influencia sobre el estilo del escritor.

(v.) Proust **se acercaba a** lo real mediante un proceso de aproximación descrip-
    tiva precursor de la fenomenología.   (acercarse a)

  **Se acercaba a** una perfección métrica.

  **Enfoca** el teatro para niños desde el mismo punto de vista que reservaba
    para su teatro de sátira social.   (enfocar)

## appropriate   [ > suitable]
Si algunas palabras tienen múltiples acepciones, hay que elegir la más **adecuada**
  dentro del contexto de que se trate.

Se busca y se encuentra la palabra **propia** en cada obra.

## arabic
(a.) La literatura **árabe** española medieval comprende nombres ilustres.

## arbitrary
No es **arbitraria** la elección del título de este libro.

## archaic
Es una forma **arcaica** que no se encuentra más en los textos.

## archaism
El uso de los **arcaísmos** suele quitar naturalidad al escrito y darle una afectación
  antipática.

## archetype   [ > prototype]
Constituye hoy un **arquetipo** de lo que debe ser el crítico literario.

## area
Presentamos un breve estudio de un **área** (f.) de la literatura española casi
  completamente inexplorada hasta el presente.

Trata de un gran **sector** del arte novelesco del siglo XIX.

### argot
El **argot** toma las palabras del idioma de cada país y las altera y deforma morfológicamente, dándoles un sentido metafórico.

### argue
Los críticos **disputaron** la importancia literaria de ese movimiento cultural. (disputar)

El crítico **mantiene** que el novelista es la creación de sus personajes. (mantener)

### argument
Al final del capítulo, aporta **argumentos** de filósofos experimentados para probar la licitud de las meditaciones de Juan Ramón.

Realmente no son necesarias copiosas **argumentaciones**.

### arrange
Esas categorías son apenas esquemas lógicos para **ordenar** una desordenada masa libresca.

### arrangement  [ > format]
La tipografía es un elemento importante en la **disposición** de los versos dentro de un poema.

Esta historia es personal en su concepción y en su **ordenamiento**.

### ars poetica
El **arte poética** es un libro dedicado a la técnica de la poesía.

### art
"El **arte** es creación de formas." —Revilla

"No es menester **arte,** donde basta la naturaleza." —Gracián

"Mayor **arte** hay siempre donde menos lo parece." —Benavente

"El **arte** no es un conjunto de reglas, sino una armonía de caprichos." —Darío

Su **arte**, su técnica, hemos de buscarla en la línea general de sus libros.

El **arte** es ahora más intelectual, metafísico, filosófico e intuicional que antes.

(for art's sake)  Esta propensión, sin duda heredada de la escuela gala del arte por el arte . . .

(of detail)  Cervantes usa, con bastante frecuencia, un arte detallista.

(imaginative)  El rápido desfile de estas escenas de farsa, aunque humorístico, a veces echa chispas de buen arte imaginativo.

(utilitarian)  "El arte no debe servir para nada. Sólo cuando no sirve para nada es cuando verdaderamente es arte." —Azorín

### article
El **artículo**, como escrito, es una de las manifestaciones literarias más populares.

Ha escrito importantes **artículos** sobre . . .

Y en muy pocas revistas, en casi ningún periódico, han aparecido **artículos** o comentarios sobre su obra.

(critical)  Destacóse con artículos de crítica y teorías sobre el arte dramático.

(definite)  El artículo determinado desempeña en español múltiples funciones que desbordan el simple marco de la determinación.

### article writer
Además de dramaturgo, Pemán es un buen ensayista y afortunado **articulista**.

### artificial
Se critica siempre el carácter **artificial** del lenguaje de Góngora.

Es más bien una novelita sentimental, con paisajes, tipos y acciones embellecidos a la luz **artificial** de la literatura.

Esta distinción no es tan **artificiosa** como puede parecer . . .

### artificiality
Garcilaso fue el importador de la forma renacentista, y a pesar de la **artificiosidad** de sus églogas pastorales . . .

### artisan
Es un verdadero **artesano** de la prosa regional.

Rubén Darío es el **artífice** de la transformación del verso castellano.

### artist
Ha vivido con todo el refinamiento de un **artista**, pero sin conocer nunca un verdadero amor.

Los grandes **artistas** son los que imponen su ilusión particular a la humanidad.

### artistic
En estos pasajes, Cervantes destruye a sabiendas la ilusión **artística** . . .

### ascetic
La literatura **ascética** española se origina en los últimos años del reinado de los Reyes Católicos.

Al decir expresión poética nos referimos a ciertas revelaciones de su prosa **ascética** y mística.

### asceticism
Se inclina al **ascetismo** y rechaza la sensualidad.

### aside
(n.) El teatro romántico abusó de los **apartes** . . .

(a. from)   Aparte de sus valores estrictamente literarios . . .

### aspect
Hay un tercer **aspecto** que me importa señalar.

Otro de los **aspectos** esenciales de Sor Juana es la vena popular que corre por sus versos.

En el **aspecto** técnico, la novela se caracteriza por la síntesis y brevedad de la trama.

Sus innovaciones incluyen todos los **aspectos** del verso: tanto su estructura externa como su contenido y espíritu.

Hasta el lenguaje de los personajes tiene su **dimensión** irónica.

Este libro representa mejor que ningún otro el **lado** social de su poesía.

(verbal)   El aspecto indica la manera como el hablante se representa la acción.

### aspire to
Lizardi **aspiraba a** algo más que a describir una sociedad.   (aspirar a)

### association
La novela abunda en monólogos interiores y libres **asociaciones** de ideas a lo Joyce.

Su técnica es la de una composición que deje en libertad la **asociacion** de palabras.

#### assonance
La **asonancia** consiste en la igualdad de los sonidos vocálicos, a partir de la última vocal acentuada, en dos o más versos.

#### assonanced
Los versos son **asonantados**, irregulares, con evidente predominio del verso de catorce sílabas.

La rima es **asonantada** y monorrima.

Se escribían en versos de dieciséis sílabas **de rima asonante**.

#### assonant
Los finales **asonantes** y monorrimos perduran en una serie de versos, sin formar estrofas propiamente dichas.

#### asterisk
Algunas palabras, en el texto de las definiciones, van seguidas de un **asterisco**.

#### asyndeton
El **asíndeton** suprime las conjunciones o el verbo de una oración, con el fin de comunicar rapidez a la enumeración y al estilo.

Las restantes frases que integran el período van a sucederse en **asíndeton**.

Desde el punto de vista de las figuras retóricas, es un caso claro de **asíndeton**.

#### atmosphere
Una **atmósfera** de encanto aureola los más de los relatos.

Es un maestro difícilmente superable en el arte de crear una escena, un **ambiente**, una sensación.

Es notable por la pintura del **ambiente** rural.

Muchos de los pequeños detalles son innecesarios y contribuyen muy eficazmente a crear el **clima** realista.

(tense)   Rivera es un maestro en la creación de una auténtica atmósfera de tensión, en la introducción y dominio de los momentos dramáticos.

#### attack
(n.)   Los más violentos **ataques** partieron de los poetas contemporáneos de Góngora.

(v.)   Aunque **atacó** el modernismo, sus versos aprovecharon las reformas métricas modernistas.   (atacar)

El escritor **ha efectuado un** profundo **ataque a** la objetividad del tiempo y de lo real.   (efectuar . . .)

Prefiero **acometer** el problema del punto de vista romántico . . .

#### attain   [ > accomplish, achieve, reach]
En conjunto, el libro **logra** su objetivo.   (lograr)

#### attempt   [ > experiment, seek, strive, try]
(n.)   Muchas de estas características están presentes en estos primeros **intentos**.

Nos hallamos ante un **intento**, y creo bien logrado, de reproducir el vivir psíquico.

Errónea y artificiosa es la **tentativa** de dividir tajantemente a los autores del nuevo siglo en dos campos cerrados.

Estas novelas constituyen un interesante **ensayo** llevado a cabo por su autor con nuevas formas de expresión literaria.

(v.)   El novelista **intenta** introducirse en el alma de sus personajes.   (intentar)

Cuando **intenta** obras largas con trama complicada, resultan de pesada lectura.

Siempre **prueba** los nuevos estilos cuando surgen.   (probar)

## attention
Su primer libro impreso atrajo de inmediato la **atención** de los críticos y del público.

El hilo de la acción corre rápidamente y la **atención** del lector no desfallece.

La obra olvidada poseía dimensión suficiente para merecer **atención**.

Es notable por la **atención** a lo que pasa en las almas de los personajes.

## attitude
Azorín quiere encontrar una **actitud** análoga en los escritores de su momento.

Los postmodernistas tienen también una **actitud** nueva frente al arte.

Su rechazo de la voluntariedad es premonitorio de muchas **actitudes** actuales.

## attract
El teatro le **había atraído** desde un principio.   (atraer)

No es de extrañar que la novela **haya atraído** grandemente la atención del público lector y de los críticos.

## attractive
La heroína de García Lorca es una de las figuras femeninas más **atractivas** y admirables de todo nuestro siglo XIX.

## attribute
No **a** otra razón **se** ha de **atribuir** ese odio latente que siempre hay en sus novelas.   (atribuirse a)

Aunque **atribuído** a varios autores, lo más seguro es considerarlo anónimo.

## audience
Es uno de los pocos novelistas latinoamericanos que satisfacen la expectativa de un **público** internacional.

A fin de entretener al **auditorio**, que permanecía de pie, se aceleró la acción.

## augment   [ > increase]
En el volumen que **amplió** y reeditó en 1920 . . .   (ampliar)

## authentic
La primera carta que María escribe a Efraín es tan **auténtica** que sorprende encontrarla en un libro.

## authenticity
Para establecer la **autenticidad** de una obra . . .

Lo que nos entusiasma es la **autenticidad** de su mensaje y de su ejemplo.

La **autenticidad** no se hace del adorno exterior . . .

Podrá dudarse de la **autenticidad** humana de sus personajes, pero no de la veracidad histórica de sus datos.

Su afición a lo francés demostró la posibilidad de estimar y seguir lo extranjero sin perder la **autenticidad**.

## author   [ > writer]
"Me gusta siempre el **autor** que se expresa con mayor claridad, con mayor precisión, con más rapidez y, al mismo tiempo, con los mayores matices."   —BAROJA

Nuestro estudio se concentra en los **autores** mayores . . .

(woman)   Es obra de naturaleza alegórica, inspirada en una visión que tuvo la **autora**.

**authority**
No pretende dar lecciones a nadie ni hacer creer que es una **autoridad.**

**authorship**
La geografía está en la base misma de los complicados problemas de creación y **autoría** del "Poema del Cid".
(disputed)    No se sabe quién ha escrito este drama.

**autobiographical**
"Sí, toda novela, toda obra de ficción, todo poema, cuando es vivo es **autobiográfico."** —UNAMUNO
La novela picaresca tiene siempre forma **autobiográfica.**
La narración **autobiográfica** le sirve para reconstruir la experiencia vivida.
¿Qué puede haber de **autobiográfico** en la obra?

**autobiography**
Su **autobiografía** es de las más ricas en esa generación argentina de auto-biógrafos.
Por su tema y por su estilo culterano, fue una **autobiografía** con clave secreta.
El esquema utilizado para exponer sus declaraciones es el que podemos llamar de la **autobiografía** múltiple.

**avant-garde**
(n.) Nos referimos en el último capítulo a esa **vanguardia.**
(a.) Diremos que este movimiento es **vanguardista.**
A la literatura **de vanguardia** se le llama en Cuba 'de avance' porque uno de sus voceros, en 1927, fue la "Revista de Avance".
(movement)    El llamado vanguardismo fue una renovación radical que cambió el lenguaje en las formas expresivas.
(writers)    Pero carecían del espíritu travieso, juguetón e irreverente de los vanguardistas.

**average**
(a.) Junto a la curiosidad por los ambientes más bajos se ha dado también el intento de reflejar al hombre **medio,** al 'average man' inglés.
No hace falta subrayar las dificultades que este procedimiento plantea al lector **medio.**

**avoid**
Dos extremos se han de **evitar** en los asuntos ficticios: la vulgaridad y el exceso en la fantasía.
Su estrofa indicaba una voluntad de **eludir** el rigor clásico . . .

**award**   [ > prize]
(v.) El premio **será otorgado** mediante la votación de un jurado.   (otorgar)
En el momento de **conceder** el premio . . .

**aware**
Los escritores son más **conscientes** del verdadero papel del escritor y del contenido de la obra literaria.

**axis**
El conflicto de honor que sirve de **eje** al drama . . .
Los **ejes** teóricos de su obra atraviesan de lado a lado toda la máquina literaria de esos años.

# b

**background**
>Lo que debía ser **fondo** pasa al primer plano.
>Para estudiar el **fondo** histórico de la obra . . .

**balance**
>(n.) El **equilibrio** entre la acción novelesca y la contemplación poética está bien realizado.
>>El **equilibrio** del clásico descansa en la robusta y aplomada emoción de lo previsto.
>(v.) El elemento religioso aparece para desvirtuar y **compensar** la parte profundamente humana del poema.
>En este poema la materia y la forma **se equilibran.**  (equilibrarse)

**ballad (poem)**
>La **balada** nació hacia mediados de la Edad Media, en el norte europeo.
>La **balada** es un poema equivalente al romance español y muy popular en el norte de Europa.
>En España escribió breves relatos líricos, **baladas** en prosa que seguían la moda.

**banal**
>Es una objeción demasiado **trivial** para que merezca nuestra atención.

**barbarism**
>Todos los idiomas son sumamente permeables a neologismos o **barbarismos.**
>El modernismo ha llevado al extremo el uso de los **barbarismos** más desquiciados.

**bard**   [ > poet]
>Es uno de los poetas más influyentes en los demás **bardos** hispanoamericanos.
>Cesó en los **vates** esa manía de las coplas, de los cantares y seguidillas.
>"Improvisando, los **vates** cometen muchos deslices . . ."   —Darío

**baroque**
>(n.) El **barroco** surgió como reacción contra el clasicismo.
>>El **barroco** es expresión de la búsqueda de más libertad en el arte por el escritor.
>>El **barroco** representa una superación del arte renacentista.
>>Literariamente el **barroco** significó el triunfo de la complejidad y de la complicación.
>(a.) No pueden negarse el tono y la composición **barroca** del poema.
>>La dinámica **barroca** del poema es innegable.
>(elements)   A su obra asoma ya cierto barroquismo.
>>>La expresión pierde barroquismo para hacerse más directa, más sencilla.

**base on**
>(v.) Cada autor puede **basar** sus obras **en** sus propios sentimientos.
>>Casi siempre **basó** Echegaray sus obras **en** los conflictos del hogar y de la sociedad moderna.
>>Muchos episodios se **basan en** temas literarios.

Se **basa** esta edición **en** la de . . .

El poema está **basado en** un hecho rigurosamente histórico.

Este investigador **apoya** su opinión **en** el conocido artículo de . . . (apoyar en)

La gran fama de Sor Juana **descansa** merecidamente **en** su producción lírica. (descansar en)

El pensamiento de sus poesías está **calcado sobre** las ideas francesas del movimiento iluminista. (calcar sobre)

## basic [ > fundamental]

Otro de sus temas **básicos** es el amor.

Flaubert nos da una regla **elemental** para todo novelista . . .

## basis

La **base** de este amplio movimiento está en . . .

El poema que sirve de **base** al análisis es . . .

## 'beat' generation

El ambiente es el de la **generación golpeada**, de los jóvenes desorientados y perdidos de los últimos años.

## beauty

Hay cuatro pasajes cuya **belleza** los hace realmente antológicos.

La **belleza** femenina le atrae, como obra de arte, por su pura sensación estética exterior.

No hay otro poeta en ninguna lengua que me dé tan definitivamente la **belleza**.

En el concepto unamuniano la **belleza** corporal es transitoria.

"Cambia la **belleza** según los gustos." —IBÁÑEZ

## begin [ > initiate, open with, start]

La transición del romanticismo al modernismo **se inicia** con José Martí. (iniciarse)

**Comienza** el acto primero por una conversación entre Juan e Inés. (comenzar)

Estaba en la cuarentena cuando **empezó a** escribir profesionalmente. (empezar a)

Pero desde 1812 **se puso a** escribir prosas, donde brilló su talento. (ponerse a)

La poesía española **se inaugura**, pues, como obra de arte, no como ingenuidad aniñada. (inaugurarse)

## beginning

Ha sabido unir la alegría inicial del **comienzo** de la obra con el trágico acto tercero.

Sus versos están señalados por los **principios** de pureza artística que antes sólo se atrevió a expresar en prosa.

El movimiento empezó a **principios** del siglo pasado.

El advenimiento de la Generación de 1898 marcó el **inicio** de una época en la creación literaria española.

(early) En estos albores de la poesía castellana, el idioma se mantiene al nivel más básico.

## belief

"Conviene tener en cuenta que muchas **creencias** se apoyan en el prejuicio y en la tradición." —BAROJA

Palabras suficientes para demostrar su **creencia** en la necesidad de la inspiración . . .

Esa **creencia** se presenta primero con un matiz muy técnico y positivo.

**believe**   [ > think]
"**Creer** es crear."   —UNAMUNO

El poeta, además, está autorizado a **creer** en las utopías.

**belong**
Por su generación **perteneció** al llamado teatro pre-lopesco.   (pertenecer)

El rasgo dominante fue el orgullo de **formar parte** de una minoría.

**bestiary**
Son **bestiarios** los tratados consagrados a la descripción de los animales, escritos
principalmente durante los siglos XII y XIII.

**best known**
El fragmento **más conocido** es el famoso . . .

**best seller**
La primera novela se ha convertido en un **éxito de venta** extraordinario.

También el fenómeno del **bestseller**, cuyo nombre es por supuesto más joven
que la cosa misma, ha sido ya objeto de estudio científico.

**beyond**
**Más allá del** tema concreto del determinismo y el libre albedrío . . .

**bible**
Representémonos a Miró entre sus dos libros favoritos: la **Biblia** y el Quijote.

En los años veinte ese libro extraño y cruel era la **biblia** de los surrealistas.

**biblical**
En este aspecto, el místico español pretende continuar la tradición **bíblica**.

**bibliographer**
Una edición de 1553, que se menciona por algún **bibliógrafo**, no la ha visto
nadie.

**bibliography**
La obra se completa con una amplia **bibliografía** sobre . . .

Entre la copiosísima **bibliografía** que existe sobre Calderón y su teatro . . .

El libro viene avalado por un **apéndice bibliográfico** de gran utilidad.

**biographer**
Su amigo y primer **biógrafo** nos dice que Mariana tardó más de un año en
recobrar su antigua alegría.

Los **biógrafos** son la peste de nuestros tiempos, ni más ni menos.

**biographical**
Lo **biográfico** apenas incide sobre su obra.

La materia se reparte entre lo **biográfico** y lo histórico.

**biography**
La **biografía** literaria es un género muy difícil.

Nada más seguro para reconstruir la **biografía** de un escritor que su obra
artística.

La **biografía** de este poeta es breve y sencilla.

(fictionalized)   Gracias a los éxitos de André Maurois, Stefan Zweig y otros, se
puso de moda en América la biografía novelada.

**bitter**
> En Lugones no se nota el tono pesimista, desolado y **amargo** de otros modernistas.

**bitterness**
> Con **amargura**, casi con rabia, describe la indignidad humana.

**blame**
> (n.) Siempre se le echa la **culpa** al escritor.
>
> (v.) ¿Quién, entonces, puede **acusar a** Azorín por su negativa?
>
> Con este comentario no queremos **culpar** a nadie.

**blank**
> (a.) "En los papeles **en blanco** duermen las grandes obras literarias del futuro."
> —Cela

**blank verse**
> Los **versos blancos**, sujetándose a las demás leyes rítmicas, carecen de rima.
>
> Gracias a él conservamos **versos blancos** de la más antigua de las poetisas americanas.

**'boards' (stage)**
> Escribió para las **tablas** a lo largo de toda su carrera literaria.
>
> Su realismo, sin embargo, no consiste en reproducir sobre las **tablas** un trozo de vida real.

**body**
> El **cuerpo central** de este libro está consagrado al estudio del drama nacional del Siglo de Oro.

**boldness**    [ > daring]
> Es notable el **atrevimiento** de sus metáforas dibujadas en croquis como con tinta china.
>
> La poesía de este autor se destaca por la **audacia** de metáforas.

**bombastic**
> El estilo **ampuloso** se da en la imitación literaria y en las épocas llamadas de decadencia.
>
> Se reconoce por su lenguaje **altisonante**.

**book**
> "No hay **libro** tan malo que no tenga algo bueno."   —Cervantes
>
> "Es cualquier **libro** discreto ... un amigo que aconseja y reprehende en secreto."   —Lope de Vega
>
> (bedside)     Unamuno confiesa que es uno de sus libros de cabecera.
>
> (of poetry)     Los tres poemarios tienen entonación elegíaca.

**bookseller**
> Las quejas contra los editores y **libreros** son constantes ...

**boring**    [ > dull]
> De todas sus obras es una de las más **aburridas** ...

**borrow**
> Ese novelista **se apropia del** vocabulario poético para crear su ambiente mágico.
> (apropiarse de)

**boundary**
> Este procedimiento, que rompe la **frontera** entre ficción y realidad ...
>
> Toda literatura tiene que tener sus **confines** estéticos.

**bourgeois**
   (a.) Las clases bajas tienen más imaginación, más inventiva para el idioma que
       las clases **burguesas.**

**bourgeoisie**
   La **burguesía** intelectual que Azorín y sus amigos representan en cierta
       medida . . .

**brachylogy**
   La **braquilogía** consiste en el empleo de una expresión corta equivalente a otra
       más amplia o complicada: e.g., 'me creo honrado' por 'creo que soy honrado'.

**bracket**
   (n.) Todas las adiciones han sido señaladas entre **corchetes** (m.).

**break**
   (n.) No hay **rompimiento** con el pasado, sino un cambio en la escala de valores.
       La **ruptura** con el pasado fue mucho mayor en las generaciones contem-
           poráneas de otros países.
       La **separación** lingüística entre los dialectos presenta un tema nuevo de
           estudios.
   (v.) Su programa era **romper** con las formas demasiado elocuentes, solemnes y
           pesadas que predominaban.
       Esa nueva generación no **ha roto** con la tradición . . .

**bridge**    [ > connection, link ; connect, join]
   Su teatro es un **puente** entre lo clásico y lo moderno.

**brief**
   "Lo **breve**, si bueno, dos veces bueno." —GRACIÁN

**briefly**
   Examinemos **brevemente** su estilo, esa prosa de modernidad culta y expresiva.

**brilliance**
   En este caso, además, ha logrado moderar la **brillantez** estilística.

**broaden**    [ > develop]
   Para superar o **ensanchar** los actuales límites del teatro español . . .
   Hay que **amplificar** toda crítica que no encumbre todos los elementos esenciales.
   El horizonte literario **se ensancha.**
   En este sentido **ha ampliado** el campo del humor.   (ampliar)

**broken**    [ > disconnected, disjointed]
   La acción es rápida, pero el relato avanza en líneas **entrecortadas.**

**bucolic**
   El objeto de la poesía **bucólica** es recrear el ánimo con la contemplación de las
       bellezas del campo y las sencillas costumbres de sus habitantes.

**buffoon**    [ > fool]
   La función del **bufón** consiste, en líneas generales, en ridiculizar la seriedad del
       poder.
   El papel más difícil es el del **bufón.**

**burden**
   (n.) El humor de los dadaístas había librado a la poesía de una excesiva **carga** de
       melancolía.

**burlesque**    [ > parody]

Dentro del género de lo **burlesco** adquieren matices propios el humorismo, la ironía, el sarcasmo, la sátira . . .

# C

**cacophony**

La **cacofonía** consiste en el encuentro de varios sonidos con efecto acústico desagradable.

**cadence**    [ > rhythm]

El movimiento de la **cadencia** debe ser dulce, agitado, violento, según el asunto de que se trate.

**caesura**

Conoce la importancia que tiene la adecuada colocación de las **cesuras**.

La **cesura** es obligada en determinados versos, como el alejandrino, y no la hay sino excepcionalmente en el endecasílabo.

**caliber**

¿Es que Benavente quedaba exhausto después de un esfuerzo creador de tan alto **calibre** . . . ?

**calligraphy**    [ > handwriting]

En el occidente, la **caligrafía** se desarrolló principalmente en los monasterios.

**capable**

Nos ofrece la lengua castellana con los mejores elementos poéticos y musicales de que es **capaz**.

**capacity**

En esa magnífica época escribe Miró, de una extraordinaria **capacidad** expresiva.

**capital (letter)**

Abandonaban las **letras mayúsculas** y la puntuación.

No seguimos la práctica de emplear las **mayúsculas** al principio de todos los versos.

**capture**

Como superrealista Neruda quería **atrapar** la vida profunda, sacar a luz los movimientos reprimidos del subconsciente.

**care**

(n.) Elige sus materiales con tanto **cuidado** como sus palabras.

**career**

Comenzó su **carrera** literaria escribiendo versos de amor.

**careless**

Se caracteriza por el estilo flojo y **desaliñado**.

Fue un cuentista algo **descuidado** en el arte de componer, pero prolífico.

## carelessness

El lector solía ilusionarse; el **desaliño** literario le hacía creer que el autor era sincero.

Los **descuidos** que cometía al escribir aprisa dejaban desarmadas las piezas del relato.

Todos se resienten por el **desmaño** y la prisa con que las escribía y componía.

## caricature

(n.) Es graciosa la **caricatura** del literato que habla con la lengua de Góngora. Pero una **caricatura** vale en relación a un modelo . . .

(v.) Su entremés **caricaturiza** varios tipos psicológicos y sociales. (caricaturizar)

## carry out

El novelista se apoya sobre ciertos elementos para **llevar a cabo** su análisis de la vida contemporánea.

## carry-over

Quizá alguien me objete que en los modernistas hay una cuerda de lirismo doliente y subjetivo; pero a mi juicio eso es un **arrastre** del romanticismo.

## case (grammatical)

Hay lenguas no indoeuropeas que poseen multitud de **casos**.

## cast

(n.) La **compañía** no está a la altura de la obra.

## catachresis

La **catacresis** reúne voces al parecer disparatadas ('a caballo en un borrico') o da a una palabra un sentido traslaticio ('una hoja de papel').

## catastrophe

La **catástrofe** es el último suceso, la exposición del trastorno o mudanza que se supone haber acaecido, el término de la acción.

## category

Sus ensayos más importantes caen dentro de las siguientes **categorías**: . . .

## celebrated   [ > famous, known]

Se le comparó con el dialectal poeta gascón, **celebrado** por los románticos franceses.

Es uno de los escritores más **célebres** del siglo.

## censorship

En resumen, la **censura** sirve para acondicionar el estilo del escritor.

Cuando se plantea el tema de los límites del teatro español, lo normal es que se empiece y acabe hablando de la **censura**.

## century

Es uno de los poetas más grandes de este **siglo**.

Debe considerarse como un prólogo a los grandes momentos de las **centurias** decimosexta y decimoséptima.

## change   [ > shift]

(n.) Un **cambio** semejante se observa en los temas poéticos.

Se han introducido algunas **modificaciones** textuales . . .

Pero con las otras **mudanzas** deliberadamente introducidas por el autor . . .

La **alteración** de géneros no es tan importante como su desarrollo.

(v.) **Cambiaba** constantemente, pero después de cada cambio no repudiaba lo anterior. (cambiar)

"El valor de las palabras **cambia** con los tiempos." —IBÁÑEZ

Al **alterar** el fin se debe alterar el principio de la novela.

### chanson de geste

"El Cantar del Mío Cid" es la principal y más antigua **canción de gesta** española.

Es la forma típica de los **cantares de gesta** y de los poemas juglarescos.

Bernal recuerda las **gestas heroicas** de la literatura . . .

### chapter

Sólo el **capítulo** primero tiene algo del espíritu y del estilo del modelo original.

(short)  Estos tres capitulillos tienen como nota sobresaliente la humorística esencial de Romero.

La división en capítulos cortos permite obtener efectos de sorpresa, inquietantes, al principio y al final de cada uno de ellos.

### character (literary)  [ > character (nature)]

Los **personajes** pueden dividirse en principales y secundarios.

¿Cuáles son los **personajes** que más le han interesado en el aspecto literario?

Cada **personaje** se define por sus palabras y sus obras mucho más que por la caracterización previa que nos hace el autor.

Cuidó también de crear con suma perfección los **personajes** centrales de la comedia.

Esta técnica narrativa de episodios independientes ligados únicamente por alguna **figura** dominante . . .

¿Qué **tipos** son realistas y cuáles pueden parecer caricatura?

No es fácil percibir cuál es su actitud personal frente a los **seres** de sus novelas.

(analysis)  No abundan las incursiones en el interior del personaje.

(artificial)  Muchos críticos destacan lo falso de sus personajes y de la pintura de la naturaleza.

(author as)  Hay momentos, muy pocos, en que el autor habla por la boca del personaje.

(comic)  Será muy difícil que al lector de hoy no le haga sonreir la 'suegra', personaje de carácter cómico para muchos.

(complex)  Por eso ha creado personajes de hondura y complejidad.

(development of)  El desarrollo sicológico del personaje es más acertado y vigoroso.

(feminine)  Es gran prosista, habilísimo constructor, y las figuras femeninas de sus novelas son especialmente atractivas.

(fictionalized)  Según propia confesión del autor el personaje es mitad real y mitad hijo de su imaginación.

(finely drawn)  Sampedro traza sus personajes con acierto y con finura psicológica.

(flat)  Ningún personaje cobra relieves suficientes, ni siquiera el protagonista.

Sus personajes carecen de psicología y de carácter.

Sólo que ninguno de estos personajes han sido creados con vigor.

Son personajes lisos, de una pieza . . .

| | |
|---|---|
| (historical) | La novela tiene el mérito de que los principales personajes son históricos. |
| (human) | Los tipos creados por él son fuertemente humanos y tienen siempre sus ribetes de ejemplaridad y de símbolo. |
| (humane) | No deja de notarse su firmeza extraordinaria para crear caracteres tan llenos de humanidad como de poesía. |
| (impressive) | ¿Cuál es el personaje de la obra que más le ha impresionado? |
| (insipid) | Y no son personas con matices interiores, sino tipos de una pieza. |
| (lifeless) | Pero no hay ningún personaje que viva de veras. |
| | Los personajes de esa novela son tipos sin vida. |
| | Se mueve por la novela todo un pueblo, y ningún personaje alcanza a vivir con toda la fuerza del arte. |
| (main) | Parece que el personaje central fue tomado de la realidad y está pintado con mucha habilidad. |
| | Dice Baroja, hablando de su arte, que él suele inventar el personaje principal y tomar, en cambio, los restantes de la realidad. |
| (memorable) | Sus personajes son como personas reales y viven largo tiempo en el recuerdo del lector. |
| | No ha creado ningún carácter memorable porque su interés fue más bien sociológico. |
| (minor) | Aun en los personajes menores Galván observa sutiles cambios psicológicos. |
| (realistic) | Lo primero que debe destacarse es el realismo de los personajes |
| (resourceful) | Además, es un personaje que, a su modo, posee indudable grandeza: es ingenioso, hábil, emprendedor. |
| (secondary) | Los personajes secundarios se denotan por su parte mínima. |
| | Los tipos secundarios entran y salen en la novela como en la vida. |
| (stock) | En el teatro italiano existieron personajes estereotipados que aparecían como fundamentales sobre la escena. |
| (symbolic) | Los personajes son realmente símbolos, más tipos que seres humanos. |
| | Los personajes poseen una dimensión simbólica fácilmente perceptible. |
| (true to life) | La galería de personajes parece arrancada de la realidad. |
| (type) | Sus personajes quedaron así convertidos en tipos, más que en caracteres. |
| (unconvincing) | Sus personajes no convencen porque no representan la realidad existente. |
| (undifferentiated) | Los personajes, con toda intención del autor, están apenas individualizados. |
| (unforgettable) | Los personajes quedan indelebles en la memoria del lector. |
| | Es el más inolvidable personaje creado por Alegría. |
| (uninteresting) | Los personajes, sin embargo, carecen de interés. |

| (well drawn) | Es uno de los caracteres más interesantes y recios del poema, así como de los mejor trazados. |

Hasta los personajes más insignificantes están maravillosamente concluidos.

## character (nature)  [ > character (literary) ; nature]
Por su **naturaleza** se puede denotar su heroismo.

Pero todos estos elementos no tienen más que un **carácter** preestético.

Nos dejó observaciones sobre el **carácter** de los indios.

## characteristic  [ > representative]
(n.) En todos observamos ciertas **características** comunes.

Hemos dado los **rasgos** estilísticos del escándalo literario que ocurrió en los años de la primera Guerra Mundial.

(a.) El romanticismo tiene varios temas que le son propios y **característicos**.

El poema presenta ya cualidades **caracterizadoras** del estilo de Balbuena.

Se mantiene el tono intimista **peculiar** del autor.

## characterization
Se persigue la **caracterización** por la acumulación de detalles externos o anecdóticos.

La **caracterización** es débil porque el lector se da cuenta de que es el autor quien habla, no los personajes.

Pero no hay rastro más evidente que el del estudio y **retrato de los personajes.**

Los personajes dejan al descubierto sus almas, distintas y en conflicto, por medio de sus propias palabras.

## characterize
Lo que **caracteriza a** estos poemas, lo que les da singularidad es . . .  (caracterizar a)

Sus libros se **caracterizan** por la unidad de tono y tema.

Pero se **distingue** por la presencia todavía de fuertes elementos románticos. (distinguir)

## character study
Esta obra dramática es un **estudio psicológico del tipo.**

## charm
(n.) El **encanto** de su poesía está precisamente en no ser exhibicionista.

(v.) Nos **cautiva** la naturalidad de la sintaxis coloquial, el lirismo insólito de las expresiones.  (cautivar)

## chivalry
Las novelas de **caballerías** cantan al caballero cristiano, audaz y enamorado.

## choice
(n.) La **elección** de esta versificación respondía a su estado de ánimo vago.

Notemos la **elección** del primer adjetivo.

Su maestría en la aristocrática y sobria **selección** de formas era parte de una ceremonia ritual.

## choose  [ > select]
Como poeta **escoge** siempre los temas más grandiosos.  (escoger)

La concisión con que **ha elegido** cada palabra, cada ritmo, cada imagen . . . (elegir)

### chorus (dramatic)
Pero el uso del **coro**, las máscaras y la música son todavía elementos de importancia.

La concepción del drama tiene un rápido movimiento escénico, con **coros**.

### christian
(a.) Es un escritor **cristiano** que ha intuído el problema del cristianismo.

### chronicle
Las **crónicas** son reseñas o comentarios de algún suceso de actualidad.

En sus **crónicas** hay brillo, color, sentimentalidad, palpitación de sensaciones.

La **crónica** se cultivó también abundantmente en este periodo.

Muchas de estas **crónicas** se leen con deleite todavía hoy.

### chronicler
En este grupo están muchos de los grandes **cronistas** que produjo el siglo XVI.

Los **cronistas** reales desaparecieron en el siglo XVIII.

Galdós es el **cronista** más puntual y sugestivo y sugerente de la sociedad española.

### chronological
Esta hipótesis, sin embargo, además de los problemas **cronológicos** que presenta . . .

### chronology
Hemos subrayado el cuidado del escritor por mantener una **cronología** perfectamente ordenada y coherente.

Es realmente difícil fijar con exactitud la **cronología** de este cambio.

### cinema
"Todo caduca rápidamente en el **cine**: películas, actores, estéticas, modas, escuelas." —Azorín

De la generación del 98, Baroja y Azorín fueron los que sintieron atracción por el **cine**.

**Cínema** es la forma de expresar la vida artísticamente por medio de la imagen y el movimiento.

(nouvelle vague) El cine rumano cuenta hoy con una 'nueva ola' más o menos homogénea.

(*vs.* theater) Siendo el diálogo el mismo, hay una visualidad, sugerencia, universalidad y moralidad mayores en el cine que en el teatro.

### cinematographic
El procedimiento narrativo es **cinematográfico**, por no decir dramático.

En la técnica utilizada para su ejecución, el libro muestra un marcado aire **cinematográfico**.

### circle (literary)
En el menor **círculo** literario se da un microcosmos donde hay de todo.

Perteneció al **círculo** de poetas amigos de Gutierre de Cetina.

Cuando las **tertulias** literarias se abrieron a los temas de la guerra por la Independencia esos temas no inspiraron una nueva poesía.

### circulate
La obra **circuló** ampliamente en forma manuscrita. (circular)

### circulation
Las antologías de más **circulación** ignoraban su nombre.

Escribió una serie de libros de una autenticidad impresionante pero que tuvieron escasa **difusión**.

**circumlocution**　[ > periphrasis]

La **circunlocución** expresa por medio de un rodeo algo que podría decirse con menos palabras.

Hemos pasado al período en que la idea y la emoción se expresan sin **ambages** (m.)

**cite**

Se **cita** como el primer poeta en el que no encontramos la frontera del lenguaje arcaico.　(citar)

**claim**

(n.)　La **afirmación** de ese poeta no se puede considerar válida.

(v.)　No **pretendemos** haber agotado lo que se ha dicho con respecto al tema del sueño.　(pretender)

El crítico **alegó** que el manuscrito no era auténtico.　(alegar)

**clarification**

Sólo el autor puede presentar estas **elucidaciones**.

Para descifrar el enigma hay que buscar más **esclarecimientos**.

**clarify**　[ > explain]

Para **clarificar** algunas de sus ideas estéticas . . .

En los tercetos siguientes esta idea del sueño se **aclara**.　(aclarar)

Unos sentidos ocultos que el crítico debe **poner en claro** . . .

**clarifying**

En el párrafo que comento hay un pasaje **esclarecedor**.

**clarity**

¿Qué es la **claridad** en un poema?

Garcilaso es difícil de comentar por su aparente facilidad poética, por su **claridad**.

"Escribe claro el que concibe o imagina claro . . ."　—UNAMUNO

**Lucidez** de pensamiento y fuerza de imaginación se alían vigorosamente.

**classical**

"**Clásico** es lo que se lee en clase."　—HUIDOBRO

Español **clásico** es la lengua española tal como fue escrita por los grandes literatos de los siglos XVI y XVII.

Se le suele dar el nombre de época **clásica** a los siglos XVI y XVII.

Es un escritor **clásico** por la integridad humana de su vocación, por su serena fe en la inteligencia, en la claridad, en los valores eternos del alma.

Es de temperamento **clásico**, que reflexiona sobre sus emociones y las obliga a un equilibrio entre lo nuevo y lo tradicional.

**classicism**

El **clasicismo** es la designación de aquel movimiento literario que toma como ejemplos el arte y la literatura griegos y romanos.

El **clasicismo** fue una postura y una definición filosófica, ambas adoptadas con un sentido y con una gracia de serenidad.

"El **clasicismo** es la muerte del genio."　—LARRA

**classicist**

En los comienzos de su carrera de crítico, Menéndez Pelayo se mostró siempre apasionado **clasicista**.

**classification**

La usual **clasificación** por países, géneros, escuelas o temas . . .

La vasta selva de los romances admite en su estudio varias **clasificaciones**.

Pero no sabemos hasta qué punto este **encasillamiento** sería legítimo.

**classify**

Es una obra muy difícil de **clasificar** porque . . .

La obra de este poeta se **clasifica** en varios grupos.

No puede **catalogarse** realmente como novela, si queremos conservar para este término su significado habitual.

Sin suficiente perspectiva histórica es difícil **jerarquizar** a los escritores.

**clause**

En esta **cláusula** condicional, la relación de causalidad es contingente.

**clear**   [ > lucid]

(a.) "Bien **claro**, argumento es de valor." —Calderón

Aparecieron **claros** indicios de un cambio en el gusto romántico.

**cliché**

El **cliché** es una expresión estereotipada, banal y escasamente significativa, a fuerza de ser repetida.

Sus polémicas iban contra los **clisés**, los **lugares comunes** . . .

**climax**

El **clímax** del poema se produce en el último alejandrino de la segunda estrofa.

La novela llega al **clímax** de tragedia cuando muere la hija.

**close**   [ > ending ; conclude, end, finish]

(v.) La obra se **cierra** con una selección bibliográfica de iniciación.   (cerrar)

**coarse**   [ > vulgar]

Parece que el autor es menos **grosero** que su lenguaje.

Encontró nuevos temas, pero ha descendido también a lo **vulgar**, a lo **chabacano**.

**coherent**

El lector recibe una multitud de datos fragmentarios que debe organizar para adquirir un conocimiento **coherente** de la historia.

Son memorias escritas como un claro y **coherente** soliloquio . . .

**coincide**

Los cortes sintácticos que podemos hacer no **coinciden** con los versos. (coincidir)

**coincidence**

Tejía los hilos de la acción en una trama rica en **coincidencias**.

**collaborate**

**Colaboró** asiduamente en revistas y diarios . . .   (colaborar)

**collaboration**

Escribió una obra en **colaboración** con Tono titulada . . .

"Obra de común, obra de ningún." —*Refrán*

**collaborator**

Con mucha frecuencia escribió sus obras en unión de otros **colaboradores**.

**collation**

Nos ofrece un texto crítico establecido por **colación** de cuatro manuscritos.

**collect**   [ > gather]
Sus poesías se **reunieron** póstumamente . . .   (reunir)
En 1915 **recogió** sus poesías en su único libro significativo.   (recoger)

**collected**
Ha publicado un corto número de ensayos, **reunidos** en el volumen . . .
Los poemas posteriores a este primer ensayo están **recogidos** en . . .

**collection**
Su primera **colección** de cuentos le dio renombre nacional y continental.
La **colección** reúne narraciones de naturaleza sentimental, histórica y novelesca.

**collective (noun)**
(n.) Con el **colectivo** es posible designar un número indefinido de seres o cosas de la misma especie.

**color**
(n.) Su precisa mención de los **colores** de las cosas pone más de relieve esa plasticidad de su poesía.
La riqueza de **colorido**, tan típica en la poesía de García Lorca, se formula con patética sencillez y con simbólico patetismo.
(local)   Hay color local en el prólogo donde se introducen canciones y bailes mexicanos.
(v.) Sentimiento y fantasía **tiñen** su prosa.   (teñir)

**colorful**
Nos ofrece cuadros **de gran colorido** y tipismo, pero también radicalmente dramáticos.

**colorless**
El estilo de sus novelas es bastante **incoloro**.

**column**
No hay que traducir en una segunda **columna** el texto ya completo en la columna primera.
En sus **columnas** colaboraron algunos de los poetas más conocidos.

**combination**   [ > mixture]
Lo más típico de sus novelas es la **combinación** de erotismo, violencia y humor.
El ensayó nuevas **combinaciones** y simplificó la sintaxis.
La obra es una **conjugación** de elementos románticos y realistas.

**combine**
(v.) **Mezcla** hechos históricos con otros productos de la fantasía.   (mezclar)
El poeta **combina** versos de once y de siete sílabas.   (combinar)
Los libros de Pío Baroja **unen** la observación a la inventiva.   (unir)
Además, el autor se ha aventurado a **amalgamar** dos criterios distintos.

**comedian**
Es el **cómico** más conocido de la escena española.

**comedy**   [ > play]
La **comedia** se distinguía por su argumento ligero, su tono satírico, a veces demasiado crudo y desenvuelto, y el desenlace feliz en que los personajes triunfaban de las adversidades.

La **comedia** ridiculizaba los vicios de la clase media y pintaba todas las menudas
    peripecias de la vida doméstica.

(character)           La comedia de carácter concentra todas las observaciones de
                          las costumbres sobre los principales personajes.

(cloak and dagger)  La comedia de capa y espada tiene elementos de misterio.

(of intrigue)          Las comedias de intriga tienen por objeto el interés o el
                          desarrollo sugestivo de la acción.

                          En las comedias de enredo las complicaciones son numerosas.

(light)               "Por eso prefiero divertir y distraer al público con comedias
                          ligeras y comedietas, que, como me reprochan mis
                          detractores, son deliberadamente frívolas y triviales."
                          —BENAVENTE

(of manners)         Desde muy temprano sintió la vocación dramática y en ella
                          cultivó tanto el drama como la comedia de costumbres.

(vulgar)             La comedia estaba plagada de burlas y alusiones del peor
                          gusto, descarnadas e indecentes.

**comedy writer**
    Moratín, a quien seducía el teatro de Molière, tradujo del ilustre **comediógrafo**
        francés dos obras.

**comic(al)**   [ > amusing, funny, humorous]
    El efecto **cómico** se consigue por medio de la descoyuntación más extremada.

**comicality**
    La **comicidad**, suave o mordaz, directa o irónica, pintoresca o satírica, no suele
        darse aislada y de una pieza.

    Se representaba una breve bufonada de una **comicidad** muy rústica y directa.

**comic relief**
    Ni faltan tampoco los **contrastes cómicos** y las notas de realismo picaresco que
        completan el cuadro profundamente humano.

**comma**
    A menudo no usa puntuación y el lector debe colocar las **comas** según la lógica.

    Una simple **coma** separa las frases . . .

**command**
    (n.) Su **dominio** absoluto de los recursos del dialecto . . .

**commedia dell'arte**
    En la **comedia de arte** el diálogo cambiaba de representación en representación.

**commentary**
    El **comentario** se presenta modestamente, sin propósito de dominar el texto
        comentado.

    Juan Hispalense, que compuso en árabe unos **comentarios** a la Biblia . . .

**commentator**
    También el autor ha servido como **comentarista** (m.) por televisión.

**comment on**
    Seguía **comentando** varios textos literarios . . .   (comentar)

**(literature of) commitment**
    Culmina la línea de **literatura comprometida** de postguerra iniciada cauta y
        tímidamente en los años cuarenta.

    Constituye lo que hoy se llama **literatura comprometida**.

**committed**
> Los novelistas **comprometidos** más independientes fueron los mejores, aunque no los de más éxito.

**common**
> Estos nombres eran **usuales** en el siglo XVI.
>
> En su prosa se encuentran expresiones **comunes** y **corrientes** . . .

**commonplace**  [ > banal ; platitude]
> (n.) Huyó de los **lugares comunes** y expresiones manidas en busca de nuevas metáforas.

**common sense**
> Fue hombre de gran **sentido común** y de bastante sentido cómico, ágil de pluma, pero no profundo ni elegante.
>
> "El **sentido común** es el sentido de la pereza, el que juzga con lugares comunes y frases hechas, mecánica y no orgánicamente." —UNAMUNO

**communication**
> Busca únicamente la eficacia de la **comunicación** con el lector, y la consigue.
>
> Toda novela, todo poema, toda obra literaria, es un intento de **comunicación**.
>
> (lack of) El título se refiere a un problema de incomunicación humana.

**company (theater)**
> En 1599 se constituyó la primera **compañía de comediantes** en Lima.
>
> Las **compañías de actores** españoles representan los últimos éxitos.

**comparable**
> Si volvemos la vista al campo de la literatura española no encontramos nada **comparable**.

**comparative**
> Señalo como particularmente interesantes las páginas dedicadas al estudio **comparativo** de . . .

**compare**
> Menéndez y Pelayo le **comparó**, con argumentos de peso, a Balzac.  (comparar)
>
> El primer verso podría **ser equiparado a** un alejandrino en virtud de que la cesura permite que el primer hemistiquio termine en agudo.  (equiparar a)
>
> Si **ponemos en relación** estos cuatro versos finales con los dos primeros del soneto . . . (poner . . .)

**comparison**
> "Toda **comparación** es odiosa." —CERVANTES
>
> Una **comparación** entre ambas ediciones prueba los adelantos del no-conformismo de Darío.
>
> En **comparación** con la novela española habitual . . .
>
> . . . pero no admite **comparación** con Fray Luís de León.

**compassion**
> "La **compasión** es el más santo y puro de los amores." —CABALLERO

**compete**
> ¿Qué escritor colonial se va a atrever a **competir** con los maestros de España?

**complete**  [ > end, finish]
> (v.) El encabalgamiento acelera la lectura, porque deseamos **completar** el sentido que ha quedado interrumpido al terminar cada verso.

Florencio Sánchez **cerró** su trilogía campesina con "Barranca abajo", la
tragedia más sombría de nuestro teatro.  (cerrar)

(a.) Leamos el título **completo** de su novela.

Es una prueba dura la publicación de poemas **completos**.

## complex

(a.) Los problemas que plantea son muy **complejos**.

En el vaivén pendular entre lengua sencilla y lengua **complicada** se
encuentran muchos escritores.

## complexity

La **complejidad** de su arte nace del hecho de ser clásico por su formación.

## complicate

El que escribe **complica** la relación de las frases, según los matices del pensamiento.  (complicar)

## complicated   [ > complex]

Trabajó en su tema campesino con una **complicada** técnica de novela que debe
algo a Faulkner.

## complication

La **complicación** está, no en la acción, sino en los recuerdos entrelazados.

## compose   [ > write]

Ese autor empezó a **componer** sus obras en edad ya madura.

## composition

¿Qué elementos entran en la **composición** de esta novela?

En esta **composición** se ve claramente la influencia clásica.

Tiene gran sentido de la **composición** y del desarrollo argumental.

La **composición** no obedece a un criterio unitario y objetivo.

## comprehension   [ > understanding]

La **comprensión** es el primer y más esencial de nuestros pasos cuando leemos.

## comprehensive

No debemos eludir totalmente este tema, a pesar de la dificultad de tratarlo de
una manera equilibrada y **comprensiva**.

Lanzarse a formular grandes teorías **de conjunto** supone riesgo . . .

## comprise   [ > consist of]

El volumen **comprende** diez narraciones que . . .  (comprender)

La edición **constará de** seis grandes tomos . . .  (constar de)

¿Quiénes **componen** la "generación del 98"?  (componer)

El primer tomo, recién aparecido, **recoge** la producción de los años 1898 a 1917.
(recoger)

## compromise

(n.) Este **compromiso** ideológico del autor con su época ocupará un primer
plano en otros artículos de crítica literaria.

## concept

"Un **concepto** puede llegar a hacerse persona."  —UNAMUNO

El verso tiene un ritmo interior lleno de sugerencias y una tendencia a encerrar
un **concepto** o dos en cada verso.

Esta **concepción** formalista está en la base de la idea que se hace Revilla de la
obra literaria.

### conception
Calderón es superior a todos en la grandeza de la **concepción** y en la acción.

### conceptismo
Es decir, el **conceptismo** propugna el arcano de las ideas, no la oscuridad de la forma.

El **conceptismo** tuvo sus recursos expresivos, el principal de los cuales fue la antítesis de palabras, de frases o de ideas; las más extraordinarias asociaciones de ideas, las más sorprendentes comparaciones, los contrastes más violentos, las transiciones más bruscas.

### concern    [ > anxiety ; deal with]
(n.) En la obra cervantina predomina una **preocupación** fundamental . . .

Parece más interesado en la exposición de sus ideas que en **preocupaciones** estéticas.

Hay **preocupación** por la elegancia, el refinamiento.

Los otros imitan su **ansia** de novedad y la exaltación de lo puramente personal.

Este **afán** de perfección verbal es lo permanente en su obra.

Los grandes **asuntos** del hombre—amor, universo, destino, muerte—llenan las obras líricas y dramáticas de esta generación.

(v.) Tampoco le **preocupa** gran cosa la forma de sus escritos.    (preocupar)

Lo que Ortega represente en la historia del pensamiento filosófico, no nos **concierne**.    (concernir)

El más singular de estos enigmas es el que **concierne** al autor.

La primera parte **se ocupa de** la vida y obras de . . .    (ocuparse de)

La composición **trata sobre** la resistencia uruguaya.    (tratar sobre)

La conversación **giró** principalmente **en derredor de** Baudelaire como crítico de arte.    (girar . . .)

### concerned
Los narradores jóvenes parecen más **preocupados** por la forma.

### concerning
Los cambios más señalados **en cuanto a** la forma son: . . .

### concise
En cuanto a su habla era demasiado **concisa**.

El autor nos da una descripción **sucinta** de la escena.

El deseo de economía nos ha inducido a presentar un texto uniforme, corrido, **apretado**.

Nunca un autor debe presentar un punto de vista tan **hermético**.

### concision
Parte de su oscuridad resultaba, pues, de **concisión**.

### conclude    [ > close, end, finish]
No se debe **concluir** esta breve enumeración sin mencionar a . . .

Para **rematar** el acto final, el autor hace desaparecer al protagonista.

### conclusion    [ > ending]
Del contenido de estas cartas podemos sacar las siguientes **conclusiones**.

No creemos necesario entrar en el detalle de las **conclusiones** de . . .

A veces llega a **conclusiones** totalmente negativas.

**conclusive**
Guillermo de Torre no puede ser más **terminante**: ni Réverdy ni Huidobro validaron el creacionismo.

**concrete**
La lista de ejemplos **concretos** que podríamos dar es tan numerosa que . . .
El barroco canta un amor palpitante, intrascendente y sin ideales **concretos**.

**condensation**   [ > plot summary, summary]
La **condensación** y la sencillez producen más efecto que la acumulación o las amplificaciones sistemáticas.

**condense**
Es casi imposible **condensar** el pensamiento de ese gran novelista.

**confessional (literature)**
En la literatura **de confesión** una persona declara todos los actos de su vida con una franqueza absoluta.

**confidence**
Reitera el autor su total y absoluta **confianza** en la sociedad.
"La **confianza** es madre del descuido."   —Gracián

**conflict**   [ > struggle]
(n.) Alude al **conflicto** entre espíritu y materia, libertad y necesidad, historia y naturaleza, progreso y tradición.
El **conflicto** se desarrolla en el mismo marco que rodea las creaciones más felices de Lope.
Se los ve en íntimo **conflicto** de pros y contras.
El **choque** de estas dos convicciones adversarias, que no pueden abrazarse, es el nervio de la obra.
El tema de sus novelas: **pugna** entre civilización y barbarie en villorrios, llanos, selvas, cafetales . . .

**conform**
El vocabulario **se ajusta al** estilo sincero y directo.   (ajustarse a)
La forma debe **conformarse con** el fondo.

**confront**   [ > face]
Sus personajes no **se enfrentan a** lo que podríamos llamar un destino. (enfrentarse a)
En la obra de Buero **nos enfrentamos con** la tragedia . . .

**confused**
Por los muchos personajes y episodios entrelazados, la acción es compleja, pero no **confusa**.
Hay momentos en los cuales sus comentarios nos dejan **perplejos**.

**connect**   [ > link, relate]
La segunda palinodia **está** en cierto modo **conectada** con la primera. (conectar)

**connection**   [ > bridge, link, relationship]
Ha visto Azorín sutiles **relaciones** entre la literatura y el cine.

**connoisseur**
Marichalar es un excelente **conocedor** de las literaturas extranjeras contemporáneas.

## connotation

El autor daba a la palabra 'epopeya' una **connotación** personal.

Así, 'culebra' tiene para muchos hablantes una **connotación** supersticiosa.

Parece que el escritor no se da cuenta del **sentido afectivo** de la palabra.

## connote

'Suavecito' vale aquí como adverbio y **connota** en superlativo suavísima-mente.  (connotar)

## conscience

El análisis del conflicto de **conciencia** en el sacerdote . . .

Lope, en efecto, todo lo ve a través de la **conciencia** católica y monárquica de España.

## conscious

Los escritores plenamente **conscientes** de la nueva concepción de la vida . . .

## consciousness

Se ocupa de relacionar el contenido de la obra literaria con la **conciencia** colectiva.

## consequence   [ > result]

El autor lleva la novela a sus últimas **consecuencias** previsibles.

La acción aparece como una **consecuencia** fatal de un hecho anterior.

## consider

Hay que **considerar** el modernismo **como** una evolución del romanticismo y al propio tiempo como una reacción contra él.

Se le **considera** la mejor de las tres por la elegancia de su estilo.

Vives **está considerado como** una de las figuras más europeas del pensamiento hispano renacentista del siglo XVI.

Hoy **se le tiene como** uno de los mejores cuentistas hispanoamericanos. (tenerle a uno como)

Esa comedia dramática se suele **tener por** una joya de nuestro teatro.

Hay que **tener en cuenta** la visión de Septiembre desde la genial ancianidad de Galdós.

## consistency

A veces le falta **consistencia** en la argumentación.

No tienen esas crónicas la unidad, la **congruencia** de las creaciones del Renacimiento.

## consistent

El sistema tiene que ser **consecuente** con el principio que adopte . . .

El desenlace no parece **consistente** con la prémisis.

## consist of   [ > comprise]

Su obra dramática **se compone de** ciento veinte comedias.  (componerse de)

La obra propiamente dicha **consta de** cinco capítulos.  (constar de)

**Consiste** la novela **en** episodios sueltos de . . .  (consistir en)

El libro **se constituye de** cuatro historias que tienen cada una valor propio. (constituirse de)

La novela **se reduce a** unas escenas costumbristas algo inconexas, pero de gran intensidad y autenticidad vital.  (reducirse a)

**consonant**

    (n.) Una **consonante** que se encuentra entre vocales constituye una sílaba con la siguiente.

    La repetición insistente de ciertas **consonantes** aproxima a determinados efectos.

**constant factor**

    La vena satírica y humorística es una de las **constantes** de nuestra literatura.

    Las **constantes** humanas que prefiere describir son las del sexo, la violencia y la muerte.

    La tesis central de la obra es lo gauchesco como una **constante** en el espíritu nacional argentino.

**constitute**

    La segunda parte del libro **constituye** su aspecto más importante.   (constituir)

**construct**

    En general **está** mal **construida**: digresiones, reflexiones anacrónicas, lecciones de historia que rompen la unidad del relato.   (construir)

**construction**

    A veces cae en prosaísmos y descuidos en la **construcción**.

    (loose)    La construcción del drama es floja . . .

    (perfect)   Desde el primer momento nos enfrentamos con un libro construído con rara perfección.

**consult**

    Quienes busquen más datos pueden **consultar** los numerosos repertorios bibliográficos accesibles en cualquier biblioteca.

**contact**

    (n.) Por entonces se realiza el **contacto** entre modernistas y hombres del 98.

        Su **contacto** con el surrealismo francés le abrió las puertas para toda libertad ideológica y expresiva.

**contain**   [ > include]

    Es un libro que **contiene** el esbozo y hasta el argumento completo de varios otros.   (contener)

    Las palabras de Celestina y Elicia **encierran** un doble sentido.   (encerrar)

    El último volumen **reúne** ocho ensayos . . .   (reunir)

**contemplate**

    "**Contemplar** es inmunizarse de lo contemplado."   —ORTEGA Y GASSET

    A fuerza de tanto **contemplar** y de tanto meterse dentro de sí para meditar en lo que ha contemplado . . .

**contemplation**

    Esta **contemplación** tampoco puede reducirse a lenguaje.

**contemplative**

    "Si no hubiese poetas, artistas, seres **contemplativos**, a la naturaleza le faltaría quien la contemplase con amor."   —NERVO

**contemporary**

    (n.) Psicológica y culturalmente está más cerca del 98 que de sus **coetáneos**.

        Respetaba la tradición literaria, leía con avidez a clásicos y **contemporáneos**.

(a.) Toda nuestra literatura **contemporánea** se ha podido producir gracias al genio concretador de Rubén Darío.

La literatura **de hoy** suele ser espontánea, desarticulada, elemental, arbitraria, caprichosa y confusa.

Machado señala claramente con estas palabras su apartamiento de la poesía **del instante**.

## content

(n.) Sus novelas son ricas en **contenido** sociológico, sicológico y filosófico.

El **contenido** del ensayo refleja nítidamente estas preocupaciones.

Al peculiar **contenido** del verso ha de corresponder una forma peculiar.

La gente llama **fondo** a los pensamientos, sentimientos, ideas que hay en una obra.

Para Revilla, el **fondo** y la forma no son elementos simples y separables.

## context

El verso no debe ser aislado; hay que dejarlo dentro de su **contexto**.

La literatura tiene su **contexto** propio en la literatura.

## continuity

La línea de **continuidad** de esta admirable novela española se quiebra en el siglo XVII.

## continuous

El movimiento **contínuo** está dado por el verbo.

Prefiere una historia lineal, **ininterrumpida** . . .

## contradict

Las palabras del personaje parecen **contradecir** las ideas del autor.

## contradiction

Y de este conflicto psicológico nacerá la originalidad de su persona y las **contradicciones** de su literatura.

"¿Qué es el hombre sino una **contradicción** vertical?"   —Nervo

## contradictory

Términos corrientes encubren frecuentemente conceptos distintos, cuando no **contradictorios**.

Contundente, rotundo, afirmativo y **negador**, se ahoga en sus propias palabras.

## contrast   [ > opposition, relief]

(n.) En esta época era ya evidente el gran **contraste** entre las grandes ciudades y la pampa.

Por medio de artificios de retórica quiere darnos un efecto de **contraste**.

El cuarto verso ofrece un **contraste** claro con los tres primeros.

Si se le llama 'realista' es por **contraste** con el preciosismo de otros narradores.

Entre ambos elementos hay una **antítesis**.

(v.) ¿Qué pasajes **contrastan con** el resto de la obra por el barroquismo de la expresión?   (contrastar con)

Con admirable economía verbal **contrasta** el deseo animal **con** la piedad.

## contribute

La falta de vínculos gramaticales **contribuye** asimismo a la impresión de rapidez.   (contribuir)

La aliteración de sonidos nasales que aquí se produce **contribuye** igualmente a la finalidad temática.

**contribution**
La **contribución** de Lope de Rueda a la corriente moderna de la dramática española ha sido de excepcional importancia.
Es su **aporte** (m.) más original y feliz a la historia del teatro español.
Contiene **colaboraciones** de muchos autores nicaragüenses . . .
Conocido por sus interesantes **aportaciones** en el campo de la filología . . .

**contributor**
Quedan desconocidos la mayoría de los **colaboradores** de esa revista literaria.

**contrive**
Con nada fabricaba una comedia, **urdía** una situación ingeniosa.   (urdir)

**contrived**
No cree en los efectos **rebuscados** ni en los medios de expresión que no sean los más directos.

**control**
(n.) Su **dominio** de la técnica teatral le permite realizar virtuosismos como . . .
(v.) Aldecoa **maneja** un lenguaje rico, y su prosa no rechaza ningún recurso artístico.   (manejar)
Pero Rueda no fue capaz de **disciplinar** su tendencia a la verbosidad.

**controversy**   [ > dispute]
La **controversia** que desde antiguo venía sosteniéndose en torno a . . .

**convention**
A pesar de las **convenciones** teatrales de la época   —monólogos, apartes, mecánicas salidas y entradas, enredos tradicionales . . .

**conventional**
La autora colocaba sus héroes en un ambiente lejano y **convencional**.
La novela está demasiado rellenada con frases **convencionales** y con pasajes librescos.

**converge**
Con toda evidencia todos los textos **convergen** en una constante línea teórica.   (convergir)

**conversation**
El arte de la **conversación** fue uno de los más cultivados del siglo XVIII.
La **conversación** gira siempre en torno de temas literarios o históricos.

**converse**
Los personajes históricos y ficticios **conversan** convincentemente.   (conversar)

**convey**
Y este ritmo contribuye a **trasmitir** lo que están manifestando las palabras.   (*also* transmitir)

**convince**
Pero lo que más **convence** en sus novelas, mucho más que su veracidad y fidelidad a la vida . . .   (convencer)
La irrupción de Pirandello sorprende, irrita, como en todas partes, pero no **convence**.

### convincing
Son tipos reales y **convincentes** que huelen a pueblo y a campo.

Lo que dice muchas veces no nos resulta de ninguna manera **convincente**.

En esta escena el personaje se destaca y es **verosímil** por su actitud tan flemática.

### copy
(n.) El texto nos ha llegado por una mala **copia** del siglo XVIII.

    Los originales se han perdido, quedando solamente **copias** manuscritas de segunda o de tercera mano.

    El libro seguía leyéndose a pesar de la prohibición, y sus **ejemplares** venían del extranjero.

(v.) Es posible que Echeverría, al **copiar**, modificara y modernizara el original.

### copyright
Antes de abordar el problema de los **derechos de autor** . . .

### correct
(v.) **Corregía** puntualmente su prosa, consciente de los procedimientos empleados en su estilo. (corregir)

(a.) El autor-crítico es quien establece en algún pasaje la **correcta** lectura.

### correction
La primera edición de la obra necesita bastante **enmienda** . . .

### correctness
En la frase literaria, además de la **corrección** lingüística, buscamos la sintonía de la forma con la personalidad del escritor.

### correspond    [ > fit]
El título no **corresponde al** de ninguno de los cuentos. (corresponder a)

Todos los personajes **responden a** una realidad en la vida. (responder a)

### correspondence
Sería inadmisible formular una **correspondencia** entre . . .

"No ha de faltar algún curioso que publique nuestro **epistolario** en futuros siglos." —Valera

### correspondent
(n.) En una célebre carta, dice a su **corresponsal** . . .

### cosmopolitan
(n.) Era un **cosmopolita** o, por lo menos, un escritor que se resistía a todo provincianismo.

(a.) Su prosa de tono **cosmopolita** sigue la línea de los grandes maestros contemporáneos.

### costumbrismo
El **costumbrismo** es una tendencia literaria y artística a reflejar en las obras las costumbres del lugar y de la época en que vive el artista creador.

El **costumbrismo**, con precedentes muy conocidos en el siglo XVII, surge, pues, contemporáneamente al romanticismo.

Una de sus constantes es el **costumbrismo**, pues la novela romántica presenta cuadros vívidos de las costumbres, usos, tipos humanos . . .

### costume
Los teatros seguían siendo incómodos, pobre la escena y anacrónicos los **trajes** de los comediantes.

**couplet**
El **dístico** es un grupo de dos versos que forman un sentido completo.
El **dístico**, modernamente, conviene principalmente a la inscripción, al epitafio, al enigma, a la charada, al proverbio.

**coveted**
Distinguido a lo largo de su fecunda carrera con los más **codiciados** premios . . .

**craftsman**
López es un excelente **artífice** en la combinación de fina ironía y lirismo terso.

**craftsmanship**
Torrado aparece ante el gran público como el maestro de la **artesanía** teatral.

**creacionismo**
"El **creacionismo** no es una escuela que yo haya querido imponer; es una teoría estética general que comencé a elaborar hacia 1912." —HUIDOBRO
El **creacionismo** literario es una intromisión de lo inventivo de cada artista en los recintos materiales y técnicos del lenguaje.

**create**
Es dramaturgo que sabe impersonalizarse para **crear** personas.
**Crea** ambientes de febril ansiedad, de crisis, de impotencia ante lo imposible.
"La primera condición de un poeta es **crear**, la segunda crear y la tercera crear." —HUIDOBRO

**creation**    [ > genesis]
Pertenece a una escuela en cuya **creación** no ha tomado parte.
Don Juan, arrancado de viejas y olvidadas leyendas, es una **creación** de Tirso.
La **creación** artística no comienza sino al concebirse la forma en la que se ha de encarnar la idea.
La **creación** literaria es una unión sutil de intención creadora y expresión artística.

**creative**
"El espíritu **creador** no pregunta: sabe." —MADARIAGA
En la plenitud de su facultad **creadora**, Cervantes compone cuadros admirables de profundidad humana.
La asombrosa fecundidad **creadora** de Lope es . . .
El autor estaba en la plenitud de su poder **creativo**.
(ability)    Su poder creador es extraordinario, por la abundancia y facilidad con que convierte la menor incitación en motivo de alta poesía.
(process)    Leer a Neruda es deslizarse dentro del proceso creador de un poeta.
He tratado, al hablar de cada autor, de demostrar su proceso creador.
En el prólogo a la segunda edición, nos ha contado el proceso de la creación de su novela.

**creator**
Fue un afortunado **creador** de frases y expresiones que han logrado gran fama.

**crisis**
Era evidente la inminencia de una gran **crisis** espiritual.
La novela española moderna desde 1870, es un género en perpetua **crisis**.

**criterion**
¿A qué se debe semejante diferencia de **criterio** o de sensibilidad ante la misma obra?

### critic

"Un **crítico** puede tener razón contra una obra, y la obra tener razón contra el crítico." —Benavente

No hay gran **crítico** sin gran literatura.

El mayor enemigo del modernista es el **crítico**.

Todo **crítico** necesita cultura, imaginación, sensibilidad, buen gusto.

El **crítico** literario entra dentro de las obras, nos dice como están construidas, y las descompone en sus menudas piezas.

Tienen sus obras más rigor histórico de lo que sus **impugnadores** han dicho.

(bad)    El que sólo trata de deprimir a los demás, es un criticastro repudiable, carece de sentido estético y de responsabilidad moral, porque no posee el don de comprender.

(drama)    El lector de esta revista conoce bien la labor de Ricardo Doménech como crítico teatral.

(duty of)    Una de las tareas a que debe aplicarse el crítico consiste en . . .

(minor)    A pesar de los defectos enunciados, esos críticos menores ofrecen aspectos interesantes.

### critical edition

Ordinariamente, la crítica textual proporciona correcciones que se plasman en una **edición crítica**.

### criticism

"Toda **crítica**, aun la más impersonal, aun la más objetiva, es una impresión." —Azorín

"Y no hallo cuál pueda ser la finalidad de la **crítica** literaria si no consiste en enseñar a leer los libros, adaptando los ojos del lector a la intención del autor." —Ortega y Gasset

La **crítica** destila, cierne y orienta.

La poesía y la literatura son productos de la imaginación; la **crítica**, no.

Su **crítica** y ataque es siempre abierto, audaz, cáustico, violento.

Una de las **críticas** que se le han hecho a Calderón es que . . .

"**Crítica**: arte de encontrar razones para no admirar." —*Anónimo*

(adverse)    No podemos silenciar el hecho de que muchos de estos nombres tienen hoy mala prensa.

(contemporary)    La crítica moderna estima que en sus obras hay más rigor histórico del que a primera vista se cree.

(descriptive)    La crítica que podría llamarse descriptiva resulta más equívoca que cualquier otra.

(destructive)    Una crítica destructora no significa sino la destrucción de quien la utiliza.

(harsh)    La crítica se mostró, en general, muy dura.

(literary)    La crítica literaria ha nacido para servir de mediadora entre la obra y el lector.

    Los métodos adelantan, pero la crítica literaria seguirá siendo siempre la visión esencialmente personal, subjetiva, de un crítico.

|              |                                                                                 |
| ------------ | ------------------------------------------------------------------------------- |
| (poetry)     | Tengo las páginas de Casalduero por uno de los aciertos de la crítica sobre poesía contemporánea. |
| (romantic)   | La crítica romántica buscaba una valoración comprensiva de la obra literaria, que fuese, a su vez, arte ella misma. |
| (social)     | Sus cuentos están, pues, dentro de la orientación general de la crítica social que hemos visto en la novela indianista. |
|              | Es una crítica mordaz, a veces hiriente, de los estados sociales. |
|              | Es una crítica regocijada contra la sociedad en todos sus aspectos. |
| (structuralist) | Debe de ser una crítica estructuralista. |
| (value of)   | Yo creo que la crítica tiene valor, valor relativo, valor subsidiario; si no hay literatura no hay crítica. |

### criticize
Los críticos modernos, en general, **han censurado** duramente esta obra. (censurar)

Los autores y el público **critican** a los representantes.   (criticar)

### culminate
Con él **culmina** el esfuerzo romántico hacia una prosa estéticamente elaborada. (culminar)

### culmination   [ > high point]
La poesía no es un ornamento que se superpone a la existencia, sino su **culminación**.

### culteranismo
Las características del **culteranismo** fueron: el desprecio de la grandilocuencia, el abuso de la metáfora, la propensión a las sentencias, la profusión en el jugar con los posibles sentidos del vocablo, el alambicamiento o conceptuidad de las formas, la singularidad extraña del epíteto, el abuso del hipérbaton, la frialdad de los apotegmas, el desleimiento de las ideas.

Al fin, el conceptismo degenera en extravagancias y el **culteranismo** repite los tópicos poéticos y se llena de vulgaridad y pedantería.

El **culteranismo** es, primordialmente, una provocación de la forma; y el conceptismo es una insinuación, casi jeroglífica, de la idea.

El **culteranismo** se inspira casi siempre en los temas de la mitología clásica.

### cultivate
Los innovadores tuvieron la osadía de **cultivar** varias formas métricas.

Existen grupos de escritores que **cultivan** las letras por las letras mismas.

**Cultiva** también los metros cortos (romances) y el verso libre.

### cultivated
Claro, las minorías **cultas** leían en su lengua original las novelas que no se tradujeron.

### cultivator
Es uno de los mejores **cultivadores** de la novela histórica en esta generación.

### culture
Da muestras de una **cultura** literaria vasta, mas no bien organizada.

Su curiosidad fue amplísima y su **cultura** muy por encima de lo habitual entre escritores e intelectuales.

**curiosity**

"La **curiosidad** nunca se enfada de saber." —Quevedo

Prefiere excitar la imaginación del lector con detalles sugeridores, en vez de satisfacer su **curiosidad** con una trama o un desenlace.

Los escritores que conoció le dieron ganas de llevar aun más lejos su **curiosidad** intelectual.

Su **curiosidad** por este tema se me contagió.

**current**

(n.) Sarmiento se dejó penetrar por la nueva **corriente** de ideas.

(a.) Tenía por objeto informar al público de la producción literaria **actual** española.

De todos los temas **actuales** es éste el que más interesa al novelista.

**curtain (theater)**

No se levanta el **telón** para dar paso a lo maravilloso, a lo extraordinario.

Al levantarse el **telón** del tercer acto aparece . . .

**customs**    [ > costumbrismo]

¿Qué **costumbres** refleja la obra?

"Esto de enmendar **costumbres** es peligroso y violento." —Góngora

**cycle**

Sus novelas componen un **ciclo** novelístico monocorde y, estilísticamente, desafinado.

**cynicism**

Los personajes son una mezcla de inocencia y **cinismo**.


# d


**dadaist**

(n.) Los **dadaístas** descubrieron que el subconsciente era una fuente de placer estético.

**daily**

(n.) El **diario** —periódico— desempeña un papel importantísimo en el campo de la literatura.

(a.) En el diálogo **cotidiano**, la preparación reflexiva de la frase es imperceptible.

El uso **diario** de vocabulario literario es pedante.

**damage**

(v.) Esta intervención del autor **daña** la trama novelesca.    (dañar)

**daring**    [ > boldness]

(n.) Su **osadía** imaginativa es más asombrosa que su impudor.

(a.) Los románticos se lanzaron a las combinaciones más **atrevidas**.

Fue más **osado** que Darío en sus imágenes, desaforadas y aun grotescas.

En el tercer poemario se revela más sombrío, personal, **audaz** e innovador.

Es un heroísmo tan **intrépido** que nos deja asombrados.

**data**

Aunque se tienen pocos **datos** sobre su vida . . .

Su autora no se basa únicamente en los **datos** estrictamente comprobables.

**date**

(n.) Así, la **fecha** del volumen no dice nada sobre la fecha de la composición de su contenido.

Su prólogo a las poesías de Gutiérrez Nájera marca una **fecha** en nuestra crítica.

(v.) La primera edición de la obra **data** de 1933.   (datar)

Esta novela **está fechada** en Madrid, en 1941.   (fechar)

**deal with**   [ > concern]

El capítulo V **trata del** concepto de la muerte.   (tratar de)

Su tercera novela **se encara con** la violencia primitiva de los campos. (encararse con)

La novela actual **se ocupa de** toda clase de problemas.   (ocuparse de)

**death**

El tema de la **muerte** está reiterado en su poesía.

Renace la vieja preocupación quevedesca por la **muerte**.

El anhelar una temprana **muerte** me parece producto de la filosofía romántica.

La **muerte** es aquí el motivo central, la fuerza primera de su movimiento anímico.

**debate**   [ > controversy]

(v.) La cuestión **fue** muy **debatida** en el siglo XIX y principios del actual. (debatir)

**début**

Su **debut**, por avatares del destino, se hizo con una obra de Echegaray.

**decadence**

Famosos son los sonetos en que llora la **decadencia** de España.

Hay que buscar en otra parte las causas de esa **decadencia** de la novela.

Las obras del momento maduro de Azorín insisten en la tesis de la **decadencia**.

Si, en términos generales, **decadentismo** literario es algo así como un nihilismo refinado . . .

**decadent**

Nuestros poemas son intensamente elegíacos y pesimistas, llenos de los artificios y refinamientos de los escritores de sociedades **decadentes**.

**decide**

Este autor **se decidió a** imitar también a Ercilla.   (decidirse a)

**decisive**

Este episodio fue **decisivo** en su vida y contribuyó poderosamente a la formación de su mundo poético.

**decline**

(n.) Vienen más tarde los libros que ya van marcando su **decadencia** creativa.

A causa de esta **declinación** cultural de los pueblos que hablan español . . .

El **descaecimiento** de la cultura se nota en las obras posteriores.

(v.) Mientras la influencia española **va decayendo**, la francesa se hace más importante.   (decaer)

**décor**   [ > scenery]
>Todavía en el siglo XVI, la escena carecía de **decorados** y de ornamentación.

**dedicate**   [ > devote]
>El autor **dedica** su investigación sobre todo al campo lingüístico español (dedicar)

>Después abandonó la literatura para **dedicarse** enteramente a la política.

**dedication**
>Su **dedicación** al género no fue exclusivamente el resultado de una ambición literaria.

>Modernamente, es rarísimo el libro que no lleva una **dedicatoria**.

**defect**   [ > drawback, fault, flaw, shortcoming, weakness]
>(n.) El poema adolece de otros **defectos** como son . . .

>>Los **defectos** de Galdós son los comunes a los grandes novelistas de la época realista.

>>Sin embargo, la obra tiene virtudes que sobrepasan aquellos posibles **defectos**.

>>Usar las palabras con imprecisión es un **vicio** romántico.

>>La principal **tacha** de la novela pastoril fue su artificialidad.

>>Se le han señalado algunas **deficiencias** a la novela como son . . .

**defective**
>**Defectuosa** y desigual, su poesía refleja el carácter de un hombre singularísimo.

**defend**
>Gracián no creó escuela ni **defendió** un sistema filosófico de su exclusiva formación.   (defender)

**define**
>El novelista **define** un carácter antes de mostrarlo, lo juzga sin darnos tiempo a que lo veamos vivir.   (definir)

>Azorín nos **ha definido** a Valera, nos ha revelado su naturaleza rica y contradictoria.

**definition**
>Hay casos en que se ha limitado a una simple **definición** del término.

>La **definición** conviene exactamente al fragmento propuesto.

**definitive**
>"Yo no creo que la novela sea en literatura una forma **definitiva**."   —Baroja

>Esta empresa no puede considerarse como **definitiva**.

>A pesar de que su libro **decisivo** fue de 1902 . . .

**delay**
>(n.) Hubo mucho **retraso** en la aparición del ascetismo y misticismo en la América Hispana.

>>La **demora** de la acción es demasiado prolongada para que sea práctica.

>(v.) Ese episodio **demora** el desenlace del drama.   (demorar)

**delicate**
>Con sus versos cortos y su **delicada** estructura muy dentro de la tradición popular . . .

**demand**
>(v.) Góngora **exige** claridad a quien se le acerque atento.   (exigir)

>>Los grandes textos requieren más de una lectura.   (requerir)

**denotation**   [ > meaning]
¿Cuál será el **significado conceptual** de esta abstracción?

**denote**
Este párrafo **denota** el sentido filosófico del cuento.   (denotar)

**dénouement**   [ > outcome]
El **desenlace** es la parte más difícil de desarrollar, porque debe estar sujeta a estas reglas: lógica, unidad, verosimilitud y fuerza.
La obra tiene un **desenlace** optimista y feliz.
El arte soberano con que el asunto está compuesto y conducido al grandioso **desenlace** . . .

**denounce**
**Denunció** el disfraz de los románticos afrancesados.   (denunciar)

**deny**
"Es más fácil **negar** las cosas que enterarse de ellas."   —LARRA
Lo que no se puede **negar** es que . . .
El escritor **se niega** que el arte posea una función utilitaria.   (negarse)

**depart from**
La obra **se aleja de** la retórica tradicional.   (alejarse de)
Sus novelas nunca **se apartan de** ese centro fijo que crea el personaje en función de su medio.   (apartarse de)
El autor del cuento no puede **desviarse del** drama principal.

**(point of) departure**
La renovación de la narrativa paraguaya debe reconocer como **punto de partida**.

**depend on**
La verosimilitud **depende de** los personajes, del desenlace . . .   (depender de)
Ese poema sale más al exterior, **se apoya** más **en** una materia pública.   (apoyarse en)

**depict**   [ > describe, portray]
El cuentista **retrata** escenas de la vida de los indios.   (retratar)
Al **pintar** las costumbres cotidianas no omite ningún detalle.

**depiction**
Hemos hablado hasta aquí de la **pintura** del alma humana.

**depth**
Es poesía de **hondura**, significativa, como fuera de las modas.

**derive**
Y estos ideales y valores **derivaban** de la vida dinámica y creadora.   (derivar)
La obsesión por la palabra única, justa, preciosa **provenía** más bien de Flaubert. (provenir)

**describe**   [ > depict, draw, portray]
El autor no hace esfuerzo alguno por **describir** sus personajes.
Nadie, en el período modernista, **ha descrito** mejor que Rodó el proceso de la creación literaria.

**description**
Lo más destacado de la obra son las **descripciones** que hace de . . .
La **descripción** del paisaje es una necesidad creada por el arte romántico.

Al leer, uno ve constantemente: tal es la fuerza de la **descripción**.

La **pintura** de los personajes secundarios es excelente.

(detailed)   Sus descripciones son exhaustivas, porque una especie de escrúpulo le impide dejar nada sin anotar.

(lively)   Las descripciones están llenas de vida, colorido y encanto.

(realistic)   La descripción —excesiva en sus detalles realistas— ahoga el relato.

### descriptive

Las técnicas **descriptivas** fueron las del realismo y el naturalismo.

En la literatura mironiana predominan los elementos **descriptivos**.

### deserve

Esta obra **merece** figurar entre las primeras de nuestro teatro clásico.   (merecer)

Su obra no ha logrado todavía el estudio detenido y profundo que **se merece**.

El **tiene derecho a** todo el mérito que se le puede dar.   (tener . . .)

La última novela **es digna del** Premio Nadal.   (ser . . .)

### designation

En el caso de la generación que ahora nos ocupa, se han propuesto diversas **denominaciones** para identificarla.

Es una **designación** demasiado rígida para que pueda ser comprendida.

### desire   [ > wish]

(n.)   "No hay en el mundo fuerza como el **deseo**."   —Lorca

En su **deseo** de alcanzar un máximo de desorden, cultivaban el mamarracho, lo chocante.

Se nota el **anhelo** de seguir la tendencia renovadora de los dramaturgos europeos mencionados.

Hay una lúcida **voluntad** de trascender los límites de la literatura.

Es una manera nueva de sentir, un vago **apetecer** de cosas imposibles.

(v.)   Pero el autor no **desea** identificarse con sus personajes.   (desear)

### despair

(n.)   La **desesperanza** nos llega en un verso alado, de profundidad lírica, acento refinado y lleno de delicadeza.

En su **desesperanza** total hay cierta indiferencia baudelairiana.

Hay dramaturgos que expresan su **desespero** porque carecen de confianza.

Relatan el hondo drama humano y la **desesperación** de los hombres del campo.

### despite

**A pesar de** lo artificioso y convencional de las situaciones dramáticas . . .

Y **a despecho de** apariencias, la especulación unamuniana trasciende el subjetivo narcisismo.

**No obstante** la difusión del cinematógrafo, el porvenir del teatro se conserva intacto.

### destiny   [ > fate]

Fue un hombre sufrido que aceptó su **destino** de hombre sin adoptar ninguna pose artística.

En la literatura clásica, el **Destino** tuvo una influencia y una participación decisivas.

**detail**

(n.) No hay **detalle** por minucioso que sea que escape a su observación.

Gusta Casal del **detalle** macabro en que se presienten emanaciones cada-
véricas.

Todo se ve, se oye, se huele, tal es la fuerza del **detalle**.

Las reformas van de la redacción completamente nueva al retoque de un
**pormenor**.

(in d.)  Voy a dar aquí por extenso mis indagaciones y notas sueltas . . .

**detailed**  [ > exhaustive]

Se trata de una crítica **minuciosa** de la epopeya francesa.

Es un examen muy **pormenorizado** y profundo de la realidad argentina.

**detective story**

No aludo, claro, a la **novela policíaca** de venta en los quioscos.

Si escribe algo tan popular como un **cuento de detectives** lo lanza tan alto que
acaba por llegar a una atmósfera irrespirable.

En este plan lógico con que construye su argumento novelesco se refleja su
afición por el **género policial**.

**determine**

**Fijemos** ahora el tema de este fragmento.  (fijar)

No es posible **determinar** dogmáticamente el significado central de un poema.

**detract from**  [ > diminish, lessen, reduce]

Su estilo bombástico **detrae del** efecto total de la obra.  (detraer de)

Son historias laterales que **van en detrimento de** la unidad de la narración.
(ir . . .)

**deus ex machina**

El **Deus ex machina** de las literaturas antiguas procuraba ese encadenamiento,
suponiendo la interferencia en la acción de un elemento extrahumano.

**develop**  [ > broaden]

Llegó a **desarrollar** un verdadero estilo literario.

En la novela que sigue, el autor **desenvuelve** un tema que le era muy grato.
(desenvolver)

El latín vulgar **se evolucionó** dentro de España, por motivos geográficos e
históricos, dividiéndose en varias lenguas.  (evolucionarse)

**development**  [ > evolution]

Cada capítulo es un paso en el **desarrollo** de una filosofía.

Su obra ha tenido una influencia noble en el **desenvolvimiento** posterior del
género.

Una **evolución** paralela hacia materias graves se advierte en su temática.

El barroco alcanzó amplio **cultivo** en Colombia.

Pero en esa acción lineal no hay propósito de mostrar la **maduración** psicológica
de los caracteres.

(inner)  Son innumerables las variantes al tema del desdoblamiento interior de
una obra de arte: la novela dentro de la novela, el personaje que
inventa otro personaje, la situación ficticia que se hace real . . .

**device**  [ > technique]

Ya aparecen algunos **recursos** de los cuales más tarde iban a abusar los poetas
modernistas.

Este mismo **artificio** se emplea también en . . .

Mediante este **procedimiento** literario se consigue que la conducta de cada
personaje sea equívoca.

## devote

Le **dedica** más de siete páginas al comentario del sueño.   (dedicar)

La segunda parte **está consagrada** a . . .   (consagrar)

(oneself to)   Rivera se dio a la tarea de representar poéticamente lo que sus ojos
habían contemplado.   (darse a)

## diagram

El **esquema** siguiente resume el desarrollo intrínseco del poema.

## dialect

Para algunos la lengua del gaucho es un **dialecto**.

## dialectics

La **dialéctica** fue una invención de los griegos, para quienes no era otra cosa que
el arte de discurrir y disputar en forma dialogada.

## dialogue   [ > language]

El **diálogo** es el elemento primordial, es el fin artístico de la obra.

Desde el punto de vista técnico cabe destacar que Mármol prefiere hacer la
pintura de sus personajes a través del **diálogo**.

El **diálogo** es una preocupación literaria moderna, fuera del teatro y de la novela.

| | |
|---|---|
| (artificial) | No hay un solo diálogo que recuerde el habla viva de las gentes. |
| (compelling) | Su diálogo es tan subyugante que producciones suyas se escuchan con deleite, sin que importe la levedad del argumento. |
| (dramatic) | La vida que ha sabido infundir en sus personajes es tanta que los diálogos adquieren una real calidad dramática. |
| (motion picture) | El diálogo cinematográfico es, sin duda, más concreto e intenso que el teatral. |
| (*vs.* narrative) | En unos casos la forma dialogada abarca todo un capítulo; en otros es sólo breve intermedio dentro de la acción narrativa. |
| (natural) | Se destaca el realismo, naturalidad y gracia del diálogo . . . Penetra en el alma de las gentes y las hace hablar con diálogos naturales. |
| (ordinary) | Se pretende que el diálogo sea diario, corriente, natural, sin destemplanzas, ni violencias. |
| (praiseworthy) | Su diálogo acaso sea lo más laudable de su teatro. |
| (realistic) | Dicho diálogo está hecho con una prosa realista y exactísima para la naturaleza de cada personaje. |
| (sparkling) | El diálogo es literariamente digno, chispeante, conceptista, mientras se mantiene en el terreno del discreteo, del juego verbal, de la salida ingeniosa, la sátira o el chiste. Pero el diálogo chisporrotea sin cesar, regocijado e imaginativo. |
| (vivid) | El diálogo tiene extraordinaria vivacidad; los caracteres viven. |
| (witty) | Sus diálogos son verdaderos modelos de sal ática, fluidos, ingeniosos, intencionados, humanos. |
| (wordy) | La obra adolece de diálogos a veces muy prolijos. |

**diary**

Estas páginas, sueltas, impresionistas, escritas en tiempo presente y en primera persona, tienen la forma de un **diario** íntimo.

Veinte años después continuaba su **diario**, pero la prosa era más sobria.

**dictionary**

Aparte de los **diccionarios** de la lengua, existen los de materias.

**didactic**

La totalidad de su obra cabe dentro del género **didáctico**.

De esta tendencia **didáctica** no se libró el Arcipreste.

**dieresis**

Por la **diéresis** son separadas las vocales de un diptongo y pronunciadas con hiato.

**differ**

Dentro de la poesía española **se diferencian** los dos en que . . .   (diferenciarse)

**Se diferencia** de Bello en que llegó a renunciar a su vocación literaria.

Sin embargo, el estilo de Valera **difiere** sustancialmente del de Valle-Inclán. (diferir)

La forma expresiva de Horacio **dista** mucho de la de Virgilio.   (distar)

Este poema **se distingue** de todos sus otros poemas por su estructura. (distinguirse)

**difference**   [ > distinction]

Semejanzas y **diferencias** entre la literatura española y la hispanoamericana . . .

Estudiando los personajes principales creados por los dos autores, vemos la gran **divergencia** que hay entre ellos.

Hay una gran **distancia** entre el gaucho histórico o real y el literario.

**different**

La prosa tiene su ritmo especial, **distinto** en cada literato.

Sin duda es una crónica, pero muy **diferente** a todas las mencionadas hasta aquí.

Rubén Darío dejó la poesía **diferente** de como la había encontrado.

Alarcón y Ortega están muy **distanciados** en forma estilística y en la selección de temas.

Hay que luchar con ese lenguaje **diverso** de nuestra lengua ordinaria.

**difficult**

Pero Gracián, con estas palabras, defiende lo **difícil**, no propiamente lo oscuro.

**difficulty**

Si hasta ahora no existe en lengua española un trabajo semejante, ello se debe, seguramente, a su enorme **dificultad**.

**digression**

Suprime la retórica, las largas descripciones y las **digresiones** psicológicas o ensayísticas.

Las **divagaciones**, los saltos atrás, las ambigüedades resultan excesivas.

**digressive**

El texto es **digresivo** como casi todos los suyos.

**dilemma**

El gran **dilema** que se presenta al crítico es éste: . . .

De pronto se encontró con el **dilema** de que . . .

**dilettante**  [ > amateur]
   Más que un verdadero escritor fue un **diletante** de la literatura y del arte.
**dimension**
   La ironía verbal de este diálogo nos permite ver otra **dimensión** del personaje Sempronio.
**diminish**  [ > detract, lessen, reduce]
   Desde el punto de vista literario, no creemos se pueda **disminuir** tanto la importancia del individuo creador.
   No estoy tratando de **menoscabar** la evidente grandeza de los escritores del grupo.
   El tanto escribir con los ojos puestos en el éxito editorial **ha rebajado** su calidad de escritor.  (rebajar)
**diminutive**
   (n.) Investigaciones modernas han denunciado como característica del **diminutivo** la expresión de un afecto.
**direct**
   (a.) Berceo nos ha mostrado como la poesía puede cristalizar en la expresión **directa**.
   La narración es **seguida**, sin rodeos.
**direction**
   Ha contribuido decididamente a darle un nuevo **rumbo** a la prosa narrativa de su país.
   La prosa tiene una **dirección** poética en su estilo.
**dirge**  [ > monody]
   Pertenece la **endecha** al género elegíaco.
**disadvantage**  [ > drawback]
   Cuenta su incoercible curiosidad intelectual, las **desventajas** de su condición de mujer.
**disappear**
   En la lengua hablada, la noción de la frase, en el sentido estilístico, **desaparece**.  (desaparecer)
**discard**
   La novela moderna en la mayoría de los casos **ha desechado** esta modalidad.  (desechar)
   No se puede **descartar** ninguna influencia extranjera.
**discipline**
   (n.) La novela como género literario exige hábito y **disciplina**.
   (lack of)  La imaginación creadora se resiente por la indisciplina y la dejadez.
**disciplined**
   Fue un maestro de rigor crítico, de estudio **disciplinado**, y de seriedad intelectual.
**disconnected**  [ > broken, disjointed]
   No escribe una serie **desligada** de historias . . .
   Nos da una colección de ensayos críticos **discontinuos**.
   La acción está **desconectada** y la belleza de los mejores paisajes es más literaria que poética.

Nos entrega sus pensamientos en forma primitiva y auténtica de reacciones instintivas, **inconexas**.

No se puede seguir el hilo de la obra porque es demasiado **desunida**.

## discord
Evitó **disonancias** entre el estilo y el tema.

De esta **desarmonía** entre la forma y el fondo no podía salir nada perdurable.

## discover
Rodríguez Moñino **descubrió** el primer manuscrito conocido de "Amadís de Gaula". (descubrir)

## discovery
La simplicidad de esta actitud poética en el complejo mundo moderno parece un **descubrimiento**.

El **hallazgo** del tipo Don Juan sólo puede parangonarse con el de la Celestina y el Quijote.

## discreet
Contra los cultismos de Góngora se alzaron los partidarios, como Lope de Vega, del estilo **discreto**.

## discuss
En este trabajo, recogeremos y **comentaremos** algunas afirmaciones básicas de Revilla. (comentar)

## disillusionment
Se presiente una **desilusión** total.

El entusiasmo revolucionario se va cambiando en **desilusión**.

## disjointed    [ > broken, disconnected]
La prosa de la segunda novela es **desarticulada**.

## disorder
El lector suele perderse en el **desorden** o desanimarse por las dificultades.

## disorganized
Su literatura es con frecuencia **desordenada**.

## display    [ > show]
(v.) En todas partes **ostenta** Tirso su profundo conocimiento de la naturaleza. (ostentar)

Cuando no hacía caricaturas o **desplegaba** su ironía, se mostraba como un sentimental. (desplegar)

El escritor **expone** aquí su genio literario. (exponer)

## dispute    [ > controversy]
(n.) La **disputa**, semejante a la más antigua de clásicos y románticos, es vana y estéril.

Ya se habían librado en España importantes **batallas** críticas entre gongoristas y no gongoristas.

## dissatisfaction
El lector avanza con una creciente **insatisfacción** por capítulos que no están construidos novelescamente.

## dissatisfied
Por eso sus héroes y heroínas nos dejan **insatisfechos**.

**Insatisfecho** de los límites que la tradición impone al verso . . .

### dissociate
Es difícil **disociar** la figura histórica del Cid de la del héroe épico.

Hay que **desasociar** de la obra el punto de vista del autor.

### distich
En **dísticos** se compusieron sátiras, elegías y epigramas.

El **dístico** ha tenido máxima aceptación en la poesía moderna.

### distinction [ > difference]
He aquí en dos palabras la **distinción** entre culteranismo y conceptismo: enigma y arcano.

En vez de repetir el mismo **distingo** teórico entre ambos estilos narrativos, los vamos a caracterizar ahora, de una vez para siempre.

### distinguish
Es necesario **distinguir** entre escritores ascetas y místicos propiamente dichos.

Lugones se **distinguió** tanto en el campo de la poesía como en el de la prosa.

### distort
¿Refleja exactamente la realidad o la **deforma** convirtiendo los tipos en caricaturas? (deformar)

Recarga, complica, amplifica, subordina y **desproporciona** excesivamente. (desproporcionar)

Prefirió lanzar esquemas abstractos donde podía **distorsionar** las cosas con libertad de fantasía.

### distorted
Para el personaje principal la realidad resulta **desfigurada** . . .

### distortion
Toda **deformación** de la realidad induce a darnos un cuadro incompleto.

Y el placer de esta **distorsión** no es el de la novela realista del siglo XIX sino el de la prosa artística del siglo XX.

### dithyramb
El **ditirambo** fue un género eminentemente griego, y ni los latinos lograron imitarlo con perfección.

### divertissement
En general, los **divertimentos** acompañaban a la pieza, sin mezclarse con ella, antecediéndola o siguiéndola.

### divide
La obra de Herrera puede **dividirse** en dos grupos.

Su obra se **reparte** en poesías, cartas familiares, ensayos, novelas y un drama en verso. (repartir)

Su labor de novelista podría **separarse** en dos períodos.

### division
No se espere una clara **división** entre romanticismo y modernismo.

### doctrine
De los ensayos puede extraerse una **doctrina**.

### document
(n.) La novela vale más como **documento** social que como prosa de ficción.

A veces las obras adquieren categoría de **documentos** históricos.

(v.) Se **documentó** lo mejor que pudo consultando archivos en España. (documentar)

**documentary**
   El **documental** es una película tomada de la realidad, con finalidad informativa.
**documented**
   Es un estudio **documentado**, serio e inteligente sobre la obra crítica de Clarín.
**dogmatic**
   Su actitud es extrañamente incomprensiva, angosta, **dogmática**.
**domain**
   El autor hace pasar a su personaje del **terreno** de las palabras al de los hechos.
**dominant**   [ > main, principal]
   El amor y la naturaleza son los temas **dominantes**.
**dominate**
   Nadie antes que él **dominó** nuestro verso castellano de un modo tan absoluto.
      (dominar)
**doubt**
   (n.) Ha habido algunas **dudas** respecto a la paternidad de esta obra.
   (v.) "Aprende a **dudar** y acabarás dudando de tu propia duda."   —MACHADO
**draft**   [ > first draft]
   (n.) El **borrador** se copia después de enmendado.
**drama**   [ > play]
   El **drama** se distingue de la tragedia y de la comedia por la mezcla que hace con
      los elementos de una y otra.
   Todo el **drama** está tratado con gran sencillez y sobriedad de elementos.
   La citada novela se abre con unas páginas de indignante **dramatismo**.

| | |
|---|---|
| (Christian) | De este modo los grandes dramas cristianos del siglo XVII son juegos trágicos. |
| (cloak and dagger) | Entre los más importantes autores de dramas de capa y espada figuran los grandes nombres del teatro español. |
| (dispassionate) | En Calderón, el drama es casi siempre fríamente meditado y realizado ya fuera de todo estado pasional. |
| (Gaucho) | El teatro popular comenzó en el Río de la Plata con el drama gauchesco. |
| (origin of) | En España, el origen del drama está, quizá, en las representaciones litúrgicas de la Edad Media, en las llamadas "Danzas de la muerte". |

**dramatic**
   El propósito **dramático** de esta ambigüedad será equilibrar los sentimientos del
      espectador hacia el personaje.
   Las escenas y situaciones que alcanzan mayor relieve **dramático** . . .
**dramatist**   [ > playwright]
   El **dramaturgo** joven tiende al virtuosismo, a convertir el drama en puro
      ejercicio.
   La vocación de **dramaturgo** se despierta tardíamente en él.
**dramatize**
   Aquí, Sánchez ha querido **dramatizar**, no un tema social, sino el fracaso de un
      hombre.
**dramaturgy**
   La **dramaturgia** de Valle-Inclán es una lección de humildad.
   La **dramática** española comenzó a decaer a fines del siglo dieciocho.

**draw**   [ > paint]
Sin preocuparse de crear situaciones o **dibujar** caracteres . . .
**Delinea** ágilmente sus personajes y los hace hablar en diálogos vivos.   (delinear)
(a conclusion)   La conclusión que hemos de sacar ahora es semejante a la que ya vimos en un capítulo anterior.

**drawback**   [ > defect, disadvantage, shortcoming]
Este libro tiene para mí un **inconveniente,** y es la postura del autor.
Esto no constituye en absoluto un **demérito** para el libro.

**dream**
(n.)   "¿Es que todo esto no es más que un **sueño** soñado dentro de otro sueño?"
—UNAMUNO
La prosa y los versos de Bécquer se refieren a **sueños,** insomnios, pesadillas, medios sueños entre el dormir y el despertar, ensoñaciones voluntarias.
(v.)   Recordemos la estructura triple que, muy frecuentemente, lo acompaña: dormirse, **soñar,** despertar.
"**Soñar** no es esperar."   —UNAMUNO
"Yo he vivido, porque **he soñado** mucho."   —NERVO

**dull**   [ > boring]
Es uno de los cuentos más **pesados,** más **fastidiosos** de la colección.

**duty**
Sin duda hay un pensamiento serio: el **deber** antepuesto a la felicidad.

**dysphemism**
El **disfemismo** es un estimulante; busca excitar nuestra sensibilidad en bajas evocaciones.


# e


**early**
En la poesía **temprana** de Miguel Hernández . . .

**ease**
Con **facilidad** asombrosa, el autor va del diálogo al monólogo interior.

**easy**
Hubiera sido más **fácil** seguir el procedimiento corriente en otros manuales.
Valle-Inclán no era un escritor **fácil,** su labor era lenta y premiosa.

**eclogue**   [ > idyll]
La **égloga** es una composición dialogada en la que dos o más pastores hablan de sus amores y de la vida campestre.
"Una **égloga** de Garcilaso nada enseña ni prueba, y, sin embargo, es bella y artística por todos los conceptos."   —REVILLA

**economy**
Sabe expresar sus pensamientos, conceptos e ideas con mucha precisión y **economía** verbal.

**edit**
>Sería necesario **editar** los cuentos de los primeros escritores del país.
>
>Nos presenta los textos originales, sin **revisar**los.
>
>(a text)   Para preparar la edición de ese libro se demoró casi un año.

**edited by**
>Es una **edición de** Carlos Romero con prólogo y notas.

**edition**
>La **edición** es excelente, en lo que se refiere a anotaciones bibliográficas, juegos de variantes, cronología de los poemas y corrección de los textos.
>
>Otras **ediciones** más modernas que pueden consultarse son . . .
>
>Muy pronto se hicieron once **ediciones** sin contar las fraudulentas.
>
>(annotated)   La edición anotada incluye explicaciones de voces, giros, instituciones, costumbres que existen o son aludidos en la obra.
>
>(critical)   La edición crítica ha sido hecha con el mayor esmero.
>
>(first)   La primera edición de una obra clásica es llamada edición príncipe.
>
>(limited)   Meses más tarde ha aparecido una edición limitada, hecha en Méjico.
>
>(paperback)   Esta edición de bolsillo pone los poemas al alcance de todos.

**editor**
>Es un **director** de un periódico en el norte de la Argentina.
>
>A partir del siglo XVII el **editor** se ha hecho indispensable por sus conocimientos técnicos.

**editorial**
>(n.) Sus **artículos de fondo**, aunque breves, revelan claramente su ideología liberal.
>
>Hoy vale más saber seleccionar las ilustraciones que redactar un **editorial**.

**education**
>En España tuvo una **formación** completamente clásica.
>
>Fue un espíritu científico, progresista y constructivo, pero con buena **educación** literaria.

**effect**
>(n.) En esta novela el autor logra nuevos **efectos** estilísticos.
>
>El buen empleo de este recurso técnico contribuye a lograr el **efecto** deseado.
>
>En la poesía castellana es de muy mal **efecto** el encuentro de vocales iguales.
>
>(v.) Otra muestra del rigor con que se **ha llevado a cabo** este estudio es . . . (llevar . . .)

**effective**
>Esta obra es sin duda una de las publicaciones más importantes y más **efectivas** de los últimos años.
>
>Sus contribuciones **efectivas** a la literatura internacional son mínimas.

**effectiveness**
>Pocos escritores modernos han conseguido, como Unamuno, expresar sus ideas con mayor **eficacia** y precisión verbal.

**effort**
>En su poesía se observa un **esfuerzo** consciente, demasiado intelectual, que no llega a convencernos.

Sus manuscritos producen la impresión de un penoso **esfuerzo** creador.

Es un don innato que se perfecciona con la **aplicación** y el entrenamiento.

**elegance**

"La **elegancia** suprema consiste en no hacerse notar." —Darío

**elegant**

Los modernistas aprendieron a escribir observando lo que el romanticismo tenía de **elegante**, no lo que tenía de apasionado.

**elegiacal**

No faltan en ellos matices **elegíacos**, ni pensamientos más trascendentes.

Tampoco faltan a esta composición **elegíaca** descripciones de la naturaleza.

**elegy** [ >lament]

La **elegía** es un poema lírico extenso que manifiesta sentimientos de dolor por una desgracia individual o por una calamidad de tipo colectivo.

Las **elegías** por la índole de sus temas suelen escribirse en versos de arte mayor.

Es muy difícil hallar en esta época una **elegía** que supere a ésta en su lirismo, sencillez y emoción conmovedora.

Pertenece este fragmento a una de las más famosas **elegías** de nuestra literatura.

**element**

Los **elementos** del drama europeo son más intensos en este teatro.

Algunos otros **elementos** que aparecen con sostenida frecuencia son . . .

**eliminate**

Latinizó la frase, **suprimió** partículas gramaticales inacentuadas, enriqueció la rima. (suprimir)

El poeta aspira a **eliminar** la distancia entre la realidad y los vocablos que intentan expresarla.

**elision**

En castellano, la **elisión** escrita cuenta con escasísimos casos: 'del' por 'de el' y 'al' por 'a el'.

**elizabethan**

El teatro de la edad **isabelina** en Inglaterra, cuya cima es Shakespeare . . .

**ellipsis**

Las **elipsis** abrevian de modo muy útil la expresión.

Ya ha sido citada la **elipsis** como uno de los procedimientos vivificadores de la sintaxis.

**elliptical**

Hacen falta frases concebidas de otro modo, más cortas y aun **elípticas**.

**eloquence**

"La discreción en el hablar importa más que la **elocuencia**." —Gracián

Ganó pronta fama de orador por su facundia y **elocuencia**.

**eloquent**

Hace hablar a los personajes en términos **elocuentes**.

**embellish**

Se reserva el derecho a **embellecer** sus cuentos con comparaciones tomadas de la tradición literaria.

La acción se **ornamenta**, al modo clásico, con arengas imaginarias. (ornamentar)

Las fuentes orales y escritas le daban hechos, y él los **hermoseaba**. (hermosear)

**embellished**
> Su estilo debe ser vivo y elegante, **adornado** y perfecto hasta en los más pequeños pormenores.

**embellishment**
> Estos **adornos** en el libro son lo más ameno: anécdotas, chismes, digresiones, reflexiones, reminiscencias, cuentos, aventuras . . .

> No siempre puede distinguirse entre el **embellecimiento** literario de escenas vividas y la pura invención de episodios.

**emblem**
> El **emblema** es la representación figurada de una idea.

**emblematic**
> La poesía **emblemática** tiene la forma de la imagen de la cual se trata.

**eminence**
> Estos hombres elevaron la prosa castellana a unas **alturas** inigualadas desde el siglo XVI.

**eminent**
> Se le considera el escritor y pensador más **eminente** de Bolivia en su época.

**emotion**
> La **emoción** surge por vía sensible y a través de la sensación.

> Los románticos trataron de demostrar que la **emoción** y los sentimientos pueden ser también un medio de explicar la realidad y encontrar la verdad.

**emotional**
> El poema tiene una sincera unidad **emocional**.

> Todo contribuye en este verso a intensificar el tono **emotivo**.

**emphasis**
> Machado es un poeta que no utiliza el **énfasis** o al menos se limita a usarlo infrecuentemente.

**emphasize**   [ > accent, stress, underscore]
> Parece que Ortega **pone el énfasis en** la palabra "amor". (poner . . .)

> En América, los modernistas son los que más **recalcaron** la armonía verbal. (recalcar)

> Naturalmente se ha tenido que poner mayor énfasis, y **detenerse** más, **en** la tercera etapa.

**emphatic**
> Sin duda es un escritor **enfático**, pero con frecuencia su énfasis no es elocuente, sino expresivo.

**encyclopedia**
> Escribió una notable **enciclopedia** sobre temas hispanoamericanos.

**encyclopedist**
> Comenzó por ser escéptico, racionalista, utilitario, con lecturas de Voltaire y los **enciclopedistas**.

**end**   [ > ending ; close, conclude, finish]
> (n.) El **final** está preparado hábilmente con nudos en la trama, detalles sugeridores, coincidencias y agorerías.

> Al **final** del acto segundo . . .

> Sin embargo, escribió cuentos hasta el **último instante** . . .

Adviértase cómo en el **remate** del pasaje anterior **el silencio** llega a un primer plano estilístico.

Convencional es la composición lineal de la crónica: todo tiende a un **fin**.

(v.) En este punto **concluye** el cuento. (concluir)

El capítulo **termina** con un excelente análisis de ... (terminar)

**Se cierra** como una obra de equilibradas proporciones. (cerrarse)

**ending** [ > end]

(n.) En su auto sacramental, cuyo **final** es de Luis Hurtado de Toledo ...

Aun más interesante es la **terminación** de la comedia.

La **terminación** del verbo es la parte variable, en contraposición a la radical.

(happy) Parece una novela de aventuras, con el encanto de un desenlace feliz.

(surprise) Cultivó el desenlace sorpresivo, no siempre por un vuelco de la situación, sino por un cambio psicológico de los personajes.

(tragic) Tiene algo de la novela policíaca y bastante de las narraciones rusas, llamadas irremediablemente a un final trágico.

(verb) Se omiten los sujetos suficientemente expresados en las desinencias verbales.

(a.) Así en Azorín se observa una atracción musical por los adjetivos **terminados** en *–ino, –ento, –ero*.

**endless**

Podríamos seguir así, con una lista **interminable**.

**engagé** [ > committed]

Y ahora su intento es escribir una poesía directa y **comprometida** ...

**enjoy**

Podemos **gozar de** un poema sin comprenderlo lógicamente.

Estos sonetos **gozan** todavía **de** gran popularidad.

La obra **gozó de** extraordinario prestigio en su tiempo.

**enjoyment**

Es manifestación literaria de mucho valor no solamente por el **goce** estético que produce, sino por ...

Un fragmento como el copiado requiere más un **goce** intelectual de interpretación que un deleite emotivo.

**enlightenment**

La cultura occidental se renueva radicalmente: la cultura del siglo XVIII se llama **Ilustración**.

Su filosofía era la humanitaria de la **Ilustración**: paz, libertad, justicia, orden racional, progreso ...

**enliven**

Sus obras dramáticas **animan** sus ideas filosóficas. (animar)

Su vocabulario **vivifica** el estilo de ese novelista ... (vivificar)

**enquiry** [ > investigation, research]

Pero no hay una profunda **indagación** en el alma de los personajes.

**enrich**

El conocimiento de la literatura francesa **ha enriquecido** su técnica. (enriquecer)

**enrichment**
Se produce un **enriquecimiento** del lenguaje y una flexibilización de la sintaxis.

**entertain**
Sus obras no son meros juguetes dramáticos encaminados a **entretener** al espectador.

La novela policíaca es una novela de imaginación, escrita con la finalidad exclusiva de **divertir**.

**entertainment**
Se toma ahora el teatro como un quehacer serio y no simplemente como vehículo de **entretenimiento**.

**enthusiasm**
Se llama a Espronceda "el poeta de la desesperación y del **entusiasmo**".

La raíz de la poesía de Guillén está precisamente en el **entusiasmo** ante el mundo y ante la vida.

**entitle (a work)**
"Se ha perdido el arte de **titular**; los clásicos lo poseían; lo poseían porque eran dueños del idioma." —AZORÍN

Pío Baroja nos da con esta novela el primer volumen de una serie que **titula** "La juventud perdida".

**entitled**
El estudio consta de cinco extensos capítulos, **titulados** . . .

**entr'acte**
Los romanos fueron los primeros que llevaron a los espectáculos teatrales la pausa del **entreacto**.

En el **entreacto** se inauguró una exposición de bocetos comprensivos de medio siglo de teatro.

**entry (in a dictionary)**
Se introducen alrededor de setecientos nuevos **conceptos**.

En la segunda edición, un crecido número de **artículos** aparece con adiciones y reformas.

**enumeration**
Al lado de su sobriedad están sus enojosas repeticiones y sus reiteraciones y **enumeraciones**.

El simple **recuento** de los títulos nos lleva a la comprensión de sus anticipaciones futuristas.

**envoy (poetic)**
En Francia la balada constaba de tres estrofas de ocho sílabas cada una y un couplet —o estrofa complementaria— llamado **envío**.

**epic**    [ > gest]
(n.) La **épica** primitiva era muchas veces el noticiario que daba a conocer los hechos más salientes de la nación.

La verdadera **epopeya** ha sido concebida fuera de toda intención literaria.

(mock)    No es nada más que una epopeya burlesca . . .

(a.) Es el más antiguo monumento conservado de la literatura **épica**.

**epigram**
El **epigrama** trata toda clase de asuntos en forma precisa y condensada.

El hispanolatino Marcial dió una orientación satírico-burlesca al **epigrama**.

### epigraph
El **epígrafe**, colocado a la cabeza de un libro, indica la intención del autor o el espíritu de la obra.

Este último verso servía de **epígrafe** y de verso que se glosaba.

### epigraphy
La **epigrafía** tiene por objeto traducir, leer y explicar una inscripción, con todas las consecuencias históricas y filológicas que encierra.

### epilogue
Toda la novela desemboca y encuentra pleno sentido en el **epílogo**.

Otros capítulos y un **epílogo** constituyen la singladura del libro.

### episode
Los **episodios** son mucho más coherentes y unidos unos con otros.

¿Están igualmente logrados los diferentes **episodios** que integran la obra?

La novela se cierra con un **episodio** sentimental.

### episodical
También aquí y allá se interrumpe la acción para introducir narraciones **episódicas**.

### epistle
La **epístola** en prosa se ha utilizado para conseguir los más diversos géneros literarios.

### epistolary
En sus escritos adopta un aire **epistolar** al que es muy adicto.

Tiene toda la frescura, la familiaridad y sencillez del género **epistolar**.

Es, en conjunto, toda su obra, como una larga carta que dirigiera a los demás y a sí mismo.

### epithalamion
El **epitalamio** es un breve poema compuesto con ocasión de un matrimonio y en honor de los esposos.

El **epitalamio** que Moratín escribió a la infanta doña Maria Luisa de Borbón . . .

### epithet
Es curioso que el **epíteto** abstracto aumente en valor concreto y hasta consiga casi una coloración.

### epitome
**Epítome** es un resumen lo más sucinto posible de una materia determinada, sin perder la principal y la mayor sustancia de ella.

### epoch
Lo que hoy nos queda de esta **época** . . .

### equal
(n.) Sus poesías religiosas no tienen **igual** en la belleza de la imagen, en la perfección de la forma.

Vivió entre los indios, y la crónica de esos días no tiene **par** en nuestra literatura.

(v.) No **iguala** en esto a Baudelaire.   (igualar)

En el papel de propagandista no lo **iguala** nadie.

### era
La **era** de la sensibilidad ya había comenzado.

**erase**
> No es posible **borrar** en la lírica española lo que el modernismo dio, en punto a valores de forma, a la poesía posterior.
>
> Los autógrafos nos dan idea de lo mucho que **borraba** y volvía a escribir.

**erotic**
> Documentó con métodos naturalistas las costumbres del pueblo y prefirió el tema **erótico**.

**eroticism**
> Pero fue Chateaubriand quien enseñó a Isaacs a orquestar estéticamente su vago **erotismo**.
>
> Su verso está exento del **erotismo** que veremos en otras poetisas.

**error**   [ > mistake]
> Quiero señalar sólo un pequeño **error** de interpretación en el texto.

**erudite**
> Toda la prosa anterior al Arcipreste es de tipo **erudito**.

**erudition**
> El autor lleva su evidente **erudición** a las descripciones de ambientes, costumbres, folklore y tipos humanos.

**escape**
> (n.) El arte y el culto de la belleza son para él refugio y motivo de **evasión** de la realidad que lo rodea.
>
> (v.) No se le **escapan** los detalles más significativos de cada escena.   (escapar)

**escapist literature**
> Por eso condena todos los **libros de evasión** . . .

**essay**
> Como instrumento de las ideas y motor propulsor del pensamiento, no hay género literario que pueda aventajar al **ensayo**.
>
> Su nombre se ve citado frecuentemente en los **ensayos** literarios.
>
> El género que Unamuno señorea, dueño de todos sus secretos y resortes, es el **ensayo**.
>
> Pero se puede decir que es Ganivet el primero en publicar **ensayos** en España.
>
> (critical)   Escribió ensayos críticos que el tiempo no ha hecho sino establecer más en sus valores esenciales.
>
>                  Su forma preferida de expresión es el ensayo de carácter informativo y crítico.
>
> (literary)   Mi intención ha sido escribir una serie de ensayos literarios.

**essayist**
> El gran tema del **ensayista** americano es América misma.
>
> Alfonso Reyes es el más agudo, brillante, versátil, culto y profundo de los **ensayistas** de hoy, en toda nuestra lengua.

**essence**   [ > gist]
> Y ahí reside la **esencia** del interés de este libro de Luis Cernuda.

**essential**
> Muchas de sus ideas son **esenciales** para conocer la verdadera historia de nuestra literatura.

**establish**
> Entre ambos géneros se puede **establecer** una serie de coincidencias y de diferencias.

**ethical**
> La literatura latina sustituye el valor estético de la griega por el valor **ético**.
> En ellas es evidente la vena satírica y las lecciones **éticas**.

**ethics**
> Se acomoda muy bien a la vocación de un profesor de **ética** que quiere enseñar moral con sus escritos.

**etymological**
> A su valor usual prefiere su sentido **etimológico**.

**etymology**
> La **etimología** más aceptada es aquélla que afirma que . . .
> Todavía no se sabe ni el origen ni la **etimología** de 'pícaro'.

**eulogy**
> Siguió modelos europeos, como el **elogio** de España que hizo Isidoro de Sevilla.

**euphemism**
> Prefiere contar las cosas como son, sin **eufemismos** ni acomodaciones morales.

**euphony**
> La **eufonía** es un efecto acústico agradable que resulta de la combinación de los sonidos en una palabra o de la unión de las palabras en una frase.

**euphuism**
> El **eufuismo**, equivalente al gongorismo español, inundó los libros, el teatro, y la oratoria.

**evaluation**  [ > appraisal]
> Existen estudios encaminados a la **evaluación** filosófica de sus pensamientos.
> A estas y otras tan contrarias **apreciaciones** se presta el drama.
> Lo esencial de la **valoración** crítica de Cervantes . . .

**even**
> (a.) Riman los versos **pares** en asonancia, y quedan libres los impares.

**event**
> Lo peculiar de la novela mejicana es la interpretación sobria y realista de **acontecimientos** profundamente dramáticos.
> Hay en todo este episodio reminiscencias de algún **suceso** realmente acaecido.
> Todo el primer párrafo es una narración de **hechos** que suceden en el pasado.

**evidence**
> Ha dado **pruebas** suficientes de su talento novelístico.
> De su amor por España y su literatura hay **testimonios** constantes en sus libros.

**evident**  [ > apparent, obvious]
> La influencia de La Celestina es **palpable** en toda la obra.
> En las colecciones póstumas es más **visible** la variedad de sus temas y estados de ánimo.

**evocative**
> No menos tradicional es la técnica del objeto **evocador**.
> Sus palabras se cargan de intensidad **evocadora**.

**evoke**
Ese símbolo **evoca** una sensación de opresión y asfixia dentro de un mundo limitado. (evocar)

**evolution** [ > development]
Hay una clara y evidente **evolución** en su poesía . . .
Es fácil seguir el **proceso evolutivo** de esta corriente de nuestra literatura.

**evolve** [ > develop]
En la segunda etapa el poeta **ha evolucionado** hacia formas más tradicionales y clásicas. (evolucionar)
El estilo verbal de Zunzunegui **ha evolucionado** considerablemente desde sus primeras novelas largas.

**exact**
Tiene plena conciencia de la importancia del lenguaje disciplinado y **exacto**.

**exaggerate**
En este sentido puede afirmarse sin temor de **exagerar** que Larra no ha tenido rivales.

**exaggeration**
Pero no se podría afirmar, sin correr el riesgo de caer en la **exageración**, que ése sea rumbo esencial de toda la literatura contemporánea.
Prefiere la **exageración** truculenta, la violencia enfática.
"A una verdad añaden muchos ceros." —TIRSO DE MOLINA

**examine**
**Examina** el autor tres tendencias fundamentales de nuestra novelística. (examinar)

**example**
Está considerado este libro como uno de los **ejemplos** más puros de la prosa castellana en la época clásica.
A fin de que el lector tenga la visión clara de lo antedicho pondremos un **ejemplo**.
El **ejemplo** más apropiado es el de Emma Bovary.
Ha sido considerada como una de las primeras **muestras** de culteranismo y conceptismo en la prosa castellana.
Creo que serán suficientes estas **muestras** para señalar la importancia de este libro.
Basten estos **verbigracias.**
Buen **espécimen** de su ironía, de su agudeza y de su arte es el cuento siguiente.
(for e.) Compárese, verbigracia, la descripción contenida en el capítulo XXX de . . .
Consideremos, por ejemplo, el tono de la última estrofa.

**exceed** [ > surpass]
**Pasan de** veinte los ensayos que dedicó a esta materia. (pasar de)
Sus méritos de dramaturgo, se dice, **aventajan a** los de su poesía. (aventajar a)

**excel**
Los más escribían de religión o **sobresalían** en la oratoria sagrada. (sobresalir)
Pero hubo un género literario que le atraía especialmente, y en el que **destacó**: la biografía. (destacar)

Los primeros **se destacaron** en el verso; los segundos produjeron más en novela y cuento.

**excellent**

Era un buen versificador, **excelente** a veces, ingenioso, fácil . . .

**exception**

Se dice que las **excepciones** confirman la regla.

**excerpt**   [ > extract]

Es un **fragmento** muy representativo de su estilo.

**excess**

(n.) Parece simbolizar la reacción contra los **excesos** decorativos y sonoros del modernismo.

Su **desmesura** en la invectiva le ha impedido hacerse de veras popular.

**excessive**

La **desmedida** arrogancia del romanticismo todavía está con ellos.

El fraccionamiento del verso parece en ocasiones **excesivo**.

Su peor torpeza en tanto narrador está en su **desbordante** sentimentalismo, convencional e hinchado.

**exclamation**

Fray Luis fue enormemente propenso al empleo de la **exclamación**.

Las **exclamaciones** de tristeza se repitieron tanto en todo el romanticismo europeo y americano que . . .

**exercise**

(n.) Sus narraciones constituyen extraordinarios **ejercicios** de inteligencia y fantasía.

No es episodio biográfico: es un **ejercicio** estético, con viñetas de arte y acompañamiento musical.

(v.) La lectura de los simbolistas **ha ejercido** cierta influencia en su estilo. (ejercer)

**exhaust**

(v.) Sin pretender **agotar** los recursos del estilo de Borges . . .

La primera edición española se **agotó** rápidamente.

**exhaustive**   [ > detailed]

Un estudio **exhaustivo** de Herrera debería revisar todas las definiciones de . . .

**existence**

Para Unamuno la vida cotidiana significaba el nivel más hondo de la **existencia** humana.

**existential**

Expresa su angustia **existencial** sin hacerle daño al poeta ni al estilista.

**existentialism**

En español teníamos nuestro propio **existencialismo**, el de Unamuno, Antonio Machado y Ortega y Gasset.

El relato está dentro de la línea del **existencialismo**.

**existentialist**

(n.) Fue **existencialista** antes de que el existencialismo estuviera de moda.

(a.) En resumen, es una novela con toques **existencialistas**.

**exordium**
El **exordio** es la primera parte, preámbulo o introducción de un discurso.

**experience**
(n.) "Lo que prueba el silogismo, falsifica la **experiencia**." —Moratín
Es una obra nacida de la **experiencia** del autor.
La novela se nutre de la **experiencia**.
(v.) El poeta romántico **experimenta** sentimientos desmesurados. (experimentar)

**experiment** [ > attempt, try]
(n.) Dejando de lado sus **experimentos** rítmicos, su contribución más novedosa fue . . .
Gran parte de los **experimentos** con la sintaxis, la ortografía, la composición, los monólogos interiores son arbitrarios.
(v.) Su espíritu estudioso lo llevaba a **experimentar** con la estructura rítmica del verso.
Aunque prefería el soneto, **probaba** diferentes metros y estrofas, sin llegar al verso libre. (probar)

**experimental**
Teniendo en cuenta la línea ascensional y **experimental** de todas sus obras . . .

**expert**
(n.) Fue al mismo tiempo un gran **conocedor** de la buena literatura española.
(n.) Es uno de los hombres más **expertos** en la literatura clásica.

**expertise** [ > mastery]
Reconstruye con una **pericia** sin igual el ambiente del siglo XV.

**explain** [ > clarify]
Fue Sainte-Beuve quien dio autoridad al método de **explicar** la obra por el hombre.
Esta ambigüedad se **explica** por la doble etimología de la palabra.

**explanation**
En ese párrafo resplandece una de las más lúcidas **explicaciones** dadas por un artista español.
Alfonso Reyes ha hecho un excelente trabajo de **aclaración** de los textos gongorinos, recomendable a todo lector.

**explicate**
**Explicar** un texto es ir dando cuenta de lo que un autor dice y de cómo lo dice.

**exploit**
(n.) Las **proezas** de sus personajes ocupan las tres cuartas partes de la novela.
Es una relación en verso de las **hazañas** de Hernán Cortés.

**exposition**
Las novelas de Baroja son un gran **exponente** de fracasos vitales, de vidas despilfarradas.
El **planteamiento**, el nudo y el desenlace fueron siempre las tres partes fundamentales de la obra dramática.
Nos interesa aquí el **planteamiento** de esa cuestión.

**expository**
> La primera condición que ha de tener el estilo **expositivo** es la claridad.

**express**
> (v.) Los escritores se **expresan** todavía en lengua castellana. (expresar)
>> **Frasea** bien los detalles que observa . . . (frasear)

**expression**
> No considero que el realismo sea la cima de todas las posibilidades de **expresión** literaria.
> Su **expresión**, sencilla, directa, apasionada, a veces de viriles acentos, alcanza una tensión poética singular.
> En sus versos ambos tienen maneras de **expresión** semejantes.

**expressionism**
> El **expresionismo** literario —mucho más joven que el artístico— data de 1910.
> El **expresionismo** reconstruye lógicamente los hechos recogidos por vías sensoriales y los acomoda según una razón de causa a efecto; el impresionismo, en cambio, entrega los hechos exteriores tal como los capta, una percepción inmediata, sin acomodamiento lógico.
> Disloca el estilo, disloca la estructura de la novela y da cabida al **expresionismo**.

**expressionist**
> (a.) La nota más clara de su lenguaje es el tono fuertemente **expresionista** que lo caracteriza.

**expressive**
> Esta construcción abstracta es lo que dará a la obra un valor **expresivo**.

**extent**   [ > prolong]
> En otro poema se puede notar cómo Hernández **extiende** esta idea hasta que . . . (extender)
> Su influencia **se extiende** por todo el ámbito de la lengua española.

**extensive**
> Se caracteriza por una poesía **extensa**, vigorosa, colorida y ardiente.

**extent**   [ > scope]
> ¿Cuál ha sido la profundidad y **extensión** del movimiento modernista en España?
> Existen deformaciones o malas traducciones del texto latino, cuyo **alcance** es imposible determinar.

**exterior**
> (a.) Fino impresionismo, rico en metáforas de paisajes interiores y **exteriores** . . .

**extract**
> (n.) Un **extracto** bien hecho de una obra exige sentido crítico y gusto indudable.
>> Este **fragmento** de Azorín pertenece a un libro . . .

**extraordinary**
> Su vocabulario contiene un valor arqueológico **extraordinario**, y en él están las raíces de la lexicografía castellana.

**extreme**
> (a.) Cierto que estas dos posiciones señaladas son dos posiciones **extremas**, teóricas.

# f

**fable**
"La **fábula** se encarna en la tradición; la tradición se alimenta y vive con la sangre misma del pueblo." —Darío
La **fábula** tiende a la rectificación de males sociales.
Fue una de las características de la Edad Media, el anhelo de divulgar el saber por medio de la **fábula**.
La **fábula** —antiguo género moralizador y práctico— se transformó en el siglo XVIII en discusión ideológica.

**fabliau**
Para Taine, era **fabliau** cualquier leyenda medieval graciosa o terrible, sentimental, fantástica o agradable.

**fabulist**
El mejor **fabulista** hispanoamericano de su tiempo es Rafael García Goyena.
En España se pueden señalar seis grandes **fabulistas** en verso: . . .

**face**   [ > confront]
(v.) La forma más trivial de **hacer frente a** este problema . . .
     Todo novelista renovador posee hoy una lengua personal, un modo original de **encararse con** la realidad.

**facet**
La vida humana tiene muchas **facetas**, que el arte tiene que reproducir si quiere ser fiel.
Una última **faceta** de su obra . . .

**facilitate**
Esta deliberada estructura **facilita** el análisis psicológico.   (facilitar)

**facility**
Sin tener **facilidad** especial de expresión artística . . .

**facsimile**
El **facsímile** es una imitación o reproducción perfecta de un manuscrito o impreso.

**factor**
En tal éxito entraron **factores** ajenos a los méritos puramente literarios.

**fail**
La mayor parte de los poetas jóvenes **fracasan** al ensayarlos.   (fracasar)
Sólo **fracasa** en los monólogos discursivos y moralizadores.

**fail to**
No **dejemos de** observar que Azorín no escribe nunca una novela histórica.
   (dejar de)

**failure**
Estos **fracasos** debieron acabar convenciéndole de sus escasas dotes de escritor.
Pero este novelista del **fracaso** humano ha fracasado como creador de caracteres.

**fairy tale**
Es una especie de caricatura del **cuento de hadas** . . .
Tomando como base un célebre **cuento infantil** de aventuras en el reino de la fantasía . . .

### faithful
Sin ninguna contradicción ni distracción, el poeta se ha mantenido **fiel** a su criterio.

### fall
(v.) Los acentos finales **recaen** siempre en la penúltima sílaba y el acento interior en la sexta. (recaer)

### false
Pocas veces cae en la tentación de buscar la **falsa** elegancia.

### fame    [ > acclaim, renown, reputation]
"La **fama** no se hereda: débese sólo a los propios hechos." —QUEVEDO

"La **fama** siempre va con los primeros." —GRACIÁN

Su gran **fama** se basa en su poderosa vena satírica.

Comencemos por dos novelistas argentinos que poseen hoy **fama** universal: Mallea y Borges.

Lo que más **fama** le ha dado es su producción lírica.

La primera obra en darle **renombre** merecido fue . . .

Los principales países cuentan con un buen grupo de actores que alcanzan **renombre** y prestigio.

### familiar
Carrió está **familiarizado** con las literaturas latina y castellana.

### famous    [ > celebrated, known]
En el **famoso** soneto de Quevedo encontramos estos versos: . . .

Nos limitaremos a señalar, dentro de cada género literario, sus más **insignes** representantes.

### fantastic
La obra narrativa de Borges está presidida por el signo de lo **fantástico**.

El cuento de tema **fantástico**, misterioso o sobrenatural . . .

Aunque más conocido por sus estudios literarios, escribió notables cuentos **de fantasía**.

### fantasy
Coloca su novela en esas zonas indecisas entre **fantasía** y realidad.

Sus cuentos y **fantasías** son verdaderas fantasmagorías, por su aire de alucinación, misterio y extrañeza.

### farce
Si fuera una **farsa** eso no importaría, puesto que la farsa se basa en una situación forzada.

En España las **farsas** dieron origen a los autos.

El **sainete** no es más que una forma del entremés.

### fascicle
Merced al procedimiento de la publicación por **fascículos** . . .

### fashion    [ > manner]
En literatura, y sobre todo, en novela, la **moda** es un factor importante.

En general el ánimo poético no siguió la ventolera de las **modas**.

Pequeño poema en versos octosílabos, muy en **boga** durante la Edad Media . . .

**fate**   [ > destiny]
Ｅl romanticismo le presta un sentido del **sino**, de la **fatalidad** . . .

**fault**   [ > defect, flaw, shortcoming]
Un **defecto** del poema es que . . .
A pesar de esos **defectos**, no se le puede negar talento como narrador.
Quizás el más grave **defecto** de su prosa sea cierto tono oratorio.
Al poema se le han señalado algunos **defectos** . . .
Los personajes y sus **vicisitudes** son fragmentos en la composición de un cuadro.
Todo hace suponer que las **fallas** actuales vayan desapareciendo con el tiempo.

**faulty**
Acaso sea **defectuoso** el verso, y deba leerse: . . .

**favor**
(n.) En esta ocasión el **favor** popular ha coincidido con un real mérito del autor.
(in f. of)   Como periodista, como versificador, intervino en la propaganda política a favor de la Independencia.
(v.) En sus discusiones sobre la versificación castellana **tomó partido por** los nuevos metros de la escuela itálica.   (tomar . . .)

**favorite**
Una imagen **favorita** de Jiménez en sus últimos años es la del niño-dios.
Las formas **preferidas** del verso fueron el soneto y el romance.

**feature (characteristic)**
(n.) Calderón continúa los **rasgos** típicos de la comedia de Lope.

**feel**
"Lo que se sabe **sentir**, se sabe decir."   —CERVANTES
"**Sentir** y pensar brotan de la misma fuente."   —UNAMUNO
Es un poeta que ha vuelto a **sentir** y a vivir lo que imita de sus modelos latinos.
El espíritu de Baudelaire se **siente** a través de sus poemas.
**Tenemos la sensación** de estar espiando el alma de un hombre en el instante en que va a escribir.   (tener . . .)

**feeling**
"Los **sentidos** no engañan; engaña el juicio."   —GRACIÁN
Sus versos nos dejan en el alma una **sensación** de levedad y finura.
Sin disimulo mostraba sus **sentimientos** y buscaba la simpatía del lector.
Esas metáforas no expresaban el **sentir** íntimo del poeta.

**felicitous**
Ese tema sirve de base a algunas de sus más **felices** imágenes.

**feminine**
Es notable sobre todo en el dibujo de figuras **femeninas**.

**fertile**
El movimiento superrealista fue más ordenado y **fértil** que el dadaísta.

**fiction**
Su **obra novelesca** es lo que más se destaca . . .
Las **ficciones** deben acercarse a la verdad y apartarse de la mentira.

**fictional**
La gran preocupación de Cervantes, como la de toda la literatura **novelística** española, es el hombre.

**fictitious**
El poema tiene un carácter esencialmente realista; los elementos **ficticios** que intervienen son escasos.
Leemos las historias de unos personajes **ficticios** para llegar a conocernos mejor.

**field**
Esta tendencia nació en la poesía lírica, pero pronto invadió el **campo** de la épica, teatro, novela, cuento, relato.

**figurative**
Se matiza un escrito mediante el lenguaje **figurado**.
El sentido **figurado** de una palabra es el traslativo que se emplea para embellecer la expresión del pensamiento.

**figure**
(n.) Muchas de las grandes **figuras** literarias de estos dos siglos . . .
(of speech) Los tropos son de dos clases: los que sirven para expresar el pensamiento (metáfora, sinécdoque, metonimia, antonomasia, onomatopeya, catacresis) y los que sirven para embellecer el pensamiento (alegoría, epíteto, perífrasis, enigma, hipérbole).
Unamuno recurre frecuentemente a tropos e imágenes . . .
Las figuras del lenguaje son maneras de construir las cláusulas con belleza y gracia.
(v.) Más de cincuenta títulos **figuran** hoy en la lista de sus obras.   (figurar)

**film**
(n.) Se interesa no sólo por la trama del **filme**, sino por los actores y los directores, por el doblaje y por el escenario, por el guión y la fotografía.
Es tema espléndido para una **película** aún no filmada.
La acción es rápida, breve como en **cinta cinematográfica**.
(cartoon) Una larga serie de documentales y películas de dibujos animados . . .
(documentary) Escritor y cineasta, autor de notables películas documentales . . .
(feature length) De las cinco películas de largo metraje . . .
En 1911 aparece el primer largometraje de ficción.
(short) Autor de numerosos cortometrajes de dibujos animados . . .

**film festival**
La Filmoteca Nacional ha presentado en Madrid un **festival** de cine rumano.

**film maker**
Es uno de los **cineastas** más conocidos de México.

**film script**
En el **guión cinematográfico** se describen detalladamente escenarios, costumbres, aparato y diálogos completos de una película.

**fin de siècle**
(a.) No desfallece en languideces y delicadezas **finiseculares**.
Recibió una formación literaria muy francesa, muy **fin de siglo**.

**finish**   [ > end; close, complete, conclude]
(v.) Emprendió entonces una vasta obra que nunca **terminó**.   (terminar)
Antes de **acabar** el último capítulo de su novela . . .
La novela **declina** rápidamente.   (declinar)

**first draft**    [ > draft]
El primer **esbozo** de este libro fue . . .

**firsthand**
Relata sucesos reales, muchas veces autobiográficos, que el autor presenció o conoció **de primera mano.**
Aunque no todos ellos tenían un conocimiento **de primera mano** de los textos franceses . . .

**first person**
La novela picaresca es siempre autobiográfica, y por tanto, está escrita en **primera persona.**
Persiste la inadecuación del lenguaje, si bien debe tenerse presente que el relato está en **primera persona.**

**fit**    [ > correspond]
(v.) Es un soneto que en metro y rima **se ajusta al** modelo clásico.    (ajustarse a)
   El vocabulario **se amolda** perfectamente **con** el estilo del relato.    (amoldarse con)
No hay manera de **encajar** la novela en esta selección literaria.

**flashback**
Monólogos interiores, soliloquios, **retrospecciones** y procedimientos impresionistas meten la acción dentro de las almas de los indios.
Cuando el novelista salta un episodio lo vuelve a recuperar en una **evocación retrospectiva.**
Es un recurso habitualísimo la **vuelta atrás en el tiempo.**

**flat**
Es un personaje **de una pieza**, sin relieves humanos . . .
El estilo es **llano**, sencillo, y la acción, directa.

**flaw**    [ > defect, fault, weakness]
La narración es perfecta, sin otro **lunar** que algunos vocablos inadecuados por cultos.

**flexible**
El castellano es, además, un idioma copioso, **flexible**, y más que nunca en los escritos de la generación precededte.

**flourish**
(v.) Teatro y lírica realistas **florecen** en la última década del reinado de Isabel II.
   (florecer)

**flow**
(n.) Nos impresiona el **fluir de su prosa** . . .
(v.) El poeta deja **fluir** las imágenes sueltas de su conciencia.

**flowering**
Su contribución a ese **florecimiento** teatral . . .

**focal point**
El **punto de enfoque** cambia al final de la novela.

**folklore**
(n.) El final dramático de la leyenda de Don Juan, el convite hecho a un difunto, es tema abundante en el **folklore.**

En busca de una expresión nacional, cultivaron el **folklore**, recogiendo la tradición hispánica y elaborándola con las propias creaciones.

(a.) ¿Cómo aprovecha los elementos **folklóricos**: trajes, cantos, instrumentos, refranes, etc.?

**follow**

El arte que no **sigue** ninguna línea de progreso ya es un clisé.   (seguir)

**follower**

Celebró a Rubén Darío, pero no fue de sus **seguidores**.

El más famoso de los **discípulos** de ese gran poeta fue . . .

**following**

(a.) Hay en el terceto **siguiente** una nueva variante del sueño.

**fool**   [ > buffoon]

Gabriel López ("Chinita") era el **gracioso** más célebre del histrionismo español.

**footnote**

Según Dámaso Alonso, en la **nota a pie de página** que figura en su ensayo . . .

En fin, **notas de pie de página**: abundantes y sabias.

Nos limitaremos a citar algunos ejemplos en las **notas al pie**.

**force**   [ > power]

(n.) No sólo por la tremenda **fuerza** dramática, el firme diseño de los caracteres . . .

Los dos primeros actos son excelentes y de una **fuerza** cómica inimitable.

**forced**

La obra estaba plagada de defectos, de ingenuidades y de situaciones **forzadas**.

**foremost**

A Dámaso Alonso, uno de los **primeros** críticos en nuestro mundo occidental . . .

Es el **más alto** poeta argentino de su época y en escala continental su puesto queda bien cerca a Darío.

**foreshadowing**   [ > anticipation]

Representan estos detalles la **prefiguración** del desenlace . . .

**foreword**   [ > introduction, preface, prologue]

El sentido de la intención del autor se encuentra en la **advertencia**.

**form**

(n.) "La **forma** y el fondo son inseparables y el fondo poético fluye libérrimamente sin que quepa imponerles normas abstractas." —Ortega y Gasset

La **forma** es breve, exacta, ceñida, desnuda . . .

Es la **forma** de la obra artística el dominio privado del artista.

Cultiva la **forma** porque mejor forma indica mayor perfección.

Un poema que no dé la sensación de **forma** no es un poema.

Como otros poetas de vanguardia despreció los **moldes** tradicionales.

El autor ha de refrenar y dar **concreción** literaria a su idea.

(artistic)   Su sentido de la forma **artística** se estampó en todo lo que escribió.

(classical)   Su poesía presenta una estructura **formal** perfectamente clásica.

(*vs.* content)   Tan rica es esta expresión que para algunos lectores relega el contenido a segundo plano.

(v.) Cada escritor afirma valores estéticos que se le **han formado** mientras contemplaba su horizonte histórico.   (formar)

Como en ningún otro escritor, sus versos y sus prosas **forman** una unidad cristalina.

## formal

La estructura cíclica en la poesía lírica también es un problema **formal**.

## format   [ > arrangement]

Aumenta el valor del libro la excelente **presentación editorial** y la abundante ilustración.

(small)   Son libros de reducido tamaño, muy manejables . . .

## formless

Ha creído adecuado agregar otro escrito, quizá el más **informe** de todos los suyos . . .

## formula

Lope es quien fijó la **fórmula** tradicional del honor y la venganza.

Su teatro permanece más sujeto a las **fórmulas** de la Edad Media.

## forte

La creación de personajes no suele ser el **fuerte** de nuestros dramaturgos.

## foundation

La Celestina refleja ya todo el espíritu renacentista y es la **base** más firme de nuestra dramática.

Esta correspondencia entre imagen y sentido descansa en un **fundamento** racional.

Lo histórico es la base y **fondo** sobre el cual se teje el relato.

El mayor acontecimiento de este período fue la **fundación** de esta revista literaria.

## founder

(n.)   Se le considera con razón uno de los **fundadores** e iniciadores del teatro colombiano.

## fragment

(n.)   No resisto a la tentación de copiar un **fragmento** de la crítica dedicada a . . .

## fragmentary

Por lo general se distinguieron por su poesía **fragmentaria**, miscelánea y opinante.

## framework

En Martí esos esquemas ponen **marcos** a los cuadros impresionistas que está pintando.

Dentro de este cuerpo de evocaciones hay un esqueleto y una musculatura novelesca.

## free

(v.)   El humor de los dadaístas **había librado** a la poesía de una excesiva carga de melancolía.   (librar)

(a.)   "Los libros me enseñaron a pensar, y el pensamiento me hizo **libre**."
  —LEÓN

(verse)   Muchos son los críticos americanos que han estudiado el verso libre.
  Y los poetas abandonan el versilibrismo por las formas estróficas.

**freedom**
De tal **libertad** métrica extraerá el poeta, como veremos, interesantes recursos expresivos.

La construcción de la frase castellana goza de holgura y **libertad**.

Volaron a pedazos las tradiciones literarias, y el poeta avanzó en busca de su **libertad**.

**frequency**
La imagen del agua aparece con mucha **frecuencia** en estos poemas.

**frequent**
El tema básico de esta obra es el de la imposibilidad de comunicación, tan **frecuente** en la literatura contemporánea.

**freshness**
Sus ficciones no han perdido totalmente su **frescura**.

**freudian**
Esa novela de Unamuno contiene muchos temas **freudianos**.

**frontispiece**   [ > title page]
En el **frontispicio** del volumen vemos un magnífico retrato del autor.

**fulfill**
Al buscar la metáfora desnuda, eliminando las formas conocidas del verso, **cumplieron** una función necesaria.   (cumplir)

**function**
(n.) Revisemos la **función** del histrión en torno a creador y público.

(v.) Proust queda inmerso en un instante del pasado porque la sensación **funciona** como recuerdo.   (funcionar)

**fundamental**   [ > basic]
Lo dicho insiste en un hecho **fundamental** de la poesía.

**funny**   [ > amusing, comic(al), humorous]
Ha creado uno de los personajes más **chistosos** del teatro español.

**future**
(n.) "Es el **porvenir** quien debe imperar sobre el pretérito, y de él recibimos la orden para nuestra conducta frente a cuanto fue."   —ORTEGA Y GASSET

El **futuro** puede expresar también la probabilidad.

**futurism**
El **futurismo** pretendió revolucionar la literatura, la sintaxis, la composición tipográfica.

**futurist**
(a.) La estética **futurista** apelaba especialmente a la sensación.


# g


**gallicism**
En la lengua castellana, la mayoría de barbarismos que padece se debe a los **galicismos** introducidos principalmente en el siglo XVIII.

En el castellano existen tanto los **galicismos** de vocablos como los de giros
o frases.

**gap**   [ > omission]
(n.) El conocimiento exacto de las formas habladas tiene hasta el presente
muchas **lagunas** e interrogantes.

**gather**   [ > collect]
El autor tenía que **reunir** datos sobre la historia de la crítica literaria.
Hay que hacer un estudio profundo para **colectar** todos los elementos básicos.

**gaucho**
(n.) Es un típico **gaucho** de origen humilde, anónimo y oscuro.
Esta literatura tenía como centro temático al **gaucho**, su ambiente, su medio
social y físico, su modo de hablar, sus hábitos y costumbres, su sicología.
(a.) La literatura **gauchesca** logró su más alto grado de madurez en la poesía
narrativa o épica y en la novela.

**gender**
De **género** ambiguo son los sustantivos que pueden usarse indistintamente en
masculino o femenino.

**general**
A pesar del título muy **general** del libro presente . . .

**generalize**
El peligro que nos acecha en este sistema es el **generalizar** demasiado.

**generation**
Porque aquella **generación** fue esencialmente una generación literaria . . .
Se incorpora a la **generación** del 45, la llamada de posguerra.
Es uno de los poetas mayores de la nueva **generación**.
(of '98)   La generación del 98 coincide con el primer movimiento literario
nacido en América: el modernismo.
Las denominaciones 'modernismo' y 'generación del 98' suelen
usarse indistintamente para designar el movimiento de renovación
literaria acontecido en América y España en los últimos años del
siglo XIX y comienzos del XX.

**genesis**   [ > creation]
Unamuno mismo se refiere a la **génesis** del poema en estos términos.

**genitive**
Esta acumulación de elementos no se arredrará ni por el exceso de **genitivos**.

**genius**
"El **genio** es el que llega a ser voz de un pueblo; el genio es un pueblo
individualizado."   —UNAMUNO
"En la extranjera patria siempre ha sido el **ingenio** premiado y venturoso."
—ANTONIO ENRÍQUEZ GÓMEZ

**genre**
"Los **géneros** literarios no son cosas en sí, sino en relación con el escritor."
—AZORÍN
"Entiendo, pues, por **géneros** literarios, a la inversa que la poética antigua,
ciertos temas radicales, irreducibles entre sí, verdaderas categorías estéticas."
—ORTEGA Y GASSET

En su carrera literaria cultivó casi todos los **géneros**: poesía, teatro, artículos de costumbre y novela.

La obra tiene elementos de varios **géneros**.

El **género** tuvo muy pronto multitud de cultivadores.

(dramatic)  Por su división en actos y su forma dialogada pertenece al género dramático.

(prose)  Tentó la totalidad de los géneros literarios en prosa: es crítico, ensayista, periodista, viajero, novelista, dramaturgo y memorialista.

(unique)  Son obras muy difíciles de encajar en el casillero de los géneros tradicionales.

## georgics
Son una especie de **geórgicas** argentinas, aunque con sensibilidad y técnica modernas.

## gest   [ > epic]
Nos revelan la existencia de muchas **gestas** cuyos manuscritos no han llegado a nosotros.

## gift
No hay en la segunda etapa artística de Arniches mayores **dotes** de observación que en la primera.

Poderoso **don** de expresión verbal que nuestra lengua no había tenido desde los autores barrocos del siglo XVII . . .

## gifted
Estaba **dotado** prodigiosamente de una gran inteligencia y de una memoria fidelísima.

## gist   [ > essence]
La **clave** de la novela es el desarrollo de una personalidad egoista.

## give way to
Su impresionismo, su simbolismo inicial **cedieron** más tarde **a** un arte más conceptual.  (ceder a)

## glance through
Quien **haya hojeado** revistas de la época comprenderá muy bien que . . . (hojear)

## glimpse
(n.) El **vistazo** que no delinea la tendencia artística de la obra debe de ser eliminado.

Solamente una **ojeada** es necesaria para captar la noción temática.

(v.) También es posible **vislumbrar** una tesis en el contraste entre las dos emociones.

## glory
"El deseo de alcanzar **fama** es activo en gran manera." —CERVANTES

"La posesión de la **gloria** es lo mismo que la posesión de la mujer." —DARÍO

## glossary
El **glosario** designa un diccionario o vocabulario de palabras.

## goal   [ > aim, intention, objective, purpose]
Llega así el héroe a la **meta** de sus deseos.

La **misión** esencial del lenguaje es expresar con claridad, hacer entender sin menguar la belleza.

### go-between
La misma **alcahueta** es un tipo bien conocido en la literatura medieval tanto española como francesa.

El **trotaconventos** es uno de los personajes más típicos de esa literatura.

### golden age
La **Edad de Oro** española comprende más de un siglo: desde 1550 hasta 1680.

En opinión de unos, las comedias clásicas del **Siglo de Oro** eran un conjunto de disparates imposibles de representar.

La **época de oro** de la fábula corresponde a los siglos XVII y XVIII.

### gongorism
Dámaso Alonso, el crítico que mejor y más hondamente ha estudiado el **gongorismo** o culteranismo, señala precisamente sus características: una temática casi siempre inspirada en la mitología clásica, y el decidido afán de buscar nuevos cauces poéticos valiéndose audazmente de la originalidad del vocabulario, en la renovación sintáctica, en la melodía del lenguaje y en las analogías y metáforas brillantes y sorprendentes.

Estas formas del barroco radical se llamaron en España **gongorismo** o culteranismo.

El **gongorismo** decayó por completo durante el siglo XVIII y la primera mitad del XIX.

(neo-) En el neogongorismo militaron durante algún tiempo poetas como Dámaso Alonso, Luis Cernuda, Emilio Prados, Vicente Aleixandre...

### gongoristic
"Lo **gongorino** es esta simultaneidad de lo grave y lo alegre en el asunto y en el tono, y de lo llano y lo abrupto en el idioma y en el estilo." —GUILLÉN

### grammar
"Los que gobiernan ínsulas, por lo menos, han de saber **gramática**." —CERVANTES

Es proverbial su violentación constante de las leyes de la **gramática**.

Lo que tiene la **gramática** de ciencia impone cierto método.

El modernismo, en lo que tenía de culto a las buenas formas, había reforzado ese sentimiento tradicional por la **gramática**.

### grammarian
Es muy conocido como crítico, **gramático** e investigador de la versificación española.

### grammatical
Es el primer intento de poner en orden las cuestiones **gramaticales** de nuestra lengua.

### grandeur
No es evidente el amor, que es lo que daba **grandeza** al estilo de otros costumbristas.

### grandiloquence
Su melancólico lirismo le hizo desdeñar la **grandilocuencia** romántica y la magnificencia modernista.

**grasp**
    (v.) La inteligencia del lector deberá **aprehender** los matices más delicados.
**gratuitous act**
    No olvidemos que Gide es el gran profeta de la versatilidad y el **acto gratuito**.
**greatness**
    "La verdadera **grandeza** es la que no necesita de la humillación de los demás."
        —Nervo
**grotesque**
    (n.) Con el romanticismo la bufonesca fealdad que caracteriza lo **grotesco** se
        convierte en uno de los elementos esenciales del arte.
    (a.) Todo en ella es deformación **grotesca** de los tipos, de los argumentos, del
        lenguaje.
**grounds (justification)**
    En realidad no hay **base** (f.) para estimar que es una lengua nueva.
**group**   [ > school]
    (n.) Uno de los nombres más célebres de ese **grupo** de artistas . . .
        Una extemporánea **promoción** de poetas modernistas se agrupó en la
        revista "Juventud".
    (v.) Algunos historiadores de la literatura inglesa **han agrupado** los tres grandes
        novelistas.  (agrupar)
**grow**   [ > increase]
    El sentido del arte **crece** y se nutre con el estudio y reproducción de las formas
    perfectas.  (crecer)
    El valor bibliográfico de este volumen **crece** con la inclusión de . . .
    Salinas **se creció** mucho en América y nunca fue tan fecundo como en el
    decenio del 40.
    En el tercer acto **aumenta** el interés dramático.  (aumentar)
    Su círculo de amistades literarias **se ensanchó** sensiblemente.  (ensancharse)

# h

**hagiography**
    La primera parte comprende estudios de temas de **hagiografía**.
**handbook**
    Todavía hoy los **manuales** más utilizados siguen fieles a esta tradición.
**handle**
    (v.) Don Juan Manuel **maneja** el material más artísticamente, con deliberada
        sencillez de construcción.  (manejar)
**handling**
    Mostró suprema maestría en el **manejo** del idioma.
    Poco a poco se afirmó en el **manejo** del nuevo género . . .
    Son varios los elementos que contribuyen al espíritu dramático de la narrativa
    galdosiana, y el primero de estos es, sin duda, su hábil **manejo** del diálogo.

**handwriting**    [ > calligraphy]
Ciertos eruditos, familiarizados con la **escritura** de hombres célebres, han
podido conocer al verdadero autor de una obra anónima.
Se considera que el inventor del tipo de **letra** española fue el calígrafo vasco
Juan de Iciar.

**happen**    [ > occur, take place]
Esta culminante escena encierra la clave de todo cuanto después ha de **suceder**.

**happiness**
"La **felicidad** se busca siempre en las cosas de que se carece, y en ellas descansa
quien las consigue." —QUEVEDO

**harmonious**
De la **armónica** relación del fondo con la forma nace la obra poética.
El ritmo y la música **armoniosa** de su poesía . . .

**harmonize**
El ritmo del verso **concuerda** con el sentido melancólico y elegíaco del poema.
(concordar)

**harmony**
La **armonía**, o sea el sonido grato de las palabras, constituye una piedra de
toque para el buen escritor.
La **armonía** de significado y estructura estética es manifiesta.

**heading**
Se han confeccionado índices especiales y **cabeceras** de página que . . .

**heart**
"El **corazón** es el único adivino." —GALDÓS
La **medula** del cuento es la vida triste de los indios.

**hemistrich**
Hay no sólo la terminación del primer **hemistiquio** con palabras agudas o
esdrújulas . . .
El verso final es un endecasílabo con dos **hemistiquios**.

**hendecasyllable**
El **endecasílabo** es un verso de once sílabas, procedente de Italia, introducido en
España por Santillana y aclimatado por Boscán y Garcilaso.
Sus mejores poemas están escritos en **endecasílabos**.

**heptasyllable**
En España el **heptasílabo** hizo su aparición en el "Auto de los Reyes Magos".

**hero**
No es un **héroe** simbólico sino un mestizo de carne y hueso.
El **héroe** es una figura trágica por su doble naturaleza étnica.
Son **héroes** que vienen del poema épico, de la novela de caballerías.
El **protagonista** es un joven médico que . . .
(anti-)    Ha creado, si no uno de aquellos antihéroes de la literatura picaresca, en
todo caso un pícaro-héroe perdido en el caos de la vida mexicana.

**heroic**
"Una sociedad de alma **heroica** no permanece gran tiempo sin un héroe."
—RODÓ

### heroine

Encarnó las más terribles y trágicas **heroínas** y lo hizo con un tono altisonante y enfático.

Lo más importante es el fluir de su conciencia, lo que pasa dentro de la **protagonista**.

### heroism

El apogeo de la belleza consiste en inspirar **heroísmo** en el hombre.

### hesitate

Al lado de ellos están los que **vacilan** inclinándose ya hacia tradiciones académicas, ya hacia la libertad artística.   (vacilar)

### hiatus

El **hiato** es el encuentro de dos vocales que no constituyen diptongo y forman parte de sílabas distintas.

### high point   [ > apogee]

Tal vez esa nota alcanza su **punto culminante** en algunos de los poemas últimos.

Es en su labor novelística donde alcanzó su **punto** más **alto**.

La obra constituye la **culminación** de la poesía gauchesca.

El valor universal de la poesía de Darío llega aquí a su **cúspide** (f.) . . .

### high-sounding

Llaman la atención las palabras **altisonantes** que el poeta emplea para describir aquel suceso.

### hispanicism

A partir del siglo XVI, numerosos **hispanismos** enriquecen otras lenguas: la francesa, la italiana, la inglesa, la alemana.

### historian

"El poeta puede contar, o cantar, las cosas no como fueron, sino como debían ser, y el **historiador** las ha de escribir no como debían ser, sino como fueron, sin añadir ni quitar a la verdad cosa alguna."  —CERVANTES

Las condiciones fundamentales de un **historiador**: la veracidad, la información, la elevación y la visión del porvenir.

Cortés es siempre un **historiador** a quien puede creerse.

Se considera a Ovalle como el primer **historiador** de Chile.

(literary)   De los muchos peligros que corre un historiador de la literatura . . .

### historical

Todos los personajes nombrados en el poema son **históricos**.

El valor artístico o **histórico** del drama es indiscutible.

### history

"¡Oh; novela inmortal, tú eres la **historia**!"   —CAMPOAMOR

"Una cosa es continuar la **historia**, y otra, repetirla."   —BENAVENTE

En 1913 escribió un artículo sobre lo que habría de ser una verdadera **historia** literaria.

### homage

Los poetas españoles han rendido **homenaje** a Azorín al cumplir los ochenta y cinco años.

**homograph**
Las **homógrafas** son palabras que se escriben de la misma manera, teniendo significado distinto.

**homonym**
Los **homónimos** se pronuncian y escriben de igual modo, con significación distinta.

**homophone**
Las **homófonas** son palabras que tienen el mismo sonido y diferente significación.

**honor**
(n.) La opinión casi unánime de los críticos es que el **honor** tiene su origen en el sentir caballeresco, que es el alma de la Edad Media.

Es el tema del **honor**, juntamente con la idea religiosa y la monárquica, el más profundo y enraizado en nuestro teatro.

El tema del **honor** adquirió su gran desarrollo teatral durante la segunda mitad del siglo XVII.

Vista la categoría de elemento primario que en la escena clásica tiene el tema del **honor** . . .

"La **honra**, puédela tener el pobre, pero no el vicioso." —CERVANTES

**hope**
(n.) No parece abrigar mucha **esperanza** en el mejoramiento de los hombres.
"La **esperanza** es gran falsificadora de la verdad." —GRACIÁN

(v.) "**Esperar** es creer y vivir." —LORCA

Si **aspiramos** a enriquecer la comunicación entre el actor y el espectador . . . (aspirar)

**human**
(a.) La Celestina es una admirable galería de figuras **humanas**.

En sus obras no hay nada verdaderamente **humano**, nada matizado, nada profundo.

**human being**   [ >man]
Subraya Sábato la ambigüedad de los **seres humanos** y de sus acciones.

**human condition**
Creyó que era legítimo presentar al desnudo la sórdida **condición del hombre**.
Por eso toda gran novela es algo simbólica de la **condición humana**.

**humanism**
El **humanismo** español coincidió con el italiano en el desarrollo de la filosofía neoplatónica, en el sentido humanístico de la lengua y en el culto de la forma.
Juan de Mena es el poeta representativo del **humanismo** clásico del siglo XV.

**humanist**
Fue un **humanista** formado en todas las literaturas, en todas las filosofías.
Fue un verdadero **humanista** por la amplitud de su conocimiento en todas las ramas del saber humano.

**humanistic**
Es el primero de los poetas renacentistas que hace ese derroche de erudición **humanística**.

**humanitarian**
>   (a.) En sus obras emerge ya un sentimiento **humanitario** que luego se incorporó a la novela de la revolución como preocupación por las clases pobres.

**humanity**
>   Estos y otros pequeños acontecimientos revelan su profunda, conmovedora **humanidad**.

**humility**
>   "La **humildad** es la base y fundamento de todas las virtudes." —CERVANTES
>
>   El tono de **humildad** en las introducciones a sus obras era el acostumbrado en los escritores contemporáneos.

**humor**
>   El **humor** es de siempre y de todas las literaturas.
>
>   El **humor** amplio, siempre cambiante, simpático, generoso, es un don que Fielding ha dado a la novela inglesa.
>
>   Este escrito por sí solo le acredita un puesto entre los maestros del **humor** mundial.
>
>   Su comicidad asciende, en los momentos más felices, a la difícil región del **humorismo**.
>
>   "El **humorismo** nace con frecuencia de humildad y de modestia." —VALERA
>
>   Frecuentemente el **humorismo** se hace depender de chistes, situaciones y juegos de palabras.
>
>   El **humorismo** es uno de los instrumentos políticos y revolucionarios más usados por los hispanoamericanos.
>
>   (aspects of) ¿Quién podrá definir con exactitud y delimitar de modo preciso los campos que corresponden a la ironía, el sarcasmo, la sátira, el humor trágico, la caricatura?
>
>   (black) En la novela también son temas obsesivos: el socialismo urbano, la miseria y el vicio, las pasiones morbosas, el humor negro.
>
>   Se cita frecuentemente como característico del temperamento español el 'humor negro' que tiene sus precedentes en la picaresca y Quevedo.
>
>   Está en posesión de un humor amargo que casi podría calificarse de mal humor y en ocasiones de franco humor negro.
>
>   (sense of) Un fino sentimiento de humor se deslizaba entonces por entre las frases, y el conjunto adquiría gracia y elegancia.
>
>   Muñoz Seca tuvo un gran sentido del humor y sus dotes burlescas son excepcionales.

**humorist**
>   Romero es un **humorista** innato, artífice en la búsqueda del lado flaco y grotesco de los humanos.

**humorous**   [ > amusing, comical, funny]
>   Compuso una historia fantástica y **humorística** al mismo tiempo.

**hymn**
>   Es como un **himno** de los enamorados de todos los tiempos.
>
>   Son famosos los **himnos** atribuídos a Homero.

## hypallage
Hay **hipálage** cuando se aplica a un sustantivo un adjetivo que corresponde a otro sustantivo.

## hyperbaton  [ > inversion]
De todos los recursos sintácticos empleados, el más frecuente es el **hipérbaton**, o sea la alteración del ordenamiento de la oración.

Los quiebros antinaturales del **hipérbaton** interponen una violencia, o lo que es igual, una tensión.

## hyperbole
La **hipérbole** es una de las figuras de pensamiento más frecuentes entre los escritores; consiste en exagerar para impresionar el espíritu.

## hyperbolic
En castellano son infinitas las frases hechas que son **hiperbólicas**.

## hyphen
La separación de la palabra se ha de hacer por sílabas completas, por medio del **guión** (-).

## hypocrisy
El lema de Sartre que encabeza la novela alude a la **hipocresía** que jugará en ella tan gran papel.

Otras veces ataca la superficialidad o las **hipocresías** de una sociedad en que valen mucho las apariencias.

## hypotaxis
Las oraciones unidas por **hipotaxis** —término frecuentemente empleado como sinónimo de 'subordinación' —se denominan oraciones hipotácticas.

## hypothesis
Apresurémonos a decir que tal **hipótesis**, por lo menos en forma absoluta, es errónea.


# i


## iambic
El verso **yámbico** se refiere al pie de la poesía española que tiene una sílaba átona después de una sílaba tónica.

## idea
"La **idea** es el polen luminoso de esa flor divina que se llama la inteligencia."
—Nervo

"Una **idea** fija siempre parece una gran idea, no por ser grande, sino porque llena todo un cerebro." —Benavente

Sus **ideas** son siempre serias, profundas y solemnes.

En general, sus **ideas** son brillantes, improvisadas e inconsistentes.

El supremo valor de la **idea** sólo aparece cuando se desnuda de todo ornamento.

Las **ideas** literarias de Unamuno carecen de firmeza y de rigor.

La **idea** misma es para el modernista cosa secundaria.

**ideal**

"En el realismo no hay **ideal**, y el ideal es el alma del arte." —Pereira

**idealism**

"La luz del **idealismo** purifica todo lo vulgar, y sabe hacer grande hasta lo inmundo." —Nervo

El **idealismo** literario y artístico rechaza los límites, las imitaciones, las reflexiones, el orden, el método.

¿Puede mantenerse que Don Quijote representa el **idealismo** y Sancho el realismo?

**idealist**

En la época del barroco se acentúa la lucha entre los **idealistas** y los realistas.

**idealization**

Algunas de sus **idealizaciones** del régimen incaico eran comunes al pensamiento de los humanistas españoles.

**idealize**

**Idealizó** la realidad precortesiana con un sentimentalismo moderno. (idealizar)

**idealized**

En esta novela el paisaje está **idealizado** y pintado con poco realismo.

**identification**

Pensemos en la **identificación** del sueño con la vida real . . .

**identify with**

El narrador **se identifica con** el mundo que le es conocido. (identificarse con)

**identity**

Hay una **identificación** casi completa entre la vida del personaje y la del novelista.

**idiom**

Su tono es el de la conversación y su prosa se enriquece así con vivos y caprichosos **modos de decir.**

**idyll** [ > eclogue]

En España, "La Galatea" de Cervantes es el modelo de la nueva concepción renacentista del **idilio.**

Algunos críticos modernos intentan diferenciar entre la égloga y el **idilio,** afirmando que este poema pastoral tiene forma descriptiva o de recitado, mientras la égloga tiene forma dialogada.

**ignorance**

"Lo que no se sabe es como si no fuera." —Benavente

"El primer paso de la **ignorancia** es presumir saber." —Gracián

Los ataca por su **ignorancia,** vicios y falsos prestigios.

Su **desconocimiento** de las transformaciones sociales de su tiempo . . .

**ignore**

Durante mucho tiempo los historiadores **prescindieron de** la anécdota, creyéndola indigna, escandalosa, insignificante. (prescindir de)

La frase es injusta, pues **desconoce** la existencia de tendencias en la novela de nuestro siglo. (desconocer)

El novelista no puede **vivir de espaldas a** la realidad.

**illogical**
La última frase del párrafo nos parece un poco **ilógica**.

**illusion**
Los anacronismos rompen la **ilusión** histórica que el poeta quiso dar.

Le importa distinguir entre la verdad y la **ilusión** para poder actuar luego de un modo responsable.

Entendía que el teatro es **ilusión** y más importante que la representación escénica es lo que el autor es capaz de suscitar en la imaginación del espectador.

**illustrate** [ > show]
La composición que da título al cuadernillo **ilustra** bellamente su manera estética. (ilustrar)

**illustration**
Las **ilustraciones**, muy bien seleccionadas, son el complemento cabal del texto.

**illustrious**
Se le considera precursor **ilustre** de las doctrinas existenciales de nuestro tiempo.

**image**
La **imagen** y la metáfora, tomadas como elementos adjetivos, amplían la significación nominal.

Esto desembocó en el estilo del escritor, en su odio a las **imágenes** y metáforas, en su ausencia de adjetivos.

Fue poeta eficaz en vestir con una **imagen** concreta la idea más abstracta.

(brilliant)      Las imágenes son brillantes y los pensamientos profundos.

(daring)        Las imágenes son más audaces y oscuras.

(Gongoristic)   Las imágenes son de un gongorismo encantador.

(visual)        Se nota su entusiasmo por las imágenes de orden visual y óptico
                y los temas de posibilidades pictóricas y sensoriales.

**imagery**
Si estudiamos las **imágenes** de la poesía de Góngora . . .

En agudo contraste con la intricada **imaginería** y el ornato verbal usualmente asociado con esa estética . . .

**imaginary**
Esa descripción evoca el mundo **imaginario** de los gitanos.

**imagination**
"La **imaginación** está limitada por la realidad; no se puede imaginar lo que no existe." —Lorca

Muestra siempre su poderosa **imaginación** y cierta voluptuosidad narrativa.

Con más **imaginación** y fuerza lírica, hubiera sido un gran poeta.

Para comprender la **fantasía** poética de Rubén Darío . . .

**imaginative**
Era muy **imaginativo**, aunque su imaginación admitía la disciplina.

El prólogo es como un diálogo **imaginativo** del autor con . . .

**imagine**
**Imaginó** una trama novelesca, tejida con episodios autobiográficos. (imaginar)

**imbued**
Todos son escritores **imbuídos** de historicismo.

Sus discípulos estaban **empapados** de sus ideas filosóficas pero no de su genio.

### imitate
Sus efectos musicales fueron tan rigurosos que nadie ha podido **imitar** sus difíciles versos.

"Ni **imito** ni tengo imitador; soy yo." —DARÍO

### imitation
"La **imitación** supone siempre un talento inferior en el que imita." —BELLO

Las **imitaciones** literarias en la novela, el teatro y la poesía son numerosas.

Otras **imitaciones** de la famosa novelita pueden citarse.

### imitator
Se presenta en las primeras obras como **imitador** de Moratín, pero pronto echó a andar con genio propio.

Es el maestro que encuentra **imitadores** a granel . . .

### immediacy
Tienen toda la frescura, la rudeza y la espontaneidad que les brinda la **inmediatez** de los acontecimientos.

### impact
Los primeros **impactos** del nuevo estilo se hicieron sentir en la poesía lírica y el teatro.

### impartiality
Se destaca la **imparcialidad** del autor al presentar el tema histórico.

### imperfect   [ > past tense]
Así, el **imperfecto** no significa pasado en relación con el presente, sino más bien lejanía.

### impersonal
Aun los temas que invitan a ser algo **impersonal** en él tenían algo de personales.

### impetus
El **ímpetu** dado al teatro por los poetas románticos decayó bastante en esta segunda mitad del siglo XIX.

El neoclasicismo adquiría así nuevo **empuje**.

Dio unidad e **impulso** a la cultura iluminista de la época.

### imply
Este conflicto entre inspiración y lenguaje **implica** otro paralelo entre inspiración y razón.   (implicar)

### importance
El conocimiento del siglo XV es de esencial **importancia** para el estudio de la literatura española y aun hispanoamericana.

Su **importancia** está en ser el primero en descubrir en la poesía el valor de la población rural americana.

Este movimiento había dejado de tener **trascendencia** hacia 1930.

(secondary)   La imagen y la metáfora pasan a un segundo plano en la atención del poeta.

### impoverish
El conformismo de la vida cortesana, y la falta de estímulos y de talentos, **empobrecen** el teatro.   (empobrecer)

### impress
Ocurre a veces que las vidas de los poetas, sus aventuras humanas, nos **impresionan** más que sus obras.   (impresionar)

**impression**
Da, sin embargo, la **impresión** de pertenecer a un mundo lejano, falso y sin vida.

No son adornos, sino **impresiones** de todos los sentidos, vividas por el autor y eficazmente usadas a lo largo del relato.

**impressionism**
El **impresionismo** literario nació en Francia, en la segunda mitad del siglo XIX.

El **impresionismo**, que quería anotar los golpes de la realidad exterior sobre los sentidos del escritor . . .

Esta perspectiva que deliberadamente lo confunde todo en manchas desordenadas y sueltas es la del **impresionismo**.

Ese realismo ha abandonado lo puramente descriptivo al recibir la influencia del **impresionismo**.

El virtuoso del **impresionismo** paisajístico que es Jesús Fernández Santos plasma aquí sus mejores páginas.

**impressionist**
(n.) Ese autor no es un realista, sino un **impresionista** que va anotando exquisitas intuiciones artísticas.

(a.) Comienza con frases artísticas, ricas en cromatismos **impresionistas** . . .
El poema abunda en aspectos **impresionistas** y expresionistas.

**impressionistic**
Su estilo **impresionista** —el convertir las sensaciones en objetos de arte— fue excepcional en toda nuestra literatura.

**improve**
Se sirve de estos recursos para **mejorar** la unidad de la composición.

**improvement**
Su emoción reaparece convertida en una heroica voluntad de **mejoramiento** técnico en el arte del verso.

**improvisation**
Su obra fue toda escrita de prisa, pero no aparece en ella ni la **improvisación** ni el descuido.

**improvise**
El payador **improvisaba** una narración en versos de ocho sílabas siguiendo la tradición española. (improvisar)

**inability**
Su capacidad de observación fue contrarrestada por su **incapacidad** para componer relatos bien estructurados.

**incident**
(n.) El poema entonces introduce un **incidente** del pasado que bien puede ser real o imaginado.

**incisive**
Nos ofrece una crítica **incisiva** de cada obra . . .

**include**    [ > contain]
La mejor descripción no es la que más **incluye**, sino la que produce la sensación más fuerte. (incluir)

La escuela sevillana **cuenta con** algunos otros poetas que se deben recordar. (contar con)

Además de los cuentos que se **han insertado** en esta antología . . . (insertar)

### incoherence
Su poesía tiene la **incoherencia** del sueño y la pesadilla.

### incoherent
Así es que el personaje sigue pronunciando palabras **incoherentes**.

### incomplete
Produce la impresión de algo que está **incompleto**.

### inconsistency
Se nota además la **inconsecuencia** de las ideas del ensayista.

### inconsistent
Las acciones del protagonista nos parecen **inconsecuentes** e inexplicables.

### increase   [ > augment, grow]
(v.) La falta de vínculo gramatical **aumenta** aún más la impresión de prontitud. (aumentar)

Valle-Inclán tiene un primer estilo en que refina las sensaciones y las **acrecienta** en número y en intensidad. (acrecentar)

A lo largo del siglo XVII **se multiplican** los gongoristas mexicanos. (multiplicarse)

### increasing
Leemos estas páginas con **creciente** interés.

La acción es lineal y se desarrolla con interés **creciente**.

### incunabula
**Incunable** se dice de las ediciones hechas desde la invención de la imprenta hasta comienzos del siglo XVI.

Los **libros incunables** han llegado a la cifra de 13.000.

### independence
En todo lo que escribe hay un sello de **independencia** y autenticidad.

Pero tenía **independencia** intelectual, inspiración propia y un estilo conciso y chacotón.

### independent
Tiene un carácter **independiente**, único, de artista.

De vez en cuando aparece el poeta genial, absolutamente **desprendido** del ambiente.

No quedan más que frases **sueltas**, última condensación de la actividad literaria.

### index
El volumen termina con unos **índices** completos de autores y textos.

(subject)  Quienquiera que recorra el nutrido índice temático con que se cierra la obra . . .

### indicate
Las primeras colecciones **indican** un mayor esfuerzo de composición. (indicar)

En ocasiones, podemos servirnos de tales frases para **señalar** una duda.

**indication**
Hay muchos **indicios** de que el libro se compuso en Valencia.

**indicative**
(n.) La pregunta indirecta admite **indicativo** o subjuntivo.
(a.) El título del libro es muy **expresivo** de su estado espiritual.

**indifference**
"La **indiferencia** moral es enfermedad propia de gentes muy cultas." —Amiel

**indispensable**
Es un trabajo **imprescindible** para acercarse a la vida y a la obra de Lope de Vega.

**individual**
(a.) En el poeta romántico surgen interpretaciones **individuales**.
Los episodios **sueltos** se deshacen como imágenes de un sueño.

**individualist**
Los poetas de esta escuela literaria son sobre todo **individualistas**.

**individuality**
"Que cada cual siga su instinto. Y no hay en arte fórmula más segura." —Azorín

**indulge in**
Berceo no **se entrega a** efusiones tan grandiosas.  (entregarse a)
Hay que **permitirse** el gusto de leer para disfrutar de la literatura.

**inexperienced**
Por todo esto, se trata hoy del procedimiento más aconsejable para un escritor **novel**.

**inferior**
Quevedo es **inferior** a Gracián en la profundidad y en la originalidad del pensamiento filosófico.

**infinitive**
"El **infinitivo** es la norma, y sirve para la formación de los tiempos." —Jovellanos

**influence**
(n.) La **influencia** de la escena española es fuerte en esta obra.
    En cuanto a las **influencias** encontramos que el gran modelo es Darío.
    Garcilaso ejerció una enorme **influencia** en la literatura castellana.
    Aunque no hubiera citado sus maestros uno reconocería las **influencias** que recibió.
    Antes de estudiar el **influjo** de Borges sobre el cuento latinoamericano . . .
    Erasmo ejerció en la España del Renacimiento poderoso y hondo **influjo**.
(French)     Introduce nuevas formas sintácticas con influjo de los escritores franceses.
(major)      La mayor influencia en este poema es la de Góngora.
(marked)     En muchos autores se notan marcadas influencias o huellas de ese movimiento.
(Provençal)  El influjo provenzal se nota en algunas de sus composiciones líricas.

(subtle)     Su influencia no fue visible, pero, como un río subterráneo, regó la poesía contemporánea.

(symbolist)     En el caso de Darío encontramos la influencia de los simbolistas y de los parnasianos franceses.

(unsurpassed)     Como poeta ejerció un influjo no superado por nadie en las letras colombianas.

(v.)  Lista **influyó en** las generaciones sucesivas por su enorme prestigio como crítico y maestro.  (influir en)

Estas ideas **influyen en** sus valoraciones críticas.

La literatura francesa **había ejercido su influencia en** la obra de varios escritores mejicanos.  (ejercer . . .)

Los poetas que más **influencia ejercieron sobre** él son . . .

**Tuvo influencia sobre** otros poetas chilenos.  (tener . . .)

Autor muy fecundo, **ha dejado su huella en** todas las especies teatrales. (dejar . . .)

## influential
Su lírica, que es lo menos voluminoso e **influyente** de su obra . . .

## in folio
Los amplios estantes cargados con **infolios** y volúmenes in quarto . . .

## information
Escribe siempre con precisión, dando en todo caso las fuentes de su **información**.

Sobre la infancia y adolescencia de Cervantes quedan muy pocas **noticias**.

## initial (letter)
Parece que los nombres del autor y del personaje llevan las mismas **iniciales**.

## initiate  [ > begin]
Martí **inició** una transformación de la prosa en Hispanoamérica.  (iniciar)

## inner
Está manifiesto en su obra: no encontró nunca paz **interior**.

## innovate
No **innovó** en las formas: al contrario, se complacía en remozar las del Siglo de Oro.  (innovar)

## innovating
Impone a sus dramas el sello del genio **innovador**.

Pero en la evolución **innovadora** de nuestra lírica su significación nos parece capital.

## innovation
Este poema no tiene otras **novedades** técnicas que la distribución irregular del disílabo y algunos casos de repetición y de paralelismo.

La principal **innovación** realizada por los modernistas americanos ha consistido en la modificación definitiva de los acentos.

Hay obsesión por la **originalidad** y ésta únicamente puede buscarse en la introducción de formas y asuntos nuevos.

## insert
(v.)  Entonces el autor **introduce** un breve diálogo, sostenido con un lector imaginario.  (introducir)

Nunca se deben de **intercalar** cuentos extrapolados en este tipo de novela.

**insight**
No debemos abandonar esta escena sin mencionar la **penetración psicológica** que ella nos ofrece de estos personajes.

**insignificant**
Esas tierras no produjeron escritores, ni significativos ni **insignificantes**.

**insincere**
A veces la alegorización es **insincera**, sin arte ni austeridad.

**insincerity**
Su poesía proletaria confirma la misma sospecha de **insinceridad**.

**insist on**    [ > stress]
Parecen creer que **empeñarse en** la perfección de la forma estética es una insinceridad.

**inspiration**    [ > source]
"No hay que inspirar la **inspiración**." —ORTEGA Y GASSET

"La **inspiración** da la imagen, pero no el vestido, y para vestirla hay que examinar ecuánimamente y sin pasión peligrosa la calidad y sonoridad de la palabra." —LORCA

Su verdadera fuente de **inspiración** es Ludovico Ariosto.

En la poesía, tres fueron sus fuentes de **inspiración**.

Se le ha objetado su falta de **inspiración** y de sentido de la imagen.

Su **inspiración** fue inagotable.

**inspire**
Ningún poeta español **inspira** hoy una adhesión más unánime que San Juan de la Cruz.   (inspirar)

Su asunto **ha sido motivo de** múltiples traducciones, adaptaciones e imitaciones dramáticas.   (ser . . .)

La presencia de Darío en 1892 **dio ánimo a** un grupo juvenil . . .   (dar . . .)

**inspired**
Lo mejor de la obrita son unos cuantos versos **inspirados** que . . .

**installment**
Este libro, publicado por **entregas** en un periódico, fue el que le valió el destierro al autor.

**instinct**
El **instinto** y la inteligencia son dos soluciones divergentes para un mismo problema.

**integral**
Los objetos entran a formar parte **integral** del poema.

**integrate**
Todo se **integra**, y tanto lo expreso como lo implícito, en la ramificada narración.   (integrar)

**intellectual**
(n.) Sería de desear, naturalmente, que lo que escribe el **intelectual** tuviera que ver con la realidad.

Aun las páginas de los **hombres de pensamiento y estudio** se empapaban con el sentimentalismo de la época.

(a.) Mantiene España durante esta época una intensa y frecuente relación **intelectual** con Italia.

El 98 fue un movimiento **intelectual** y el teatro de Unamuno es su más típico representante.

La novela policíaca tiene un carácter fuertemente **cerebral**.

### intelligence

"La **inteligencia** hace filósofos y sabios; es decir, seres dubitativos y contradictorios." —Nervo

La **inteligencia** observa, escoge y ordena las emociones que han de entrar en su poesía.

El teatro nuevo tiene un carácter distinto del teatro viejo, que tenía por fundamento la pasión, en tanto que el moderno es expresión de la **inteligencia**.

### intelligent

El libro, en total, es un magnífico ejemplo de crítica **inteligente**.

### intensity

Algunas de sus imágineses acudieron con toda la **intensidad** de una auténtica visión poética.

### intent

Es interesante observar el claro **intento** del dramaturgo en idealizar la figura del príncipe.

### intention    [ > aim, goal, objective, purpose]

Su **intención** es popularizar las leyendas religiosas.

Fiel a la **intención** informativa de esta nota la historia concluyó.

### interest

(n.) El **interés** por este tema se despertó en él . . .

Se nota un **interés** creciente por las obras literarias.

Esta ruptura del orden de los acontecimientos acrecienta el **interés** del lector.

El talento del autor es muy original y la trama conserva el **interés** hasta el último momento.

(v.) Entre los temas que más pueden **interesar** a los críticos . . .

Dentro de su género, la novela está bien escrita y la acción **interesa**.

### interlude (play)

Todas sus comedias tienen tres actos, y menos los **entremeses** y farsas, todas están escritas en verso.

### intermingle

El tema religioso **se entrelaza** con el heroico.   (entrelazarse)

### interpret

Este poema se puede **interpretar** en dos sentidos . . .

### interpretation

Como toda obra simbólica, esa novela admite muchas **interpretaciones**.

El símbolo, en cambio, es esencialmente plurívoco, está abierto a una serie de posibles **interpretaciones**.

El verso 4 es de muy difícil **interpretación**.

**interrupt**
> Publicó unos fragmentos en 1851 e **interrumpió** su composición    (interrumpir)

**interspersed**
> Más eficaces son los monólogos interiores, **intercalados** en el curso de la acción.
> Es un poema larguísimo **entrecortado** de episodios fantásticos.

**intervene**
> Mallea, autor omnisciente, **interviene** entre el personaje y el lector. (intervenir)

**intervention**
> Se siente la constante **intervención** del autor en las vidas que va creando.

**interview**
> (n.) Casi todos estos trabajos tienen la forma de **entrevistas.**
>> La **entrevista** consta de dos partes y el lector encontrará oportunamente la frontera.
>> Las crónicas de los estrenos, las **interviús** y comentarios de todas las clases llenaban los periódicos y revistas.
> (taped)  El autor se limita a organizar y publicar una serie de entrevistas grabadas en cinta magnetofónica.

**interwoven**
> Personaje e intriga están, conforme a la costumbre de Baroja, **entretejidos** en la atmósfera total de la novela.
> La novela presenta la novedad técnica de tres relatos **entrelazados** muy hábilmente por el novelista.

**intimacy**
> El verso 8 proclama la **intimidad** en la que el poeta vive con la obra de Cervantes.

**intimate**
> (a.) La descripción de los sentimientos **íntimos** es brillante, impresionista, imaginativa.
>> Pero la tristeza de su canto, el **íntimo** acento de cuanto decía, son todavía románticos.

**intransitive**
> Hay verbos transitivos que funcionan en determinadas ocasiones como **intransitivos.**

**intrigue**
> En diez años escribió unas treinta novelas de aventuras, **intrigas**, violencias y asesinatos.

**intrinsic**
> Aparte de sus valores **intrínsecos** que a veces llegan a ser notables . . .

**introduce**
> Sierra **dio a conocer** en Méjico algunos poetas parnasianos franceses.   (dar . . .)
> Jardiel **introdujo** en el teatro español un elemento de discordia que, a la larga, no le sería perdonado.   (introducir)

### introduction [ > foreword, preface, prologue]

La **introducción** de la rima final es, sin duda, una de las revoluciones más grandes de la historia literaria.

En una extensa **introducción** de 192 páginas . . .

En los **preámbulos** de cada uno de los capítulos . . .

### introductory

En la nota **introductoria** a su libro de poemas nos habla de su obra anterior.

### introspection

No usa de la **introspección**; la vida interior de los personajes, el curso de sus pensamientos, se narra también.

"Es dentro y no fuera donde hemos de buscar al hombre." —UNAMUNO

### introspective

Es un gran psicólogo, fino, sutil e **introspectivo**, y un gran poeta de la memoria.

### introverted

Son los 'preocupados' —hombres tristes, **ensimismados**.

### intuition

Carece de las **intuiciones** esenciales que levantan la poesía por encima del mero ejercicio retórico.

Tenía dotes de buen versificador y una fina y certera **intuición** de lo popular y lo teatral.

### invaluable

Su libro, **inapreciable** para la historia, es además, un monumento para la lengua.

Una edición crítica sería **inapreciable** para los estudiosos de la literatura.

Sin duda la obra tiene un valor **inestimable** en su contorno estilístico.

### invective

Las **invectivas** de Cicerón "Contra Antonio" fueron causa de la muerte del gran orador.

### invent

"Para mí, en la novela y en todo el arte literario, lo difícil es el **inventar**." —BAROJA

Y añade que Góngora, no tanto se propuso repetir un cuento bello cuanto **inventar** un bello idioma.

Se ensayó en todos los géneros y aun **innovó** metros y estrofas. (innovar)

### inventiveness

Aunque no muy original ni de **inventiva** muy penetrante, fue cuidadoso restaurador de las bellezas clásicas.

### inventor

Fue un admirable **inventor** de mundos fabulosos construidos de acuerdo a leyes precisas.

### inventory

(n.) Recordamos al lector que lo que tiene frente a los ojos es una historia, no un **inventario**.

### inversion [ > hyperbaton]

El hipérbaton tiene sus límites, y por eso no toda **inversión** está permitida.

Al neologismo se le añade la **transposición de la frase** —hipérbaton— tan usada por los clásicos latinos.

**investigate**
Investiga el origen y desarrollo de la tragedia y de la epopeya en relación a sus condiciones sociales y políticas.   (investigar)

**investigation**   [ > research]
Lo limitado de mi **investigación** conferirá una indudable provisionalidad a las conclusiones.

Tales **investigaciones** no se emprenden por mero interés histórico, sino nacen del interés de la poética.

Hoy no es posible ninguna labor seria de crítica e historia literarias sin la base de la **indagación** estilística.

**involve**   [ > concern]
Asturias quiere que sus lectores se **comprometan** emocionalmente en el asunto de su novela.   (comprometer)

**involved**   [ > complex ; committed]
Si queremos comprender la sintaxis **compleja** de Góngora . . .

**ironic(al)**
Aparte del sentido **irónico** que pueden tener sus palabras . . .

Sus relatos tienen a veces una nota frívola e **irónica** y la estructura es siempre original e ingeniosa.

**irony**   [ > sarcasm]
La **ironía** es una figura que consiste en insinuar burlonamente todo lo contrario de lo que textualmente dice la letra, dejando entrever al que lee la verdadera intención.

La vena satírica y la **ironía** mordaz están siempre presentes.

Tenía un profundo y agudo sentido crítico y sabía manejar la **ironía** con mano maestra.

La **ironía** de Cervantes no tiene nada de la gran carcajada de Rabelais.

Digamos que esta **ironía** se manifiesta en doble forma, estética y moral.

En su obra siempre asoma el humor, a veces teñido de **ironía**.

**irregular**
¿Hay algunos ejemplos de versificación **irregular**?

Hay verbos —los llamados **irregulares**— que presentan discrepancias con el paradigma de la conjugación a que pertenecen.

**irrelevant**
Una teoría **inaplicable** es una carga simplemente semántica.

(be i.)   El análisis de la rima no pertenece a mi estudio.

**"ism"**
Pero la poesía colombiana no se dejó seducir por los '**ismos**' de posguerra.

**isolation**
La obra parece presentar la soledad, el **aislamiento**, la falta de comunión de un hombre con el mundo exterior.

**issue (of a periodical)**
En el primer **número** afirmaba lo siguiente: . . .

En cada una de las **entregas** periódicas . . .

Estos ejemplares vienen de esta **tirada** periodística.

**italics**
Conservamos en **letra bastardilla** todas las acotaciones escénicas que aparecen en esta edición.

El **subrayado** es nuestro, al igual que los que aparezcan en lo sucesivo, a menos que se indique lo contrario.

# j

**jacket (book)**
Todos los apellidos que se encuentran en la **sobrecubierta** . . .

**jansenism**
El **jansenismo** fue combatido implacablemente por los jesuitas . . .

**jealousy**
La novela es notable por el análisis de la pasión de los **celos** en una mujer casada.
"**Celos** negados, celos confirmados." —Refrán

**Jesuit**
(a.) Las aportaciones del humanismo **jesuita** abarcaron la historia, el ensayo, la poesía y la mística.

**join**   [ > connect, link, relate, unite]
La novela **entrelaza** dos temas extraordinarios.   (entrelazar)
No fue un inventor de imágenes; no **se afilió a** ningún grupo ni buscó fama alguna.   (afiliarse a)
El alma del poeta fluye en el tiempo y su voz **se junta con** la de todos los otros poetas.   (juntarse con)

**journal**
Entre 1907 y 1936 aparecieron más de cincuenta **revistas** dedicadas exclusivamente al género novelesco.
La **revista** anticipa, presagia, descubre, polemiza.

**journalism**
Cultivó también el **periodismo** y la oratoria.
La literatura y el **periodismo** le atraen.
(literary)   Como periodista pertenece a la clase de escritores que le han dado al periodismo categoría literaria.

**journalist**
Cienfuegos fue uno de los primeros **periodistas** españoles.
"El **periodista**, especie de improvisador enciclopédico, dispuesto, como los teólogos de los tiempos pasados, a enterarse y juzgar de todas las cosas." —Rodó

**journalistic**
Malgastó mucho talento en la labor **periodística**.
Su obra **periodística** ha suscitado abundante bibliografía.
Es una sátira de la vida **periodística** de la época.

**judge**
(n.) En los certámenes literarios el **juez** cuida de que se observen las leyes impuestas en ellos.

El tiempo es el mejor **juzgador** de cualquier obra.

(v.) No debemos **juzgar** al poeta romántico por lo que dice.

Es un intento de explicar y **juzgar** la obra de un poeta del que no gustaba y por el que no sentía admiración.

**judgment**    [ > opinion, view]
El **juicio** emitido por la crítica sobre su producción novelesca . . .

Sus **juicios** son siempre mesurados, serenos, objetivos, sobrios, precisos.

El **juicio** sobre la obra de Góngora ha pasado por dos períodos diferentes.

La experiencia enseña que, en estética, las **estimaciones** no son nunca definitivas.

(value)   No es esto un juicio de valoración, sino la comprobación de una realidad indudable.

**justify**
En la literatura no hay nada que **justificar**.

La vida está condenada a la destrucción y por tanto resulta inútil toda acción que la pretenda **justificar**.

**juxtaposition**
La narración es la simple **yuxtaposición** de conversaciones y diálogos entre él y su biógrafo.

# k

**key**
El título de su última novela dio la **clave** de su concepción de la vida.

Podemos usar esta obra como **clave** para los otros libros anteriores.

**keystone**
Nos parece que el naturalismo y la poesía de Baudelaire son dos **piezas-clave**, dos **piedras de toque** para el crítico de su tiempo.

**key word**
Hemos subrayado algunas de las **palabras-clave** de su poesía en general.

Este aspecto del estudio de las **palabras-clave** se basa en la estadística.

**kind**    [ > type]
(n.) La primera novela de esta **índole** conocida en nuestra lengua es el famoso libro de . . .

Un proyecto de esta **naturaleza** requiere fondos enormes.

**kinship**
Queda proclamado el **parentesco** espiritual de Larra con el grupo de escritores del 98.

**know**
El modernista no habla sólo de lo que **conoce** directa y personalmente . . . (conocer)

"Más debe estudiar el que más **sabe**." (saber)  —IRIARTE

**knowledge**

Bousoño suele afirmar que su **sabiduría** poética no influye para nada en su actividad lírica.

Su **información** de toda la literatura europea contemporánea era fabulosa.

Con un **conocimiento** elemental de la poesía y de sus leyes . . .

La avidez de **saber** intelectual agudizó su mente.

**known** [ > celebrated, famous]

Berceo es el primer poeta de nombre **conocido** de la literatura española.

# l

**label**

(n.) Si tuviéramos que ponerle un solo **rótulo** sería el de parnasiano.

**lack**

(n.) Dada su antigüedad y la **carencia** del texto primitivo, es natural que se ignore el nombre del autor.

Se nota en Casal una **falta** absoluta de romanticismo.

(v.) En general sus novelas **carecen de** lirismo y de imágenes artísticas. (carecer de)

Si el escritor **carece del** ritmo interno, su versificación se convertirá en prosa no rítmica.

Es lástima que **a** la obra le **falte** más movilidad narrativa y diálogos. (faltar a)

**lacuna** [ > omission]

Su vida se nos presenta con muchas **lagunas**, ya que de este período quedan escasas noticias.

**lai**

Entre los **lais** más famosos están los de María de Francia.

**lament** [ > elegy]

Una de las más hermosas **lamentaciones** de todas las épocas . . .

**landmark**

Los mejores críticos han reconocido que es un **hito** impar en la historia de la literatura.

**landscape**

En unas pocas páginas habló con gusto de la belleza del **paisaje**.

**language** [ > dialogue]

Su **lenguaje** es directo, coloquial, común, llamando a las cosas por sus nombres.

No hay **lenguaje** sin combinación de lo intelectual con lo concreto.

El **lenguaje** es preciso, castizo siempre, pero demasiado denso y frío.

"Así como cada hombre trae su fisonomía, cada inspiración trae su **lenguaje**." —Martí

La **lengua** del juglar es rica, sabrosa y, a momentos, dramática y elocuente.

Las obras mencionadas han sido reeditadas y traducidas a otros **idiomas**.

| | |
|---|---|
| (affected) | Hace hablar a sus personajes bellamente, refinadamente, muchas veces en lenguaje deliberadamente arcaico y artificioso. |
| (archaizing) | El lenguaje es selecto, noble, con muy discreto sabor arcaizante. |
| (artificial) | El lenguaje artificial de metáforas, mitologías, alegorías, ensueños e increíbles diálogos acaba por evadirse de la realidad. |
| (artistic) | Hacía cristalizar la realidad en una lengua aparentemente viva y coloquial, pero en verdad artística. |
| (authentic) | Un lenguaje regional y de época redondea la autenticidad del cuadro. |
| (avant-garde) | Avanzó en busca de formas nuevas y llegó a hablar con el lenguaje de la vanguardia. |
| (baroque) | ¿Qué pasajes contrastan con el resto de la obra por el barroquismo de la expresión? |
| (careful) | Los colombianos han sido siempre muy cuidadosos en el uso de la lengua. |
| (colorless) | La lengua de esta poesía se resiente de cierta falta de color y energía. |
| (common) | La gran influencia ejercida en todo tiempo por la lengua de los doctos sobre el habla común . . . |
| (creative) | Lengua individual, enérgica, creadora, rica en folklore pero sin fronteras entre lo recibido y lo inventado. |
| | Muy importante es la riqueza de sus creaciones lingüísticas. |
| (dignified) | Los describe con un lenguaje de refinada dignidad expresiva. |
| (discreet) | La discreción es la gramática del buen lenguaje. |
| (dramatic) | Esta habla no era lírica ni épica, sino dramática, a trechos tragicómica. |
| (dynamic) | Y todo esto sin retórica pedante, con lenguaje dinámico y lleno de poesía. |
| (effective) | Un lenguaje siempre eficaz, en no pocos momentos realista, certeramente descriptivo . . . |
| (enriched) | Incorporó voces en desuso; hizo una labor de enriquecimiento del idioma. |
| (everyday) | Al interrogar los problemas de la existencia, usaron el lenguaje coloquial, cotidiano. |
| | No se sometió al criterio vigente de hacer hablar a sus personajes en el lenguaje cotidiano. |
| | Estos personajes hablan con palabras y frases usuales, corrientes. |
| (expanded) | La lengua se hacía imperial, y ni un vocablo, ni el más soez, ni el más culto, ni el más neologístico, le fue ajeno. |
| (figurative) | Es en el lenguaje figurado, en las metáforas y transposiciones poéticas de la realidad donde Aleixandre ha aprovechado las adquisiciones del superrealismo. |

La poesía habrá de resolverse, pues, en el lenguaje figurado: comparación, metáfora, símbolo.

(forced) Pintado con un lenguaje sin suavidad, en áspero rebuscamiento de palabras estrafalarias, adjetivos inesperados y metáforas agresivas . . .

(form of) El lenguaje es materia que para existir depende de su forma.

(Gaucho) Lo que la literatura recoge no es la poesía de los gauchos, sino una tradición elaborada artísticamente por hombres cultos que simpatizan con los gauchos o se dirigen a ellos procurando hablarles en su propia lengua.

(grammatical) El lenguaje es llano, conciso, y tan rigurosamente gramatical en la sintaxis, que pierde en soltura y gracia lo que gana en regularidad y orden.

(harsh) Su lenguaje es duro en el ritmo, agrietado en la sintaxis, abrupto en la metáfora.

(and humanism) Lengua y humanismo, para nosotros, es todo uno.

(inadequate) A pesar de las resistencias del lenguaje —siempre inadecuado— su poesía acaba por triunfar.

(innovative) Las innovaciones formales, lingüísticas, técnicas, son legítimas en la medida que son forzadas por la necesidad de expresar una realidad nueva.

(as an instrument) Pertenece a esa clase de escritores para quienes el lenguaje es un noble instrumento, no un fin en sí.

(literary) El historiador sabe muy bien que, al pegar el oído a cada época, lo que oye es una confusión babélica de lenguas literarias.

(mixed) Su lengua es una mezcla de los giros más castizos con la lengua popular y americana.

(natural) Pero este lenguaje sencillo, de expresiones directas, exentas de rebuscamientos . . .

(nuanced) Su lengua, rica en matices, suele fluir espontáneamente, como la sinceridad misma.

(obscene) El lenguaje llega a veces a los giros más obscenos y procaces.

(perfect) El anhelo de perfección lingüística de los parnasianos siguió dominando hasta después de la guerra.

(poetic) El lenguaje poético cambia, fiel a los rumbos que le imprime el poeta nicaragüense.

Usa las mismas palabras, mas las reviste de alcances nuevos, sólo perceptibles para el hombre común cuando interviene el poeta.

(popular) Es interesante el uso del lenguaje popular y de los giros idiomáticos propios de la época y de la región.

El lenguaje que emplean atrae al lector como una animación del modo de expresión popular.

(precise) Escrito en ese lenguaje medido, exacto, rayano en la perfección por su simplicidad . . .

| (pure) | El lenguaje en que estaba escrita era correcto y puro, vertido en unos versos armoniosos. |
| (quaint) | Giros anticuados y peculiaridades del lenguaje ... |
| (realistic) | El diálogo también se renueva, buscando un lenguaje a la vez realista y poético. |
| (recherché) | En el lenguaje cortés, rebuscado y adulón de la época ... |
| (regional) | El lenguaje es rico, con uso de regionalismos para aumentar su autenticidad. |
| | Versificó en metros cortos las costumbres de la vida rural con una lengua rica en dialectalismos, en descripciones de tipos, paisajes, sucedidos, naturaleza y folklore de su región. |
| (rich) | En cuanto al estilo, no cabe duda de que Mera es un prosista magnífico, que maneja el idioma con riqueza de giros y expresiones. |
| | Tiene gran riqueza de giros, refranes, axiomas, expresiones, siguiendo el ejemplo cervantino. |
| (rough) | Conciso y enérgico, tiene un lenguaje crudo, pero preciso. |
| (simple) | El lenguaje en su mayoría es simple, llano, delicado. |
| (spoken) | Si comparamos la lengua escrita y la hablada ... |
| (striking) | Quiso inventarse un lenguaje que sorprendiera con imágenes desacostumbradas que llaman la atención. |
| (tasteful) | Expresados en un lenguaje que es un modelo de corrección y de buen gusto ... |
| (thought-provoking) | Su lenguaje poético es voluntariamente sencillo, simple, y no obstante cargado de profundidad apto para hacer meditar. |
| (trite) | ... la transcripción de frases hechas, retruécanos, metáforas estereotipadas del lenguaje coloquial y diario. |
| (ungrammatical) | El lenguaje popular con sus incorrecciones, giros propios ... |
| (unimaginative) | Fueron malogrados por su lenguaje llano, opaco, laxo y pobre de imaginación. |
| (universal) | Su lengua —sabia por lo mucho que había oído y leído— era la de un español de todas las Españas. |
| (written) | Se queja de la inexpresividad del lenguaje escrito, su falta de tonalidad. |

## lasting
Su obra novelística es una de las más **duraderas**.

## laughter
"La **risa**, como las flores, como las mujeres, está bajo la influencia del sol, del clima." —Darío

## lay
Hay diversos **lais** relativos a "Tristán e Isolda".

## lead
(v.) **Dirige** una escuela de poesía a cuyos miembros ha comunicado su acento y su temática. (dirigir)

> **Se puso a la cabeza del** movimiento modernista en Perú.  (ponerse . . .)

**leader**
> El **jefe** de esta escuela regionalista fue . . .
> No puede asegurarse que entre los hombres del 98 existiera un **caudillo** nominal y exclusivo.
> En la escuela criollista de la que Latorre fue **maestro** . . .

**learn**
> "Nada se **aprende** sin un poco de trabajo." —Santa Teresa  (aprender)

**learned word**
> El **cultismo** mantiene su aspecto latino, sin haber sufrido las transformaciones normales en las voces populares.

**learning**
> "**Letras** sin virtudes son perlas en el muladar." —Cervantes
> Era el maestro de una **erudición** clásica que atravesaba todos los estilos.

**lecture**
> (n.) Esperamos que estas dos interesantes **conferencias** sean pronto publicadas.

**legend**
> El romanticismo devolvió a la **leyenda** su sentido de tema heroico.
> "Las **leyendas** son innumerables y vencen al paso de los siglos." —Darío

**leitmotiv**
> En esta dislocación del lenguaje, en este **leitmotif** sobre el aburrimiento de los personajes . . .
> Sentimientos de ausencia, de lejanía, constituyen el **leitmotiv** de su literatura.
> Un **leit-motiv** que aparece y reaparece en muchas de sus páginas, es la preocupación por la libertad.

**length**
> Defecto también importante de esta novela es su desmesurada e inútil **extensión**.

**lengthen**
> Pero el novelista no quiso **prolongar** la exposición del conflicto.

**lengthy**   [ > long]
> El primero y más **extenso** capítulo de los siete que componen este libro . . .

**lessen**   [detract, diminish, reduce]
> La dimensión política de su obra no **amengua** sus valores estéticos. (amenguar)

**lesson**
> Esta es la **lección** que nos da la novela, contrapesando el pesimismo anterior.

**letter**
> "Las **cartas** familiares declaran más el natural de una persona, que el rostro a un fisiónomo." —Antonio Pérez
> Famosas son, también, sus **cartas**, modelo epistolar de gracia, energía, concisión y familiaridad.

**letters**   [ > literature]
> Siempre se dio por completo al cultivo de las **letras**.
> La influencia de Rubén Darío en las **letras** castellanas se prolongará por varios siglos.
> (man of l.)   La única vocación que había tenido era la de ser un literato.

**letter writer**
Valera fue un estupendo **escritor de cartas** . . .
Uno de los más grandes **escritores epistolares** del idioma es, sin duda, el
cubano José Martí.

**level**
(n.)  Las formas del teatro indígena se pueden agrupar en tres **niveles** distintos.
El protagonista vive en dos **planos**: el de lo imaginario y el real.

**lexical**
Su estilo no se distingue por la riqueza **léxica** ni por lo complejo de la construcción sintáctica.

**liberty**
Espronceda, el rebelde cantor de la absoluta **libertad** . . .
Vigiló desde temprano sus **licencias** verbales y acabó regulándolas.

**libretto**
Numerosas obras líricas han alcanzado éxitos rotundos pese a sus **libretos**
lamentables.
. . . como si fuera el **libreto** de un drama que ellos representaran.

**life**
"La **vida** es movimiento, cambio, transformación . . . la vida es acción y
reacción."  —AZORÍN
La **vida** del hombre no explica necesariamente el arte del poeta.
Nada se sabe seguro acerca de la **vida** de Juan Ruiz, Arcipreste de Hita.

**lifelike**
La prosa, aunque no tiene vigor descriptivo, es **natural** en los diálogos.

**light**
(a.)  La sociedad frente a la cual se coloca recibe una sátira sagaz y **ligera**.

**limit**
(n.)  No pueden señalarse **límites** exactos al neoclasicismo.
Problema particular de este libro ha sido el de trazar sus propios **límites**.
(v.)  En este libro, el autor **limita** su visión al mismo tiempo que la profundiza.
(limitar)

**limited edition**
Todos estos poemas se encuentran en una **edición limitada** de 1958.

**line**
El guión denota, al final de una **línea**, que una palabra no ha terminado y
sigue en el **renglón** siguiente.
(of poetry)  En el segundo **verso** del primer terceto de este mismo poema se
habla de . . .

**linguistic**
No se trata aquí siempre del aspecto **lingüístico** propiamente dicho.
Encierra en un laberinto **lingüístico** al lector y juega con él hasta derrotarlo.

**linguistics**
Es necesario distinguir la **lingüística** de la filología; ésta comprende el estudio
literario e histórico de las lenguas humanas; aquélla, el lenguaje humano ne
general, sin referencia a la estética del mismo.

**link**  [ > bridge, connection, relationship; connect, join, relate]
(n.) Han intentado establecer un **vínculo** formal o temático con el teatro clásico.
La **vinculación** al pasado tiene su más alta expresión en . . .
**Nexos** con escritores mexicanos anteriores no los tenía.
(v.) Se trata de un intento de **unir** al lector con el protagonista.
El primero **estuvo ligado** íntimamente al culto y formó dos ciclos. (ligar)
Ha tratado de **vincular** la trinidad lírica-épica-drama con los fundamentos del lenguaje humano.
Siempre los críticos **han puesto en relación** a Bécquer con la literatura alemana.  (poner . . .)

**list**
(n.) En este sentido la **lista** de los precursores del modernismo debe ser mucho más larga.
Esta **enumeración** es injustamente incompleta . . .

**literal**
Esta es la interpretación **literal** de las obras.

**literary**
Se inició en la vida **literaria** con dos libros de versos.
(circle)  La influencia de las tertulias en las distintas promociones literarias ha sido siempre muy grande.
(criticism)  La crítica literaria, usando los métodos recientemente descubiertos, comienza a ser una ciencia del espíritu tan seria, rigurosa y positiva como las ciencias naturales.
(history)  La primera misión de la historia literaria es el reconocimiento de estilos de épocas y su ordenamiento.
(magazine)  En España, las revistas de índole literaria surgen en el siglo XVIII, aun cuando ninguna de ellas lleva el título de revista.
(non-)  Escribió, pues, sobre temas aliterarios . . .
(science)  Por ciencia de la literatura se entenderá el estudio de esencia, origen, forma, y relaciones vitales del arte literario.

**literature**
"La vida de la **literatura** se reduce a un diálogo: el creador propone y el público responde con sus reacciones tácitas o expresas."  —ALFONSO REYES
La **literatura** es el texto literario y sólo el texto literario.
Desde muy joven se dedicó al estudio de las humanidades y de las **bellas letras**.
Literato puro, en sus manos todo se convertía en **literatura**.
(of commitment)  Estas ideas nos llevan necesariamente a ocuparnos un poco de la literatura comprometida.
(national)  Por literatura nacional se entiende la forma de expresarse de un pueblo por medio de la palabra escrita u oral.

**litotes**
La **lítote** (la atenuación) es una figura que consiste en decir menos de lo que se quiere expresar.

**live**
(v.) Hubo escritores que se sintieron en agudo conflicto con el mundo en que **vivían**.  (vivir)

**liveliness**
Fue una obra maestra de gracia epigramática, de **vivacidad** imaginativa.

**lively**
Es un drama realista, pero no a la manera **vivaz** y pintoresca de Tirso.

**local color**
La obra tiene en hondura sicológica lo que le falta en **color local**.
La obra tiene más **color local** del que se le supone.

**logic**
Pero hay en su poesía una **lógica** interna que se entierra a veces.

**logical**
Lo que nos importa no es el significado **lógico** de los versos, sino . . .

**long**   [ > lengthy]
(a.) La obra es quizás demasiado **larga** y densa para el lector moderno.

**loose ends**
Gracias a sus monólogos interiores, el lector ata los **cabos sueltos** y se va enterando de lo ya ocurrido.

**lose**
Muchos nombres, significativos desde una perspectiva nacional, **pierden** su significación desde una perspectiva continental.  (perder)
El autor realista casi nunca **se despoja** completamente **de** los elementos románticos.  (despojarse de)

**loss**
El afán de superación, de forzar el lenguaje, le condujo con frecuencia a la **pérdida** de espontaneidad y de frescura.

**lost**
La tercera parte ha empezado a publicarse en 1946, y la cuarta parece **perdida**.

**love**
(n.) "El **amor** no admite sino amor por paga."   —Rojas
"El **amor** con uso crece, desusando menguará."   —Juan Ruiz
Su gran tema es el **amor**; y todas sus poesías son variaciones de ese tema.
(v.) "Amor sin arte es el arte de **amar**."   —Calderón

**lower-case letter**
Los complementos de las preguntas se escriben con **minúscula**.

**lucid**   [ > clear]
Es uno de los más **lúcidos** ensayos de interpretación y análisis de la literatura gauchesca.

**lyric(al)**
También tiene momentos **líricos** de gran belleza y emoción.
"Para mí el signo del siglo XX es el signo **lírico**."   —Salinas
(poet)    Es, realmente, un lírico influído por los simbolistas.
(poetry)   Ve en la lírica el fenómeno de la poesía en su forma más original, directa y pura.

Gran parte de la lírica española posterior al modernismo tiene en Juan Ramón su clave y su secreto.

La lírica es el desarrollo de la exclamación o la interjección, traducción espontánea del mundo sentimental de la individualidad.

## lyricism

Su **lirismo** señala ya una transición, un gran deseo de renovar, de ensayar formas diferentes.

# m

## machismo

Las escenas más violentas —duelos a cuchillo, sexo, juego, borrachera, muerte y locura— aparecen como parte de un culto al **machismo**.

## magazine

Solía retocar y aun refundir sus cuentos al llevarlos de la **revista** al libro.

## main   [ > dominant, principal]

El crítico que intente definir el objetivo **central** de este novelista . . .

## major

Antes de examinar la obra **cimera** de este novelista . . .

## majority

La **mayoría** de los críticos estima, sin embargo, que . . .

## make up

Se trata de los líricos que **integran** la tercera generación de poetas modernistas. (integrar)

Si fuera posible aislar los distintos elementos que **integran** la obra literaria . . .

## mal du siècle

La causa de esto ya se ha mencionado: 'el **mal del siglo**'.

El hombre, en contradicción con el medio que lo rodea y consigo mismo, vive en estado de angustia y tortura moral; fue el llamado *mal du siècle*.

## man   [ > human being]

Lo verdaderamente importante en la poesía de Machado es el **hombre**.

Don Juan es una de esa media docena de personificaciones en que los **hombres** condensan una visión del mundo y de la vida.

(of letters)   La novela expresa, a no dudarlo, la mayor madurez intelectual y literaria de nuestros hombres de letras en el siglo XX.

Era un hombre de pluma que simpatizaba con la causa de los gauchos.

## manage

En los momentos de más sinceridad **logra** expresarse en versos correctos. (lograr)

Muchos escritores, por pegarse a la realidad, apenas **conseguían** expresarse literariamente.   (conseguir)

**manifesto**
Es un verdadero **manifiesto** en defensa de la nueva estética.
Algunos críticos observaron en este soneto ciertas intenciones de **manifiesto** estético.
De todos los **manifiestos** que escribió, el más notable es . . .

**manipulate**
El artista debe **manejar** símbolos comunicables.
No se puede **manipular** con la sensibilidad humana sin dejar huellas que sirvan de temas literarios.

**manner**   [ > way]
Pero más importante todavía es el cambio en la **manera** de ver el mundo.
De esta **manera** termina el canto primero del poema.

**mannerism**
Le fastidiaban los **amaneramientos** de los 'rubendariacos', según decía.
La prosa de Cela alcanza cimas de virtuosismo lindantes con el **manierismo**.
Literariamente, el **manierismo** representa el triunfo del tecnicismo formalista, brillantísimo, pero torturador, sobre la inspiración y sobre la idea.

**manners**
La comedia de **costumbres** refleja los usos, el género de vida, las ideas y los sentimientos normales de una sociedad.

**manual**
(n.) El **manual** está muy bien informado y su consulta resultará imprescindible para los estudiantes.

**manuscript**
Conservamos hoy esta narración en dos **manuscritos**.

**mar**
Pero estas ideas sociales **desfiguran** la obra literaria del autor.   (desfigurar)

**marginal**
Salaverría fue dentro de su generación un escritor **marginal**.

**master**
(n.) Leer la prosa castellana de ese gran **maestro** que es Jorge Guillén . . .
(a.) **Magistral** sonetista y autor teatral, es una de las personalidades poéticas más interesantes.

**masterpiece**
Tres años después publicó la que se considera su **obra maestra**.
El estudio que se considera como su **obra maestra** lleva por título . . .
La mayoría de los críticos están de acuerdo en que es una **obra maestra**.
Pero ningún vestigio de aficionado se descubre en estas **obras magistrales**.

**mastery**   [ > expertise]
A veces el poeta adquiere la **maestría** de los viejos cantores.
La **maestría** de Benavente en el diálogo es indudable.
Su **maestría** en el arte de las fábulas sólo puede compararse a la de Don Juan Manuel.
En todo momento da pruebas de su **dominio** del idioma.

**match**
(v.) Cervantes no alcanzó a **igualar** la poderosa energía dramática de Lope.

**material**
> Que ordenemos los **materiales** en períodos no quiere decir que desatendamos otros criterios ordenadores.

**materialist(ic)**
> Gran parte de esta literatura implicaba una filosofía **materialista**.

**matinee**
> La **matinée** es un espectáculo por la mañana o a primeras horas de la tarde.

**matter**   [ > subject]
> (n.) Qué valor artístico tenían los genuinos cantos de los gauchos es **asunto** de folklore, no de historia literaria.
>
> (v.) Lo que **importa** en la historia literaria es el uso de esas palabras como designación de una nueva corriente estética.   (importar)

**mature**
> Pero Calderón ha hecho olvidar el drama de su predecesor con el suyo más **maduro** y más perfecto.

**maturity**
> Sus ensayos y discursos muestran una gran **madurez** de estilo y profundidad de ideas.
>
> Cinco partes tiene esta novela: evocaciones de niñez, adolescencia, juventud, **madurez** y senectud.

**maxim**
> "Escribir pensamientos, **máximas**, sentencias, es muy fácil."   —UNAMUNO

**mean**
> (v.) Por supuesto, esto no **significa** que prosa no pueda ser poesía.   (significar)

**meaning**   [ > denotation]
> "Miremos al seso, y no al vocablo."   —JUAN DE MENA
>
> Sólo nos interesa la **acepción** que conviene al texto.
>
> Hay otro vicio peor, que es el de prestar **acepciones** nuevas a las palabras y frases conocidas.
>
> Renacimiento, en la **acepción** azoriniana de la palabra, fue el Modernismo.
>
> Esta palabra tiene una **acepción** muy amplia, pero un muy restringido sentido.
>
> "Aparte de la **significación** gramatical del lenguaje, hay otra, una significación mágica, que es la única que nos interesa."   —HUIDOBRO
>
> Tras la forma empírica de cada palabra está el fenómeno de la **significación**.
>
> Mucho se ha discutido cuál sea el **significado** del "Libro de buen amor".
>
> El término **significación** se emplea a menudo como sinónimo de **significado**, **sentido** y **acepción**.
>
> (double)   Por eso el autor había escogido una palabra de doble sentido.

**meaningless**
> Asombró con su culto a las palabras **sin significado** y a las letras sueltas.

**means**
> Con los ojos abiertos a los males de la sociedad, convirtió la literatura en un **medio** de protesta.
>
> Guillén utiliza igualmente este **recurso** y con la misma finalidad.
>
> (by m. of)   La intención actual es crear por medio de la novela un estado de coacción.

**measure**

(n.) Empleó una sola **medida** de verso: el romance endecasílabo.

En el verso, se emplean toda clase de **medidas.**

La útil **medida** de dotar de prólogo a cada volumen . . .

(v.) No sabe el lector cuál de los dos libros **mide** mejor el talento del autor. (medir)

**medieval**

Encina comienza por imitar al teatro religioso que viene de los siglos **medievales.**

**mediocre**

"En los libros **mediocres,** la mediocridad empapa todas las páginas." —AZORÍN

Poeta **mediocre** y oscuro, se le debe uno de los primeros intentos de poesía gauchesca.

Esa producción, que no pasa de ser de **mediana** calidad . . .

**mediocrity**

Lo importante era no sucumbir en la **mediocridad.**

**meditate**   [ > ponder , reflect on]

En este ensayo el novelista **medita** sobre el desarrollo de su estilo personal. (meditar)

**meditation**

La novela es una amarga, desolada **meditación** sobre España.

Para los filósofos, la **meditación** acaba en una insatisfacción, en un desengaño.

**melancholy**

(n.) Una honda y triste **melancolía** se descubre en todas sus palabras.

Dos grandes sentimientos matizan toda gran novela: ironía y **melancolía.**

(a.) Se produce entonces ese tono **melancólico.**

**melodrama**

El público adoraba el **melodrama** retorcido, los caracteres de una pieza, la división apasionante entre 'malos' y 'buenos', el fuerte claroscuro, el gesto apocalíptico y la frase lapidaria.

La obra no está exenta del **melodramatismo** romántico.

**melodramatic**

Ambas tragedias son de espíritu francamente **melodramático.**

Hoy, dentro del género **melodramático,** quedan los dramas policíacos y de aventuras.

**melody**

La **melodía** tradicional de la lengua da paso a una melodía original.

**memoirs**

Durante la conquista, los cronistas redactaron **memoriales** (m.) y obras históricas.

No se trata exactamente de un **libro de memorias.**

Sus **memorias** son casi novelescas.

**memoir writer**

Secundariamente a su labor novelesca, Baroja es biógrafo y **memorialista** (m.).

**memorable**

Lo **menos olvidable** de su obra literaria es el poema . . .

Su obra más **memorable** siempre será rechazada por una pequeña minoría.

**memory**   [ > remembrance]

Tenía una asombrosa **memoria** e hizo observaciones muy notables.

Para Alberto Moravia, la **memoria** es la fuente primigenia del arte literario.

Proust fue uno de sus maestros en el arte de matizar la ondulante sucesión de **recuerdos**.

**mention**

Nos limitamos a **citar** los nombres de los más destacados ensayistas contemporáneos.

Otro de los aspectos que no podemos más que **apuntar**, es . . .

**mentor**

Muchos años después se convirtió en uno de los **mentores** más seguros de la llamada Generación de 1898.

**merit**

(n.) La novela, que tiene algunos **merecimientos** como obra literaria . . .

Uno de sus **méritos** radica en la gran variedad de caracteres que desfilan por sus novelas.

**message**

La poesía, por oscura que sea, aspira ahora a dar un **mensaje**.

En su **mensaje** simbólico Galdós viene a decirnos que . . .

De los diálogos y las situaciones surge la **tesis**.

**metaphor**   [ > figure of speech]

Las **metáforas** poseen un desgarro que nos parece de raíz ibérica, quevedesca.

Las **metáforas** suelen ser complejas, buscando correspondencias remotas.

Hágase un breve estudio de las **metáforas** que aparezcan en toda la obra.

**Métaforas** robustas, efectistas, construidas con tal voluntad de nitidez que generalmente aparecen con la forma de la comparación, del símil, con los lazos estructurales 'como', 'cual', a la vista.

Sus **metáforas** dan brillo, velocidad, magia, alegría, sorpresa . . .

**metaphorical**

La composición sobresale por su riqueza **metafórica** construida sobre comparaciones con . . .

**meter**

Como todas las lenguas tienen sus diferencias de estilo, prosodia, ritmos y **metros** . . .

Utiliza **metros** variados, pero sin atenerse a un criterio externo, atento sólo a las exigencias del ritmo interior.

(classical)   En la sucesión fija de sílabas largas o breves, débiles o fuertes, considerada como unidad métrica se encuentran: espondeo ($--$), troqueo ($-\cup$), yambo ($\cup-$), pirriquio ($\cup\cup$), dáctilo ($-\cup\cup$), anapesto ($\cup\cup-$), anfíbraco ($\cup-\cup$), tribraquio ($\cup\cup\cup$).

**method**

El **método** histórico expone los hechos, los abona y combate cuantos argumentos los atacan.

**meticulous**

Su labor es una disección **minuciosa** de las realidades nacionales.

**metonymy**

De las figuras de continuidad se destacan la **metonimia** y la sinécdoque.

**metric(al)**
Comenzaremos por fijar la estructura **métrica**, que, en este caso, no ofrece dificultades.

**metrics**
Hasta los modernistas la **métrica** castellana era una cosa rígida, grave y definitivamente estable.

**Middle Ages**
Esta explicación se debe a los gramáticos escolásticos de la **Edad Media**.

**milestone**
El realismo constituye un **hito** muy importante en la evolución de nuestro teatro.

**milieu**
No se dejaba ver en los **medios** artísticos ni se mezclaba en la vida intelectual de su país.

**mimicry**
El arte de la **mímica** es de una importancia capital en el género dramático.

**mind**
Una de las **mentalidades** más originales y analíticas de América . . .
Nos permite penetrar en la **mente** del personaje.

**mingle**
En el libro se **mezcla** lo histórico y lo fingido, lo real y lo imaginado.   (mezclar)

**minimal**
Su valor estético es **mínimo**.

**minimize**
Parece que su vocabulario chabacano **ha empequeñecido** el valor de su novela. (empequeñecer)

**minor**
Sigue un capítulo sobre los autores **menores**.

**minstrel**
Fue éste el **payador** o **cantor errante**, que iba de pago en pago y de pulpería en pulpería y cuyo más remoto antecedente en el mundo hispánico se halla en las baladas y romances de Andalucía.
Los **trovadores** en la edad media componían ellos mismos los poemas.

**miracle play**
Constituyen los **autos sacramentales** un género peculiar de la literatura española.

**miscellany**
Baroja escribió algún ensayo y varios libros de **misceláneas**.

**misfortune**
"Siempre son ciertas las **desdichas** mías."   —Cervantes
Las **desgracias** que le ocurren al protagonista se deben a su incapacidad de vivir de acuerdo a normas racionales y virtuosas.
Después el poeta reveló directamente su tristeza y sus propias **desventuras**.

**mislead**
El subtítulo puede **llevar a engaño** en el sentido de que básicamente se trata sólo de problemas de interpretación.

**misprint**
Las **erratas** de la primera edición no existen en la segunda, cuidadosamente corregida por el autor.

**mistake**   [ > error]
(n.) Las **incorrecciones** constructivas, los giros y modismos extranjerizantes, son los que desarticulan el idioma.

**mix**   [ > combine]
**Mezcló**, también, los elementos trágicos con los cómicos.   (mezclar)

**mixture**   [ > combination]
Esa difícil **mezcla** de novela e historia se consigue cuando . . .

Sobresale la novela por una sutil **amalgama** de frivolidad y realismo.

Es un **mezclamiento** de los temas de la humildad y del furor bélico.

**model**
"Lazarillo de Tormes" es el **molde** de la restante novela picaresca.

El **modelo** indudable de este curioso escritor es Quevedo.

Sus **modelos** están en los prosistas franceses.

El **modelo** fundamental de este libro fue . . .

La obra, a la vez **paradigma** (m.) de ánalisis literario y pieza de una original y renovadora poética . . .

¿Cuál puede haber sido la figura femenina que inspiró a Azorín estos dos retratos de mujer?

**moderation**
"Nunca encarecer mucho las cosas, sino con **moderación** decir lo que se siente." —Santa Teresa

Para ser escritor, le faltaron sentido de la **medida** y buen gusto.

**modern**
Es la más **moderna** de sus obras y entra en el teatro de ideas.

**modernismo**   [ > Generation of 98]
"El **modernismo** es la forma hispánica de la crisis universal de las letras y del espíritu que inicia hacia 1885 la disolución del siglo XIX y que se había de manifestar en el arte, la ciencia, la religión, la política y gradualmente en los demás aspectos de la vida entera." —Onís

"El **modernismo**, a mi entender, no es otra cosa que el lenguaje generacional del 98." —Salinas

"El **modernismo** no fue una tendencia literaria, el modernismo fue una tendencia general." —Juan Ramón Jiménez

El anhelo de una forma suprema, la flexibilización del verso, el culto a las sensaciones enfermizas, las transposiciones artísticas, el gusto por la cultura helenista o rococó, el japonismo, la maestría en disponer de palabras, símbolos y objetos refulgentes, todo inscribe a Casal en la órbita del **modernismo**.

El **modernismo** literario nació antes en la poesía que en la prosa.

En otras palabras, el **modernismo** fue una tónica literaria, no una temática.

"Eternismo y no **modernismo** es lo que quiero." —Unamuno

**modernist**
(n.) Para los **modernistas** el hombre es el centro de la vida.

Cultivaron los **modernistas** juegos de sinestesias, evocaciones helenísticas,

el rococó del siglo XVIII, japonesismos y chinerías y símbolos de aristo-
cracia, como el cisne o la flor de lis, colecciones de objetos preciosos,
museos de arte, cromatismos impresionistas, refinamientos nerviosos,
filosofías antiburguesas, crisis morales, rebeliones políticas, miniaturas
de prosa poemática . . .

(a.) El trascendental pesimismo, el aristocrático vocabulario, la renovación
métrica, la búsqueda de formas perfectas y el cultivo del poema descrip-
tivo-pictórico son ya **modernistas**.

### modernize
Se encuentra una sostenida tendencia a **modernizar** el drama y darle contenido
americano.

### modesty
"La **modestia** no es otra cosa que el orgullo vestido de máscara." —LARRA

### modify
Toma episodios de la época clásica y los **modifica** usándolos alegóricamente.
(modificar)

### mold
(n.) Hacía reventar con disparates las **hormas** de la expresión literaria.

Las obras se creaban en un clima de preocupación, siguiendo **moldes**
viejos y anticuados.

### moment
"El **momento** y no la continuidad del tiempo es la vida." —AZORÍN

Se deduce que intuición y expresión representan dos distintos **momentos**
inequivalentes que no logran nunca identificarse.

### monody   [ > dirge]
En las **monodías** líricas quedan al desnudo los sentimientos personales del
poeta.

### monologue   [ > soliloquy]
Su forma es la de un **monólogo**.

Las escenas consisten en dos largos **monólogos** y dos intercambios de conversación.

(interior)   Usa técnicas, como el monólogo interior y otras técnicas en las que
anticipa a James Joyce.

Estos poemas son monólogos líricos, discursos poéticos interiores.

### monotonous
La economía verbal suele hacerlo **monótono**.

### monotony
Espronceda, que odiaba tanto la **monotonía** y la rutina . . .

"La marcha que tenía el verso alejandrino era insufrible por su **monotonía** y
pesadez." —QUINTANA

### monument
Aparte de este **monumento** literario, la prosa del siglo XV no ofrece ninguna
obra de interés significativo.

### mood   [ > atmosphere]
Claro está que estos adjetivos son de un valor innegable para crear la deseada
**atmósfera**.

### moral
(n.) Su **moral** es la tradicional: honor, lealtad, gratitud, amor al prójimo.

Al final de cada episodio se encuentra la **moraleja** en versos rimados.

(a.) El pone siempre los valores estéticos por encima de los valores **morales**.

Unos críticos han creído que en todo escrito debe haber una intención **moral**.

### moralist
Los **moralistas** y humanistas del siglo XVI protestaban contra las novelas de caballería.

### morality play
En las **moralidades** dominaba la intención moral mezclada con elementos alegóricos y satíricos.

### moralize
"Sólo Dios y mi conciencia artística saben lo que hay que mentir cuando se quiere **moralizar**." —UNAMUNO

Era una de las cuerdas resonantes de todo el teatro español de su época: había que **moralizar** en el teatro.

### moralizer
Desgraciadamente era más **moralizador** que artista y sacrificó la libertad narrativa.

### moralizing
También se notan discursos y una tendencia más marcadamente **moralizadora**.

A pesar de su declarada misoginia y de sus propósitos **moralizantes** . . .

### motif    [ > leitmotiv]
Esa idea ha constituido el **motivo** esencial de todas sus novelas.

### motivate
Es esta acción que **moviliza** las que siguen y determina el desenlace.   (movilizar)

Nos presenta un personaje **impulsado** por el odio.   (impulsar)

### motivation
No es posible hablar de su estética sin hacer referencia a su **motivación** moral o ética.

La **motivación** de su muerte tiene su dimensión noble y heroica.

### motive
El diálogo va revelando un agudo conocimiento de los **motivos** de su conducta.

Los **móviles** son el miedo, la avaricia, las pasiones elementales, los celos.

Es un personaje comprensivo y conocedor de los **móviles** y causas de la delincuencia humana.

### move
(v.) Entretiene, pero no **emociona** ni **conmueve**.   (emocionar, conmover)

Pero sus personajes no **se mueven** sino de acuerdo con una verdad superior. (moverse)

La novela **se mueve** en el terreno de los hechos más que en el de las ideas.

### movement    [ > group, school]
Los **movimientos** literarios y artísticos son siempre una consecuencia, jamás un antecedente.

El amplio **movimiento** reformó y renovó la literatura hispánica en su forma y en su espíritu.

En el campo de la literatura Martí ha sido llamado el precursor de nuevos **movimientos** y escuelas.

Las escenas salen unas de otras en un **movimiento** ininterrumpido.

**moving**

Su ternura hacia la vida triste de los niños pobres fue lo más **conmovedor**.

**Mozarabic**

En la literatura **mozárabe** destaca el nombre de Elipando (717–808), obispo de Toledo.

**muse**

"La mejor **musa** es la de carne y de huesos." —Darío

**music**

"Donde hay **música**, no puede haber cosa mala." —Cervantes

"La **música** y la poesía tocan en una misma lira." —Iriarte

Cienfuegos implantó una novedad tomada de la tragedia griega, que es la intervención de la **música** en escena.

Músico de la palabra; y su palabra siempre **música** de los sentidos.

(background)   El cine tiene mayores posibilidades de usar de la música para constituir una especie de telón de fondo melódico, cuyo efecto sobre los sentimientos es incomparablemente sugestivo.

**musical**

Aprovechan la riqueza ornamental del adjetivo para dotar de un valor **musical** a la prosa.

Logra efectos **musicales** cuando define la lluvia y sus gradaciones y matices.

**musical drama**

La **zarzuela** nació en el siglo XVII, y sus primeras representaciones tuvieron escenario en las afueras de Madrid, precisamente en una posesión real que tomó el nombre de La Zarzuela.

**musicality**

La **musicalidad** del párrafo queda muy en segundo lugar.

El verso tiende a la melodía; es decir, el poeta quiere y busca una **musicalidad** expresiva.

**mystery**

"El **misterio** participa de lo sobrenatural y aun de lo divino." —Borges

El poema se caracteriza por una persistente nota de **misterio** y vaguedad.

**mystery play**

El más antiguo **misterio dramático** en castellano es el titulado "Auto de los Reyes Magos".

**mystic**

(n.) A menudo el autor refleja sus lecturas de los **místicos** y ascetas españoles.

**mystical**

La prosa espontánea con que Santa Teresa habla y discurre de las más altas revelaciones **místicas** . . .

**mysticism**

Hay en todos sus versos verdadero fervor y **misticismo**.

Es el suyo un **misticismo** no expresivo de comunión con Dios, sino de asomo al misterio, de búsqueda de la divinidad.

Aun el **misticismo** asoma a su poesía y entonces el tono es grave.

**myth**
Sus **mitos**, sus símbolos han perdido contenido y fuerza intelectual.
**mythological**
En el poema se introducen elementos **mitológicos** y fabulosos.
**mythology**
Recordemos que alguna vez se relaciona este tema con la **mitología** clásica.

# n

**name**
(n.)  Todos los personajes tienen **nombres** simbólicos.
Si entre los prosistas se cuentan ya **nombres** de suma importancia . . .
(key)  Recordemos algunos nombres clave de la novela contemporánea . . .
(v.)  Para **nombrar** un novelista un verdadero artista la opinión de los críticos es básica.
"Dar **nombre** a las cosas es conocerlas y apropiárselas."  —Unamuno
**narrate**
El modo de **narrar**, demasiado vago y abstracto, quita autenticidad al personaje.
**Narra** con soltura y espontaneidad, con análisis sicológicos breves y precisos.
**narration**  [ > short story]
Predomina en ella la **narración** sobre la descripción.
La **narración** es clara, limpia y poética, además de estar fina y pulcramente escrita.
La **narración** debe ser clara, precisa, verosímil e interesante.
Escribió una larga **narración** con las andanzas de su pintoresca y variada existencia.
Se trata de un extenso **relato** sobre la vida de Alejandro Magno.
**narrative**  [ > narration]
(a.)  La obra tiene un interesante hilo **narrativo**.
La primera obra **narrativa** de la literatura española, el "Poema del Cid", se diferencia de la épica francesa por su apego a los hechos y a la vida real.
El aspecto **narrativo** se caracteriza por su espontaneidad, sobriedad, realismo y precisión.
(technique)  Asombra ese autor por la facilidad de sus procedimientos narrativos.
Usa convenciones narrativas no siempre verosímiles y a veces increíbles desde un punto de vista rigurosamente sicológico.
El autor utiliza un vehículo narrativo de la mayor eficacia, despojado y preciso, con el recurso frecuente de un diálogo expresivo y conciso, suelto y natural.
La secuencia narrativa es lineal y continua, pero no recta, sino digresiva.

La narración y la descripción se mezclan con el diálogo, con predominio inicial de las masas narrativas.

(thread)    El hilo argumental de la obra es sencillo.

El hilo narrativo central anuda realidades inmediatas.

## narrator
El escritor no fue un novelista propiamente dicho, ni un **narrador**.

## narrow
No tengamos un concepto demasiado **estrecho** de lo intelectual.

## natural
El poeta, para poseer la gracia, necesita ser **natural** y sencillo.

## naturalism
Hacia 1870 surgió en Francia un nuevo movimiento literario derivado del
realismo, con el nombre de **naturalismo**.

Entre 1896 y 1915, al llegar el **naturalismo** español a su límite de descomposi-
ción, surgió un apogeo de erotismo en la novela.

El **naturalismo** plantea de nuevo la disputa estética entre el predominio de lo
real y de lo ideal en el arte.

El **naturalismo** exageró al máximo la pintura de la realidad.

Hay cierta simultaneidad en el tiempo del realismo, el modernismo y el
**naturalismo**.

A menudo se usan los vocablos realismo y **naturalismo** como sinónimos.

## naturalist
(n.) La literatura de los **naturalistas** franceses le enseñó a contar y denunciar al
mismo tiempo.

(a.) Intentó escribir conforme a las fórmulas de la escuela **naturalista**.

## naturalistic
Otros novelistas más jóvenes son movidos por la onda **naturalista**.

## naturalness
La **naturalidad** consiste en escribir sin rebuscamiento, sin afectación.

Las ideas se suceden con **naturalidad** y el estilo es espontáneo y fácil.

## nature    [ > character]
Describe una **naturaleza** bucólica, arcádica, pastoril, rococó, literarizada . . .

La **naturaleza** no es digna de ser elogiada tal como existe . . .

El culteranismo, por su misma **naturaleza**, fue un fenómeno literario dado
particularmente dentro de la poesía lírica.

Los romances viejos han sido clasificados por la **naturaleza** de sus temas.

## negative
(n.) Se sirve de la **negativa** para crear un ambiente negro donde no cabe la
esperanza.

En latín dos **negaciones** equivalen a una afirmación.

(a.) La abundancia de palabras **negativas** en este párrafo . . .

## neglected
El cultivo de las lenguas clásicas, tan **descuidado** en los primeros siglos
medievales, adquiere importancia desde el siglo XIII al XIV.

## neoclassical
Desde el punto de vista técnico esta comedia presenta elementos románticos y
**neoclásicos** fácilmente reconocibles.

### neoclassicism
El **neoclasicismo** aspiró a restaurar, en Europa en el siglo XVIII, el gusto y las normas del clasicismo.

No se busca como en el **neoclasicismo** una verdad absoluta y universal, sino la verdad concreta, inmediata y presente.

El **neoclasicismo** fracasó en Europa, con la excepción de Francia.

### neologism
Se forman atrevidos **neologismos**, especialmente helenismos y latinismos.

Siempre ha habido **neologismos**: toda palabra fue alguna vez un neologismo.

### neoromantic
Cabría calificar a Aleixandre como poeta inscrito dentro del círculo **neorromántico** de la poesía moderna.

### new
En los poemas **nuevos** de su antología el verso se hace más sencillo y sentimental.

Lo más curioso y lo más **nuevo** en la prosa del Arcipreste es . . .

### news
En el siglo XVI solían aparecer en Latinoamérica unas hojas impresas con **noticias** europeas.

### newspaper
Los datos biográficos del poeta se habían publicado en los **periódicos**.

### new wave
Influyó notablemente en los autores que pudiéramos calificar de la **nueva ola**.

### nihilism
Con Unamuno tocamos al fondo del **nihilismo** español.

### nineteenth-century
(a.) Es una novela ejemplar a la manera **decimonónica**.

### nonconformist
(a.) Una de las partes de esta obra de tono juvenil, **inconformista**, se titula . . .

### nonsense
"¿Qué **disparate** habrá que no se haya dicho ya en verso o prosa?" —VALERA

### norm
Su estética actual es transformar las **normas** clásicas.

### nostalgia
"La **nostalgia** es la perspectiva donde se perpetúa todo; donde todo se acerca."
—PÉREZ DE AYALA

### nostalgic
El verso une a su sentido satírico cierto tono **nostálgico**.

### note
(n.) Méndez Plancarte tiene una **nota** que se refiere a . . .

En las **anotaciones** de Herrera a las obras de Garcilaso . . .

La obra está llena de recuerdos personales y **apuntes** autobiográficos.

(v.) Los resultados que **hemos apuntado** anteriormente . . . (apuntar)

**Notemos** que en "La Celestina" hay dos prosas muy diferentes y contrapuestas. (notar)

### notebook
Los incontables **cuadernos** que fue escribiendo cada día durante muchos años . . .

Llevaba consigo una **libreta** en la que iba anotando sus estrofas poéticas, a medida que se le iban ocurriendo.

## notice

(n.) En la **advertencia** preliminar nos dice el autor que considera toda esta parte de su obra como un ciclo cerrado.

(v.) En los dos textos **advertimos** los mismos defectos de la prosa incipiente. (advertir)

Se **repara** que en este género hay influencia más directa de Virgilio. (reparar)

## noun

Algunos **sustantivos** abstractos cambian el género gramatical.

## nouveau roman

El *nouveau roman* es la novela de la ausencia del sujeto y de toda búsqueda que progrese realmente.

En ellas, como en tantas novelas contemporáneas –pensemos en el *nouveau roman*— el tiempo no corre y no se alcanza nada.

Afirma que el *nouveau roman* se opone en principio a las nuevas estéticas del continente narrativo americano.

## novel

(n.) "**Novela** es todo aquello que, editado en forma de libro, admite, debajo del título y entre paréntesis, la palabra novela." —CELA

"Es un saco donde cabe todo." —BAROJA

"La **novela** es el género de la emancipación literaria de América." —VALENTE

"La **novela** no se inventa, se observa." —CABALLERO

"¿No es la **novela** un poema degenerado?" —MACHADO

"La **novela** tiene que ser, como la vida misma, organismo y no mecanismo." —UNAMUNO

"La **novela** es una mayor densidad o condensación de la vida vivida." —PÉREZ DE AYALA

"Es posible una **novela** sin historia, sin arquitectura, sin composición." —BAROJA

"Para nosotros, americanos, la **novela** es el género por excelencia, para contar lo nuestro." —ASTURIAS

"Para mí la **novela** verdadera . . . es una forma revolucionaria del arte, un cambio profundo que echa por tierra muchos axiomas estéticos de los más admitidos . . . es una nueva fuente de conocimiento." —CLARÍN

"Desearía yo escribir la **novela** de lo indeterminado; una novela sin espacio, sin tiempo y sin personajes." —AZORÍN

(adventure)      La frecuencia de intrigas y conspiraciones proporciona todo el interés propio de la novela de aventuras o policíaca.

(anti-)           Se comprende que en estas novelas, o antinovelas, que parecen pedazos del caos, el criollismo fuera abandonado.

(anti-realistic)  Novela antirrealista con arreglo al concepto tradicional, exenta de pormenores descriptivos o de precisiones históricas.

| | |
|---|---|
| (author of) | "No es el autor de una novela quien mejor conoce las intimidades de ella (y de sus personajes)." —UNAMUNO |
| (autobiographical) | Toda su novela se caracteriza por el detalle autobiográfico, consecuencia de la agitada vida del autor. |
| | Casi todas las novelas son de tono autobiográfico. |
| (badly composed) | Aunque bien escrita, la novela está mal compuesta, desde un punto de vista incierto. |
| (biographical) | La novela biográfica revoluciona la técnica de la biografía histórica. |
| (bucolic) | La novela pastoril o bucólica no está de moda, porque la vida pastoril o de égloga está dejando de existir. |
| (Catholic) | La novela católica se ha abierto en nuestros días a temas bastante alejados de la literatura religiosa tradicional. |
| (of childhood) | La novela de nuestro siglo ha profundizado en la comprensión de los mundos misteriosos de la niñez y adolescencia. |
| (of chivalry) | La novela caballeresca, siempre apartada de las realidades de la vida . . . |
| | Su antigua afición por las novelas de caballería . . . |
| (compact) | Se trata de una novela profunda, densa de contenido . . . |
| (complicated) | Este drama, tan complicado como una novela bizantina, no pasó nunca a la escena. |
| (contemporary) | La novela actual es descripción de la crisis del hombre. |
| | Usa los procedimientos de la novela contemporánea: monólogos interiores, contrapunto, asociación de ideas, yuxtaposición de situaciones o relatos paralelos, fragmentación del tiempo y técnicas cinematográficas. |
| (contrived) | Su novela es más artificiosa que artística. |
| (crisis of) | La crisis por la que en la actualidad atraviesa la novela española es . . . |
| | Hoy en día se habla de una crisis, o más aún, del fin de la novela. |
| (of customs) | La novela costumbrista se caracteriza por su detallismo descriptivo . . . |
| (detective) | Los que leen las novelas policíacas . . . |
| | Bedoya pergeñó novelas policiales a la francesa (no detectivescas, a la inglesa). |
| (dialogue) | Hay novelas dialogadas suyas que pudieran trasplantarse íntegras al teatro. |
| (epistolary) | Se leían novelas epistolares, como "La Nouvelle Héloïse" de Rousseau. |
| | Ha iniciado sus memorias en forma de carta-novela. |
| (erotic) | La novela galante, que hoy llamaríamos erótica, comprende las novelas de tema sentimental. |
| (escapist) | Buscamos en la novela salir de nosotros mismos, vivir en otros, escapar de nuestros límites. |
| | No se trata, pues, de una novela de evasión . . . |

| | |
|---|---|
| (of espionage) | Hoy, la novela policíaca linda con la de espionaje y la de ciencia-ficción. |
| (essay) | Sus novelas, más que novelas en sí, son ensayos novelescos. |
| | Es preciso defender la llamada novela-ensayo, porque el hombre inteligente escribe también con su inteligencia. |
| (existentialist) | Unamuno tiene novelas eminentemente existencialistas: "Abel Sánchez", "Niebla" . . . |
| (experimental) | Es una novela experimental, aunque de todos los experimentos que practica el más novedoso resulta ser la descripción de la fisiología sexual. |
| | Entiendo por novela laboratorio aquélla en que la novedad y sorpresa del experimento pretenden suplir la falta de fibras vitales de la novela. |
| | No se pueden incluir sus obras dentro de las que se definen como novelas de laboratorio. |
| | Creemos a esta novela superior a los ensayos de laboratorio de un Grillet, de un Butor . . . |
| (expressionist) | Alemania había sido, de 1910 a 1920, el laboratorio de la novela expresionista. |
| (feminine) | Tiene algo de la novelística sentimental, romántica, burguesa, femenina. |
| (formless) | Es como si la estructura novelesca se hubiera desintegrado. |
| (gloomy) | Es novela de tono pesimista y sombrío porque señala los vicios y defectos de los revolucionarios de ayer. |
| (Gothic) | Contiene elementos de la novela negra . . . |
| (historical) | La novela romántica histórica, como su nombre indica, es aquélla cuya trama tiene una base verídica. |
| (idealistic) | También tentó la novela idealista con "La Tragedia de Nilse". |
| (important) | Justo es reconocer que es una de esas novelas importantes, de peso, que hay que leer. |
| (ingenuous) | Se le ha criticado a la novela su ingenuidad, su exagerado sentimentalismo. |
| (intellectual) | Un género típico de nuestro siglo es la novela intelectual, portadora de toda clase de ideas. |
| | La novela sicológica, la intelectualista, invitan a la contemplación, y son menos dinámicas. |
| (lack of unity in) | Pero la novela, en su conjunto, se perjudica por su falta de unidad. |
| (Latin American) | La novela hispanoamericana, en cambio, está muy influida por la francesa, a la vez que sigue la línea de evolución castellana. |
| (of manners) | La novela está compuesta con la forma de un vasto y complejo cuadro de costumbres. |
| (modernist) | La novela modernista apenas pasó de su etapa experimental. |
| (moral) | "La novela debe ser moral, o al menos inocente."   —VALERA |

| | |
|---|---|
| (national) | De 1700 a 1808 se sigue escribiendo en España la novela nacional, burlesca, realista. |
| (naturalist) | Fue el maestro de la novela naturalista —y erótica— del siglo XX. |
| (new) | La novela nueva, lógicamente, contiene elementos parecidos al nuevo lirismo. |
| (origin of) | Historiador de la novela en sus orígenes, se preocupó del género en repetidas ocasiones. |
| | Se puede afirmar que la verdadera novela moderna hispano-americana hunde sus raíces en el romanticismo. |
| (original) | Es sin duda una novela original y se anticipó al modo de novelar actual. |
| | Sus novelas son muy originales y hay que destacar en ellas que intentó nuevos caminos para el género. |
| (outline) | La nivola (palabra inventada por Unamuno) es esencial-mente un esqueleto de novela. |
| (pastoral) | La novela pastoril, empeñada en pintar a los hombres con tintes ideales . . . |
| | Su larga novela pastoril es, sin duda, la mejor dentro de su género. |
| (perfect) | Ha escrito una novela clásica, redonda, perfecta, con mucha vida y mucha sabiduría técnica. |
| (philosophical) | No hay que caer en el error de suponer que Unamuno busca una novela intelectual o filosófica. |
| (picaresque) | El "Lazarillo" inició un nuevo género literario en España: la novela picaresca, que representa el nacimiento del realismo en la novela. |
| | La crítica internacional moderna ha señalado siempre el hecho de que el "Lazarillo" es la primera novela picaresca y que fue ampliamente imitada en toda Europa. |
| | Que la novela picaresca ofrece un testimonio de la época es cierto. |
| | La novela picaresca: relato en primera persona, realismo descriptivo, preferencia por lo sórdido, aventuras sucesivas en las que el héroe pasa de amo en amo y de oficio en oficio, sermones para hacer tragar la píldora amarga, visión menoscabadora de valores . . . |
| (plotless) | Pero la novela no se aprieta alrededor de un argumento . . . |
| (poetic) | Novela poemática donde no se cuentan acciones objetivas, sino reacciones subjetivas. |
| | En sus novelas la poesía está presente como en muy pocos escritores. |
| | La novela poética nos acerca a la realidad profunda, nos enseña a ver el mundo. |
| (political) | Ninguna novela política logró la repercusión de "Amalia" del argentino José Mármol. |

| (post-war) | La novela española de posguerra no ha tenido muchos momentos brillantes. |
| (proletarian) | Predomina aquí el tema del negro, frecuente en la llamada novela proletaria centroamericana. |
| (protest) | Estas novelas de protesta han sido clasificadas por la crítica según sus temas centrales. |
| (psychoanalitical) | La novela sicológica, deliberada, que analiza los sentimientos y las ideas que se producen conscientemente, ha sido sustituida por la novela psicoanalítica moderna. |
| (psychological) | Es una de las primeras novelas de corte psicológico escritas en Hispanoamérica. |
| | Como toda novela sicológica, obliga al lector a participar vivamente en el curso del tiempo interior. |
| (rambling) | Es una novela que avanza lentamente, da vueltas y más vueltas en torno de un asunto y no pasa nada. |
| (realistic) | Siguiendo el ejemplo de los modelos europeos —franceses, españoles y rusos principalmente— nuestra novela se hizo realista. |
| | Pero la novela contemporánea, en general, abandona la técnica del realismo minucioso, objetivo. |
| (and reality) | Las relaciones de la novela con la realidad constituyen un problema bastante complejo. |
| (religious) | La novela religiosa es muy rica, si bien no toda de la mejor cepa literaria. |
| (of revolution) | La importancia de Azuela reside en ser el fundador de la novela revolucionaria. |
| | La Revolución constituye un tema particularmente rico en perspectivas novelescas. |
| (rhythm of) | Un nuevo novelista nace cuando ha encontrado un ritmo adecuado para su sistema de acciones y pasiones. |
| (romantic) | Lo esencial de la novela es romántico, en su concepción, en su espíritu y en su asunto. |
| (satirical) | La novela es una especie de sátira contra el mundo post-revolucionario. |
| (science fiction) | La novela de ciencia-ficción alcanza hoy un éxito mundial. |
| (sentimental) | La novela sentimental es aquélla en que la emoción y el sentimiento se convierten en el eje de los movimientos y acciones de los personajes. |
| | Todas éstas no son sino reencarnaciones de la novela sentimental. |
| (serial) | Surgió un tipo de novela por entregas, llenas de aventuras, efectismos y elementos melodramáticos para mantener a los lectores en un largo y permanente 'suspense': la novela folletinesca. |
| | El resto de los españoles se nutre de folletines y de novelas por entregas. |

La novela folletinesca es un género con muchos lectores y escasísimo mérito literario.

(short)  Su única novela es una obrita muy breve que más parece un cuento extenso.

Tuvo la novelita singular éxito.

(social)  En realidad, muy pequeña es la diferencia que separa la novela política de la novela revolucionaria, indigenista o social.

(Spanish)  La novela hispanoamericana posee hoy una vitalidad asombrosa, una riqueza y variedad muy superiores a las de la novela española.

(subjective)  Conviene advertir que sus novelas, más que psicológicas, son subjetivas.

(suspense)  Pero la novela de intriga todavía no había alcanzado el éxito que conoce hoy.

(techniques of)  Su última novela, además de introducir nuevas técnicas, sigue incorporando las anteriores.

(traditional)  Sus novelas se mantienen en la línea más pura de la tradición, y muy en la escuela de Juan Valera.

Asistimos a una vuelta a la novela tradicional, con personajes bien definidos y argumento interesante.

(uneven)  La novela es desigual en estilo, en tonos, en méritos.

(unsuccessful)  Como novela no está lograda: es brumosa en sus símbolos, quebrantada en su narración, desproporcionada en todo caso.

(war)  La objetividad no parece ser buen criterio para juzgar una novela de guerra.

(weak)  Es una obra de carácter moralizador y la más floja de sus novelas.

## novelette

Estaba admirablemente dotado para el cuento y la **novela corta**.

Las obras narrativas —cuentos, novelas, **novelas cortas** . . .

El tono irónico es lo mejor de la **noveleta**.

Es un **novelín** idílico, novelín escrito con todas las fórmulas románticas de una literatura lacrimosa.

## novelist

El **novelista** posee el don de instalarse en el interior del hombre, del personaje.

Fue un gran prosista más que un gran **novelista**.

El **novelista** cada vez más es un intelectual, buen conocedor de la teoría de novelar, y un crítico informado al día de las últimas manifestaciones literarias.

(great)  Lo que decide la grandeza de un novelista son las dimensiones de su visión del mundo.

(strong)  Es novelista de puño firme, con buenos trazos paisajistas y con buen sentido para contar aventuras.

(woman)  Mujeres novelistas las hubo desde el primer grupo de románticos y contribuyeron también al realismo.

Muy diferente es otro libro teórico escrito por una novelista de este grupo.

**novelistic**

Lo más interesante es su creación **novelesca**.

Se preocupa más por el problema de su país que por los problemas de la construcción **novelística**.

**novelty**

Había en él un virtuoso que, para lucirse, prefería ofrecer **novedad** y no originalidad.

**novel writing**

Hacia 1930 empezaron a tener efecto sobre Hispanoamérica los cambios de la **novelística** europea.

Lo poco que escribió sobre el arte de **novelar** . . .

**nuance**

La percepción de cada **matiz** (m.) de color, de cada perfil de las cosas aparece con extraordinaria nitidez.

**nuanced**

Su arte se apoya en el pormenor, en la **matizada** y morosa descripción de las cosas.

**number**

El **número** de comedias que estrenó en España no era suficiente para abastecer el mercado.

**numerous**

Los pasajes de Azorín sobre este problema son **numerosos**.

Las circunstancias que engendran el barroco son **múltiples**.

Las fuentes son **innumerables** y a veces irreconocibles.

# O

**object**   [ > objective]

(n.) Este carácter es **objeto** de un análisis extraestético.

Los **objetos** se convierten en símbolos del drama mismo.

**objection**

La **objeción** más grave que puede ponérsele a sus novelas es precisamente que nos suenan a libros autobiográficos.

**objective**   [ > aim, goal, intention, purpose]

(n.) Este libro no tiene el **objetivo** de abarcar toda su producción literaria.

En este período el ensayo se ha orientado fundamentalmente hacia estos **objetivos**.

Nuestro **objeto** es la literatura, o sea, esos escritos que se pueden adscribir en la categoría de la belleza.

(a.) Hay una verdadera conjunción de lo **objetivo** y lo subjetivo.

Dejó una de las más extensas y **objetivas** crónicas sobre la conquista del Perú.

**objectivity**
La **objetividad** no es absoluta: abundan los momentos en que el autor habla en primera persona, más de lo necesario para la narración.
Cuando el autor aparece demasiado en su obra, ésta no logra la **objetividad**.
La falta de **objetividad** de esta crítica es evidente . . .
Ramón se manifiesta en su teatro incapaz para la **objetividad**.

**oblivion**
Sin embargo, la importancia de su poesía no merece semejante **olvido**.

**obscure**
(v.) Formas poco usadas han de dificultar la comprensión y **velar** la claridad del sentido.
(a.) Los orígenes de esta importante novela son muy **oscuros**.
Se suele calificar a Guillén de poeta **oscuro**.

**obscurity**
El peligro estaba en la afectación, en la retórica, en sinuosidades que se pierden en la **oscuridad**.

**observant**
Era más bien frío, reflexivo, **observador**, cauto, adaptadizo.

**observation**
A cada paso sorprende por la agudeza de **observación**.
Esta **observación** es un tanto oscura.

**observe**
Pero sus colecciones de cuentos se prestaron mejor a su talento, más apto para **observar** que para construir.

**observer**
**Espectador** escéptico de la sociedad en que vivía . . .
Fue un **observador** agudo del conflicto entre los ideales y las acciones.

**obsessed**
Estaba **obsesionado** por la estupidez, la maldad y la sordidez de las gentes.

**obsession**
Es típica de la literatura contemporánea la **obsesión** por la autenticidad.
La **obsesión** del tiempo resume la cosmovisión de nuestro autor.

**obsolete**
Busca nuevos ritmos, versos y combinaciones, y formas ya **desusadas** de los mismos.

**obvious**   [ > apparent, evident]
La **evidente** originalidad de su técnica narrativa y descriptiva . . .
El tercer acto es débil y los símbolos demasiado **evidentes**.

**occur**   [ > happen, take place]
Prefiere contar lo que **ha ocurrido** en el mundo a cantar lo que le ocurre en el alma.   (ocurrir)

**occurrence**   [ > event]
La obra relata **hechos** acaecidos en un período que se desarrolla desde 1900 hasta 1928.

Los **hechos** de sus novelas aparecen como consecuencia del carácter de los personajes.

**octosyllable**

El **octosílabo**, metro de los viejos romances casi fue exclusivamente adoptado por el teatro.

**ode**

La **oda** pindárica canta hazañas ilustres, las glorias de los héroes, y los triunfos de la patria.

Fray Luis de León tiene en sus **odas** varias referencias al sueño.

**offer**

(v.) Las obras de Cervantes **ofrecen** toda la complejidad y la riqueza de la vida misma.   (ofrecer)

**offprint**

La **separata** consta de veinte páginas, inclusive las notas.

**omission**   [ >gap, oversight]

Es injusta la **omisión** de Rodó en las historias y antologías preparadas por profesores de filosofía.

Se trata de un fondo incompleto en el que existen evidentes exclusiones.

**omit**

"El novelista debe saber **omitir** de las pequeñeces de la vida todo lo que carece de significado." —MAUPASSANT

**onomatopoeia**

La **onomatopeya** es un recurso expresionista.

Silva sigue a Poe en la nueva combinación de sonidos, versos, rimas y estrofas, en recursos de paralelismo y de **onomatopeya**.

**onomatopoeic**

El verso 10, con la aliteración de *r* y de *n* a final de sílaba, es **onomatopéyico**.

Los elementos **onomatopéyicos** están en todo el poema.

**onstage**

El autor tuvo que presentarse **en escena** reiteradamente al final de los tres actos.

**open with**   [ >begin, start]

La escena segunda **se abre con** la presentación de doña Petra.   (abrirse con)

Además de un prólogo del editor, el volumen **se abre con** un interesante estudio . . .

**opera**

La **ópera**, por su argumento, puede ser trágica, cómica y dramática.

**operetta**

El auge de la zarzuela, de orígen netamente español, que guarda muchas analogías con la **opereta**, ha impedido el amplio desarrollo de ésta.

**opinion**   [ >judgment, view]

La **opinión** casi unánime de los críticos es que . . .

Aunque sus **opiniones** son siempre bien pensadas, nunca resultan áridas o densas.

A nuestro **juicio**, constituye éste el principal defecto de la presente edición.

Es, a nuestro **juicio**, una de las características de la generación.

**opponent**   [ > adversary, antagonist, rival]

Ahora veremos como surgieron los **enemigos** del Positivismo.

**opposite**
La primera frase del original latino aparece vertida con un sentido diametralmente **opuesto**.

**opposition** [ > contrast]
Hay una **oposición** entre el sueño como realidad, y la realidad exterior.
Lo que escribe al final está en **contraposición** con lo que dice en el prefacio.

**optimism**
"El **optimismo** es propio de las almas que tienen una sola dimensión."
—Lorca
Nota dominante en uno y otro caso, es el franco **optimismo**.

**optimistic**
Jorge Manrique está situado literariamente en la línea divisoria del mundo pesimista medieval y del mundo **optimista** del Renacimiento.

**orator**
Era un ensayista, un cronista, un **orador** . . . es decir, un fragmentario.
La fuerza del **orador** consiste en los argumentos y en la palabra.

**oratorical**
Es un admirable libro de moral cristiana escrito en un solemne y rico estilo **oratorio**.

**oratory**
La **oratoria** es el arte de hablar con elocuencia, de deleitar, persuadir y conmover por medio de palabras.
La **oratoria** del siglo XIX no tiende a la frase sobria, sino a frases prolijas y patéticas.

**order**
(n.) Cuenta los acontecimientos en un **orden** lógico, de claras líneas arquitectónicas.
(v.) Primero es necesario **ordenar** los episodios de la novela . . .

**ordinary**
Si no deseamos volver a la **rutinaria** manera de escribir . . .

**organization**
Estos cuatro versos tienen una curiosa **organización** métrica.

**organize**
Estas épocas deben tomarse como un simple método de **ordenar** el estudio y nunca como un método encasillado de fechas.
¿Cómo **organiza** los materiales para este capítulo? (organizar)

**origin**
El cuento hispanoamericano tiene su más remoto **origen** en . . .
Sobre el **origen** de las dos novelas habla el escritor.
Sus **orígenes** remotos los encontramos en la literatura griega clásica.
Se da la **génesis** y desarrollo de los movimientos literarios.
En el primer acto, cuya **paternidad** literaria no se ha establecido . . .

**original**
(n.) La consulta de **originales** es labor muy pesada.
(a.) Las personalidades más interesantes y **originales** de la generación son los prosistas.

Del autor **primitivo** nada se sabe.

Su técnica narrativa se hizo cada vez más realista, pero permaneció fiel a su estética **originaria.**

**originality**

La poderosa **originalidad** con que Calderón ha desarrollado su obra . . .

No sólo heredó a Góngora, sino que fundió en crisol esos materiales, los volcó en nuevos modes y les estampó su cuño.

**originate**

El soneto **tuvo su origen** en Italia en el siglo XIII.   (tener . . .)

La literatura hispanoamericana **nace** a principios del siglo XVI.   (nacer)

**orthography**   [ > spelling]

Se ha corregido la **ortografía** de aquellas voces en cuya grafía faltaba un directo interés filológico.

**outcome**   [ > dénouement]

Se eleva a sumo grado el interés de la **solución dramática.**

**outline**   [ > plan]

(n.) Daremos ahora un **esquema** muy reducido de . . .

El autor no se basó en un **esquema** previo sino que escribía la novela según le iba saliendo.

En los trabajos de tono expositivo ayuda la formación previa de un **guión** de ideas.

(v.) El capítulo anterior ya **esquematizó** la historia de esta literatura. (esquematizar)

**outmoded**   [ > passé]

Su sátira, su ironía nos saben a chismorreo de salón, a algo limitado y **pasado de moda.**

**out of print**

Pero la primera edición ya está **agotada** . . .

**outstanding**

Fue la figura intelectual y humanista más **sobresaliente** de México en todo el período colonial.

La figura **sobresaliente** en los comienzos de la poesía dramática es Juan del Encina.

Es una de las personalidades más **destacadas** de la literatura española de todos los tiempos.

**overburdened**

El estilo **sobrecargado** de imágenes e hipérboles . . .

**overcome**

La poesía y la novela hispanoamericanas han podido **superar** el modernismo porque lo aceptaron y lo asimilaron.

**overestimate**

Tablada **sobreestimaba** el valor de la sorpresa en el lenguaje literario. (sobreestimar)

**over-running**

El **encabalgamiento** se produce cuando la unidad sintáctica excede los límites de un verso y continúa en el siguiente.

**oversight** [ > omission]
Bien conocidos son los **olvidos** que comete Cervantes en sus escritos, especialmente en El Quijote.

**oversimplified**
Una crítica rigurosa encontraría inexactitudes, planteamientos **demasiado simplistas** . . .

**overtones**
En el rechazo a la materia y a la ciencia hay **sobretonos** románticos y religiosos.

**owe**
**Debe** a su creación novelística el que hoy figure entre los mayores escritores de nuestra época. (deber)

# p

**padding (verse)**
Cuando, para completar el número de sílabas, se introducen en el verso exclamaciones o vocablos innecesarios, éstos se llaman **ripios.**

**page**
Las palabras se imprimían en la **página** según el significado, en caligramas.
Algunas de sus **páginas** deben colocarse al lado de la mejor prosa mexicana.

**paint** [ > depict, describe, draw, portray]
**Pintó** la primera escena con palabras elocuentes . . . (pintar)

**paleography**
La **paleografía** es la ciencia que trata de las escrituras antiguas.

**palimpsest**
Descubrió el famoso **palimpsesto** de la catedral de León, cuya escritura primitiva contiene cuatro quintas partes de la "Lex Romana visigothorum".

**palindrome**
El **palíndromo** puede leerse de izquierda a derecha o viceversa: 'dábale arroz a la zorra el abad'.

**palinode**
Nadie ha sabido explicar esa 'volte-face', esa absurda **palinodia,** que parece pedir un puesto en la literatura conformista.

**pamphlet**
Es un **panfleto** ocasional, con un objetivo muy concreto.
Hay momentos en que parece más un **panfleto** político, que una verdadera novela.
Con estas ideas publicó luego su célebre **folleto.**

**pantomine**
El arte de la **mímica** es de una importancia capital en el género dramático.

**paper (research)**
Preparó un **estudio** de la vida y la obra del gran autor venezolano.
La **monografía** es un estudio particular y profundo de un autor, de un género.

**parable**
Es una **parábola** evangélica creada para hacer inteligible al pueblo el dogma de la gracia.
En los relatos simbólicos y sus **parábolas** logró crear un mundo casi creíble.
Me refiero a su gusto por el apólogo, por la **parábola**.

**paradox**
Y aquí empiezan las **paradojas** que van a caracterizar a la poesía.
"No dar en **paradoja** por huir de vulgar." —GRACIÁN

**paradoxical**
Por su carácter especial pone cuidado en señalar su aspecto **paradójico**.

**paragraph**
Pero acepta desde el primer momento el **párrafo** tradicional castellano, con todos sus recursos, con su complejidad y ramificaciones.
Su **párrafo**, largo y rico, tiende a la plasticidad y, con preferencia, a la musicalidad.
Algunos **párrafos** son largos, densos y a menudo lentos.

**parallel**
(n.) Nos gustaría establecer un **paralelismo** entre Poe y Bradbury.
    La brillantez de sus descripciones no encuentra **paralelo** en la literatura española.
(a.) Las tendencias más recientes han ocasionado un cambio **paralelo** en las influencias.
    Ambas tendencias corren **paralelas** durante muchos años.

**parallelism**
El contraste se deduce de un **paralelismo** repetitivo.

**paraphrase**
(n.) La **paráfrasis**, para hacer comprender el sentido de una cosa, se vale de sus equivalentes.
(v.) Algunos de sus poemas se **parafrasearon** en cuentos.   (parafrasear)
    A los versos que intercaló en la prosa —traducidos y **parafraseados** de los clásicos . . .

**parataxis**
Las oraciones unidas por **parataxis** (elementos de coordinación) se denominan paratácticas.

**parenthesis**
Aquí conviene abrir un **paréntesis** y efectuar una acotación necesaria.
Me interesaría hacer aquí un **paréntesis** y comentar la limpidez de este poema.
En adelante citamos las páginas entre **paréntesis** en el texto.

**Parnassian**
El único poeta español de esta época que podemos considerar **parnasiano** es nuestro Menéndez Pelayo.
En la poesía, es evidente el contacto de los **parnasianos** con . . .

**Parnassianism**
Su discutida relación con el **parnasianismo** francés . . .
En España, el **parnasianismo** penetró en los versos de Salvador Rueda y de Rubén Darío.

La poesía intentaba librarse de las rígidas fórmulas del **parnasianismo**.

Pero fue el **parnasianismo** francés la escuela donde los hispanoamericanos aprendieron a anhelar la perfección de la forma.

### Parnassus

Es poeta de valor continental y uno de los mejores del **parnaso** chileno.

Fue el primero, antes que Boscán, en intentar traer a nuestro **Parnaso** las riquezas peregrinas del Renacimiento.

### parody   [ > burlesque]

(n.) "Don Quijote" es una **parodia** y una sátira de las novelas de caballerías.

Es más bien una **parodia** o caricatura de la obra de Goethe utilizando un ambiente gauchesco.

Entre los sainetes están incluidas las **parodias**, y este grupo es el que merece estudio más particular.

(v.) Les gustaba **parodiar** los dramas de Lope de Vega.

### part   [ > role]

(n.) Como indica su título, la obra se divide en dos **partes**.

La última **sección** del libro está dedicada al aspecto bibliográfico del estudio.

### participate in

Podrán **tomar parte en** dicho concurso todos los escritores de lengua española.

Los otros países **participaron en** el modernismo de modo desigual e intermitente.   (participar en)

Los escritores **participaban del** salón literario con conferencias y recitales. (participar de)

### participation

La **colaboración** de estos críticos contribuye al éxito de la revista.

Sin la **participación** del autor la comedia habría fracasado.

### passage

Lo mejor del poema son precisamente los **pasajes** idílicos de delicadeza lírica.

(of time)   La fama de esta novela no ha hecho sino crecer y confirmarse con el paso del tiempo.

### passé   [ > outmoded]

La condena moral de la novela nos suena hoy a algo un poco **anticuado**.

### passion

"Las **pasiones** de los artistas son iguales a las flores, por su intenso perfume y su corta duración."   —IBÁÑEZ

Su **pasión** es carnal, sensual, directa, descrita con todo desenfado.

### passion play

La literatura española cuenta con miles de **autos sacramentales** excelentes.

### passive voice

Otra de las cuestiones estilísticas que suscita el verbo es la que concierne la **voz pasiva**.

### past

El **pasado**, oscuro y complicado, va revelándose poco a poco.

El **pasado** rezuma constantemente en su lengua.

"Es la visión del **pasado** lo que nos impulsa a la conquista del porvenir."
—UNAMUNO

Sus mejores poesías son las que evocan el **tiempo ido**, la voz de las cosas
desgastadas, las visiones de la niñez.

### pastoral
(a.) En Roma, Virgilio dio forma definitiva a la poesía **pastoral**.

Las narraciones **pastoriles**, llenas de suavidad, melancolía y dulzura . . .

Si tenemos en cuenta que la obra **pastoril** predomina en la poesía de
Garcilaso . . .

### past tense    [ > imperfect, perfect]
Cuando comienza la narración, todo está en el **pasado**.

### pathos
Su prosa es clara, concisa, cuidadosa, recorrida siempre por el **pathos** de tanto
dolor humano.

Hay escenas de gran **patetismo** en la última parte de "La Celestina".

### pattern
Para que el **modelo** sea más útil indicamos también las fechas de nacimiento
de los escritores.

La novela de Sudamérica sigue también este **patrón** que la entronca con la
antigua novela naturalista.

### pause
(n.)   Las mejores escenas suelen ser de diálogos con pocas **pausas** entre dos
personajes.

### pejorative
Su poesía es la de un poeta en el sentido más **peyorativo** de la palabra.

### pen
(n.) "La **pluma** es lengua del alma."   —CERVANTES

"La **pluma** corta más que espadas enfiladas."   —ANTONIO PÉREZ

### penetrating
Cuenta desde fuera, con **penetrantes** observaciones psicológicas, descripciones
realistas y diálogos populares.

Sus observaciones eran **agudas** y **perspicaces**.

### perception
Y termina el capítulo con meditaciones sobre la **percepción** juanramoniana.

La estética es tan variada como las formas de expresión y los medios de
**percepción** del hombre.

### perceptive
También sobresalió como crítico literario **de aguda penetración**.

### perfect    [ > imperfect]
(v.) Juan Ramón **va perfeccionando** el símbolo del círculo a lo largo de su
evolución.   (perfeccionar)

(a.) Para muchos espectadores la obra **perfecta** es aquélla que "no te hace
pensar absolutamente en nada y, sin embargo, te entretiene".

### perfection
"La eficacia expresiva me parece más importante que la **perfección** estética."
—CELAYA

Aunque buscaba siempre la **perfección** de la forma, no era un mero artífice.

Se nota en esta obra un mayor **perfeccionamiento** técnico.

## perform

Se escribieron muchas piezas de teatro, pero muy pocas se **representaban.** (representar)

Ante el propio monarca **actuaban** los poetas y autores más en boga. (actuar)

## performance

Una de las primeras **representaciones** de este tipo tuvo lugar en Lima.

Parece que la obra ha tenido más de dos mil quinientas **representaciones.**

En el siglo XIV se celebraban **representaciones** teatrales al aire libre.

(first) El estreno fue un éxito para el autor y para los intérpretes.

## period

Toda su producción novelística puede dividirse en cuatro **períodos.**

Es casi imposible la clasificación de las obras literarias de este **período.**

De esta primera **época** sólo conservamos dos textos.

(prose) Su período corresponde a un aliento normal.

Hay que desterrar la frase hueca, los períodos ventosos, los adjetivos acumulados sin medida.

Le gusta el período corto y expresivo y la sintaxis bien trabajada.

Su lenguaje es castizo; sus períodos largos, pero bien redondeados y balanceados.

(punctuation) El punto indica una pausa bastante grande y se coloca al final de cada frase.

## periodical

(n.) Los **periódicos,** según la forma o periodicidad, reciben diferentes nombres: diarios, interdiarios, bisemanarios, semanarios, quincenarios, mensuarios, revistas bimestrales, trimestrales, semestrales, anuarios.

## periphrasis [ > circumlocution]

La **perífrasis** literaria se practica para evitar una palabra con fines eufemísticos o embellecedores.

Toda **perífrasis** se basa en una alusión mitológica.

## perseverance

A pesar de su **perseverancia** en escribir para el teatro . . .

Un autor sin **persistencia** siempre se niega a crear.

## person (grammatical)

Es como un lienzo gigante y episódico narrado en primera **persona** y con mucha fluidez.

La novela está contada en tercera **persona** . . .

La obra está contada en primera **persona** siguiendo el modelo de la picaresca española.

## personal

Esta experiencia **personal** tiene una profunda relación con su condición de novelista.

Desde que empiezan sus más **personales** escrituras empiezan las deformaciones.

**personality**
Casi siempre ese desdoblamiento de la **personalidad** se usa como un recurso teatral para lograr un efecto.

No es una historia de "ismos" sino de **personalidades** creadoras.

"La **personalidad** se acentúa con el ejercicio." —GANIVET

**personification**
La **personificación** es otra de las figuras de dicción repetidamente empleadas.

La **personificación** de la señora Muerte no alcanza a cobrar vida.

**personify**
Animaba y **personificaba** las cosas hasta convertirlas en personajes de fábula. (personificar)

**perspective**
Cada uno de los puntos tratados en el libro lo está con una amplia **perspectiva** histórico-social.

Disponemos hoy de suficiente **perspectiva** para advertir que . . .

Mira a sus personajes desde múltiples **perspectivas.**

**persuasion**
No se puede negar que sus ensayos poseen un extraordinario poder de **persuasión.**

**pertaining to**
Sus ideas **atinentes al** lenguaje teatral eran claras.

**pervade**
La onda de poesía que **recorre** la obra no es continua.   (recorrer)

**pessimism**
Se produjo entonces un desequilibrio psicológico, representado por el **pesimismo.**

El texto citado nos recuerda también los extremos más negros del **pesimismo** barroco.

Hay textos azorinianos en los que aparece como un sentimiento de **pesimismo** final.

**pessimistic**
Las nuevas generaciones literarias adoptan desde el comienzo una postura crítica y **pesimista.**

**pet phrase**
La repetición de esa palabra la convierte en **muletilla** . . .

**phase**
(n.) En su obra posterior a 1904 pueden deslindarse tres **etapas,** cada una con personalidad definida.

Esto pertenece a una segunda **fase** del teatro español de los últimos treinta años.

**phenomenon**
Mucho más sorprendente es su ceguera frente al **fenómeno** del baudelairismo.

**philological**
Su labor científica comprende numerosos artículos y trabajos **filológicos.**

**philologist**
Este teatro es más interesante para los **filólogos** que para los aficionados.

**philology** [ >linguistics]

En lo que se refiere a crítica de textos, la **filología** de las lenguas modernas es, en forma especial, discípula de las ciencias clásicas.

**philosopher**

Es conocido y aceptado que Sudamérica no tiene un **filósofo** original.

**philosophical**

La actividad de Borges es siempre reflexiva, **filosófica**, empapada de melancolía.

Esa idea **filosófica** de la que el autor no fue consciente . . .

**philosophize**

"**Filosofar** no es otra cosa que prepararse a morir." —Montaigne

**philosophy**

Después de rechazar totalmente las **filosofías** contemporáneas más importantes . . .

"La **filosofía** es una visión total del universo y de la vida a través de un temperamento étnico." —Unamuno

**phonetic**

Tiene un valor **fonético** diferente del actual.

**phonetics**

La **fonética** examina desde un punto de vista físico y fisiológico, el aspecto material de los sonidos del lenguaje.

**picaresque**

La **picaresca** es una literatura ágil, festiva, llena de movimiento, colorido y gracia.

Su vena por lo popular, lo **picaresco** y lo picante se le sale en los entremeses.

**pictorial**

El impresionismo, notable sobre todo en su técnica **pictórica**, no estorba la rapidez de la acción.

**picture**

Como no pretendemos dar un **cuadro** minucioso del renacentismo español . . .

**picturesque**

(n.) Los medios expresivos llegan a veces al **pintoresquismo**.

(a.) Tienen elementos cómicos y **pintorescos** y mucho color local.

**pinnacle**

Es una de las **cumbres** estilísticas de la prosa castellana.

**pity**

(n.) Sentía ternura, **piedad** por toda vida humilde, pobre, desamparada o enferma.

**place**

(n.) Transcurren, en general, en épocas y **lugares** que el autor no había conocido.

Su **puesto** en la historia literaria es de iniciador de la poesía afrocubana.

Su **posición** en la literatura argentina se debe a dos colecciones de cuentos.

Sin embargo, su **sitio** está entre los poetas gauchescos.

(v.) **Localizar** un texto literario consiste en precisar qué lugar ocupa ese texto dentro de la obra a que pertenece.

A veces se ha querido **situar** a los grandes maestros de la novela en directa descendencia de estos dos.

Esta obra **coloca** a su autor en uno de los primeros puestos de la literatura
humorística universal.   (colocar)

Se **sitúa** en un período muy concreto del teatro español.

## placement
En cuanto a la **colocación** del adjetivo . . .

## plagiarism
El **plagio** se reduce a una copia o a una imitación servil . . .

## plan   [ > outline]
(n.) Desde un punto de vista técnico, la obra no sigue un riguroso **plan**.

## platitude   [ > commonplace]
Su endecasílabo, plagado de **trivialidades** y de frases sin sentido, es de una
monotonía y de una superficialidad desesperantes.

## platonic
¿Poesía pura? Aquella idea **platónica** no admitía realización en cuerpo concreto.

## plausible
Los personajes no son **verosímiles**, ni el desenlace **creíble**.

## play   [ > comedy, drama, theater]
(n.) Es un **drama** limpio, sencillo, de una belleza elemental, pero jamás fácil.

Obtuvo sus éxitos mayores con **piezas** en francés.

La más antigua **pieza teatral** que se conoce en nuestra literatura es "El
auto de los tres Reyes Magos".

| | |
|---|---|
| (heavy) | Continuaba su carrera teatral llenando la escena de dramones retorcidos y tenebrosos. |
| (melodramatic) | La nueva comedia de lágrimas necesitaba un estilo paralelo en el arte de la declamación. |
| (religious) | Se trata de un auto escrito en verso octosílabo y de significación confusa. |
| (verse) | Pero su importancia en nuestra literatura está en sus piezas teatrales en verso. |
| (v.) (a role) | El papel que desempeñó en la vida cubana se puede comparar con los de . . .   (desempeñar . . .) |
| | Como el factor geográfico, el temporal juega en la obra literaria un considerable papel.   (jugar . . .) |

## playlet
De tono más ligero son las **piececillas** escritas para ser representadas con dichas
comedias.

## play on words
Sus **juegos de palabras** (o **retruécanos**) son continuos, paradojales, extremados en la oposición y el ingenio de los contrastes.

## playwright
Los **dramaturgos** importantes del ciclo de Lope son bastante numerosos.

Hay buen número de **dramaturgos** con gran habilidad para el manejo de los
elementos teatrales.

Como **autor dramático**, Lope de Rueda es el verdadero creador popular que . . .

Más tarde brilló también como **autora dramática**.

Rojas fue bastante imitado por **comediógrafos** franceses de los siglos XVII y
XVIII.

En realidad los **hombres de teatro** de entonces eran más refundidores que comediógrafos.

## pleasure

"El **deleite** mucho mayor es imaginado que gozado." —CERVANTES

Pero todo **placer** sensual no reside solamente en la acumulación de sensaciones.

"Es evidente que los **placeres** más exquisitos son los más baratos." —UNAMUNO

Es una de las crónicas que se releen con **gusto**.

Es uno de los poetas líricos prerrománticos que aún hoy se leen con **agrado**.

Y esa novela proporciona al lector un auténtico **goce** estético.

## pleonasm [ >redundancy]

Cuando los **pleonasmos** no refuerzan ni aclaran, constituyen uno de los vicios más deplorables de la elocución.

## plot

(n.) El **argumento** constituye mero soporte sobre el cual han de organizarse los materiales manejados por el artista para darle forma.

En cuanto a la **trama**, la novela se divide en tres partes.

Tenía talento para el **enredo** y para la caricatura de tipos.

En ella la **intriga** novelesca tiene escasa importancia.

| | |
|---|---|
| (absence of) | En la novela que cito el argumento no existe en absoluto. |
| (bad) | El argumento es absurdo, truculento, misterioso y no tiene sentido ninguno. |
| (contrived) | La intriga es mucho más complicada, artificiosa —en suma, más rebuscada, más barroca. |
| (loose) | El argumento —si puede hablarse de tal— es deshilachado. |
| (predictable) | La trama es ingenua, fácilmente previsible, con episodios que parecen tomados de un folletín. |
| (monotonous) | La trama es a veces monótona por la repetición de problemas y miserias semejantes. |
| (simple) | El argumento de la comedia es sumamente sencillo. |
| (standard) | El argumento suele ser casi siempre el mismo. |
| (strong) | Esta es la hebra principal, pero se entreteje con varias otras en una trama bien ceñida, bien diseñada. |

## plot summary [ >condensation, summary]

En el **resumen** al comienzo del drama aparecen los personajes principales y secundarios.

## plural

Esos **plurales** agigantan, pero son vagos, indefinidos, escasamente descriptivos.

Pero el autor ha escrito el sustantivo en **plural**.

## pocket book

La aparición y el enorme éxito del **libro de bolsillo** han supuesto una gran revolución editorial.

La novela policíaca ha adquirido hoy, gracias a la **novela de bolsillo**, aceptación universal.

## pocket book edition

La aparición tardía de novelas contemporáneas extranjeras en **edición de bolsillo** explica en gran parte la situación actual española.

## poem

"El **poema** debe ser como la estrella, que es un mundo y parece un diamante."
—JUAN RAMÓN JIMÉNEZ

El **poema** está escrito en dodecasílabos, endecasílabos y octosílabos.

Pocos **poemas** se encuentran en nuestra literatura más admirados o famosos que éste.

(baroque)     El poema es barroco como lo prueban sus adornos, la exuberancia verbal, su colorido metafórico y el uso continuado de los contrastes.

(classical)     Fue de los primeros en dar arquitectura clásica a sus poemas, con un oído entrenado en las medidas y ritmos de la Edad de Oro.

(lyric)     Expresó su emoción del paisaje, y así el poema, épico en su inspiración, didáctico en sus fines, se estremeció de lirismo.

(narrative)     El mismo Pizarro compuso uno de los primeros poemas narrativos en América, con asuntos de la conquista del Perú.

(political)     La preocupación social se concreta en poemas cuyo contenido político no les impide alcanzar la más elevada tensión lírica y la perfección formal.

(prose)     Es un poema dramático en prosa presentando una nueva versión del mito de . . .

El 'poema en prosa' fue uno de los ritos más fervorosos del modernismo.

(satirical)     Unas veces se abandona el poeta a su demonio burlón y cultiva el poema satírico, el poemilla festivo.

(short)     Es muy conocido y citado el poemilla de . . .

## poet   [ > bard]

"No hay **poeta** que no sea arrogante, y piense de sí que es el mayor poeta del mundo." —CERVANTES

"En los **poetas** hay mucho que reformar, y lo mejor fuera quitarlos del todo."
—QUEVEDO

"El **poeta** es sobre la tierra el ministro de la belleza."   —PALACIO VALDÉS

El **poeta** nace, pero no se hace.

Es **poeta** objetivo, narrativo, y a ratos, cívico y social.

(accomplished)     Claro que en todo caso se trata de poetas de más alta calidad o mayor perfección.

(aristocratic)     Es poeta aristocrático por la fina postura de perfil con que su lirismo corta el aire.

(avant-garde)     Eran poetas de los llamados 'de vanguardia' . . .

(as craftsman)     El autor es un paciente trabajador del verso y en este libro hizo una gran labor de elaboración poética.

(Dadaist)     En España no cabe hablar de poetas dadaístas, sino de poemas dadaístas.

(difficult)     Es poeta difícil, por sus vertiginosas imágenes y sus exploraciones por mundos fugitivos.

(dramatic)     La serie de poetas dramáticos se cierra con . . .

(elegiacal)     Fue poeta elegíaco, con los temas de la soledad, la muerte, el tiempo, la evocación de la infancia, el paisaje de la patria, la propia vocación.

| | |
|---|---|
| (epic) | El autor sigue la huella de los grandes poetas épicos. |
| (fashionable) | "Quien quiera ser muy de hoy está en grave peligro de no ser poeta de mañana." —Bousoño |
| (impressionist) | En la poesía española, Juan Ramón Jiménez es un ejemplo magnífico de impresionismo. |
| (individualistic) | Ha probado ser uno de nuestros buenos poetas, apasionado, libre, insobornable, arisco, tan individualista que se ha quedado solo. |
| (inspired) | No cabe duda de que era poeta de gran inspiración. |
| (kindred) | Como otros poetas de su mismo país, de su misma tendencia, de su mismo tema, de su misma generación . . . |
| (melancholy) | Poeta suave, delicado, triste, resignado, de insinuantes mensajes. |
| (minor) | Es un poeta menor, pero auténtico, y a él se debe la restauración del idioma catalán. |
| (modernist) | El verdadero triunfo del poeta modernista fue entusiasmar a las masas con la música de lo inesperado. |
| | Más tarde hablaré del otro dolor, del dolor teatral de nuestros poetas modernistas, que proviene de Francia y que tiene muy poco o nada del estoicismo español. |
| (mystic) | El poeta místico no puede expresar lo que sabe, sufre y goza. |
| (neoclassical) | Como otros poetas neoclásicos, escribió poemas didácticos, heroicos y satíricos. |
| (obscure) | Los poetas de los años 20 eran difíciles, herméticos, oscuros. |
| (original) | Creían ser iconoclastas porque descuidaban el idioma, se animaban a escribir el verso libre y no estudiaban a los grandes poetas del pasado. |
| (powerful) | En algunos pasajes se ve cómo el poderoso poeta que es Neruda logra intensos poemas. |
| (prose) | Algunos de estos poetas en prosa escribieron también cuentos y novelas. |
| (romantic) | Espronceda es el primer poeta a quien, por su obra y por su vida, se puede considerar romántico. |
| | Los poetas del romanticismo y del modernismo consideran que lo más noble es la renunciación absoluta de todo esfuerzo viril. |
| | El poeta romántico se consideraba un incomprendido y el poeta puro un ser superior. |
| (satiric) | La gran influencia en todos los poetas satíricos es la de Quevedo. |
| (visionary) | Bécquer es el español que asume del modo más auténtico el papel de poeta visionario. |

### poetess

Se cuenta entre las **poetisas** de más intenso lirismo que ha producido hasta el presente la lengua castellana.

### poetic

"Nada que no sea verdad puede ser de veras **poético**."   —Unamuno

Cultiva un tipo de alegoría emparentado con la prosa **poética** modernista.

De la atmósfera real pasamos a lo **poético**.

### poetic license

"No hay necedad que canten o escriban los poetas que no se atribuya a **licencia poética**." —Cervantes

### poetics

Se puso a alterar la **poética** de la lengua española.

La **poética**, como teoría de lo poéticamente bello y de la obra de arte poética, se subordina entonces a una estética generalizada.

### poetry     [ > verse]

"La **poesía** es una aventura hacia lo absoluto." —Salinas

"La **poesía** es pintura de los oídos, como la pintura, poesía de los ojos."
   —Lope de Vega

"Crear lo que nunca veremos, esto es la **poesía**." —Gerardo Diego

**Poesía** es fundación verbal, arte del habla, arte de la palabra.

**Poesía** erudita, cortesana, fría y amanerada, repite indefinidamente los temas y recursos con escasa originalidad.

Para ellos la **poesía** era un juego de imágenes y abstracciones movido por la intuición, la inteligencia y la ironía.

Es **poesía** para los ojos, para los oídos y para el alma.

Había toda clase de **versos**: líricos, sagrados, heroicos, panegíricos, epigramáticos . . .

Su dedicación al cultivo de la palabra rimada y la sílaba contada . . .

| | |
|---|---|
| (academic) | Los versos le nacían sabios y técnicamente irreprochables, pero fríos. |
| (autobiographical) | Casi todos sus versos son autobiográficos, no tanto de su historia exterior, como de las distintas angustias de su espíritu. |
| (avant-garde) | En la poesía, el primer empujón vanguardista rompió la métrica, cambió la temática y dio desparpajo a los tonos líricos. |
| (baroque) | En la última etapa de su vida se orientó hacia la poesía barroca. |
| ('Beat') | Nos ha brindado un número dedicado a la poesía beatnik norteamericana. |
| (black) | La poesía negra surgió en los países antillanos, pero muy pronto tuvo manifestaciones en otros. |
| (classical) | Vivía la tradición poética castellana, castiza, clásica. |
| (complex) | Sus versos son aparentemente elementales, pero complejos. |
| (contemporary) | Paz considera que el asunto central de la poesía contemporánea es la soledad. |
| (contests) | Los certámenes poéticos eran, en la vida literaria del nuevo mundo, el acontecimiento más ruidoso, colorido y excitante. |
| (cubist) | El cubismo poético rechazó el sujeto exterior del poema, limitando su intento a una explicación subjetiva de las |

|  | cosas por medio de las imágenes interiores creadas por el poeta. |
|---|---|
| (descriptive) | En sus versos predomina lo descriptivo, teniendo un profundo tono nacional. |
| (didactic) | La poesía satírica y didáctica estuvo muy influída, al principio, por la francesa. |
| (direct) | Hace una poesía de factura clásica, de planteamientos tradicionales, que pretende la sencillez expresiva, la comunicación inmediata. |
| (dramatic) | La poesía dramática no es tan antigua ni tan universal como la lírica. |
| (enigmatic) | Para Góngora, la poesía, en todo su rigor, es un lenguaje construido como un objeto enigmático. |
| (epic) | La poesía épica estaba en el punto más alto de su prestigio en toda Europa en el siglo XVI. |
| (epigrammatic) | La poesía epigramática, sentenciosa, refugiada en formas muy breves . . . |
| (expressionist) | Es una poesía jubilosa, plástica y expresionista, muy cercana al modernismo. |
| (folk) | Es una poesía rica en elementos folklóricos, populares y tradicionales. |
| (graceful) | Sus versos eran esbeltos y se movían en el aire con leve y flexible gracia. |
| (great) | La obra de Berceo se atiene al requisito de la gran poesía: todo se relaciona con todo. |
| (humorous) | Tampoco falta en esta poesía la sátira, el humorismo socarrón, a veces mordaz. |
|  | También cultivó la poesía humorística e ingeniosa como . . . |
|  | Esta poesía humorística y burlona se orientó hacia tres corrientes. |
| (innovating) | Parece haber comprendido que su papel era adelantarse a otros en la modernización del verso español. |
| (intellectual) | De todos modos, jamás soñó nadie con una poesía intelectual. |
| (intimate) | Es un maestro del verso íntimo, evocador de cosas que vemos todos los días. |
| (introspective) | Su poesía, pues, está toda vertida dentro de su alma, que era tristísima. |
| (Italianate) | Debió de ser de los primeros en traer a América, en 1535, los versos al itálico modo. |
| (love) | También cultivó la poesía amatoria, de mucha sensibilidad y delicadeza. |
|  | Poesía amorosa, amatoria, pero no erótica. |
| (lyric) | Fue en la poesía lírica donde la escuela dio sus frutos más copiosos y sazonados. |
|  | Su poesía lírica es pobre en recursos retóricos y escasa en cantidad. |

| | |
|---|---|
| (meaning of) | "La poesía se explica sola; si no, no se explica." —SALINAS |
| (melancholy) | Es poesía de nostalgia, muchas veces amarga y pesimista, de melancolía y evocación. |
| (metaphysical) | También cultivó una poesía metafísica y meditativa con notables aciertos. |
| (modern) | Responde a los últimos módulos de la poesía de estos años: absoluta libertad en las relaciones metafóricas y en los calificativos, en coherencias lógicas. |
| (narrative) | Su obra lírica, que aun se lee, es de tipo narrativo, al principio en metro y estrofa clásica. |
| (neoclassical) | La poesía neoclásica representó una fuerte reacción contra el barroco. |
| (obscure) | . . . poesía oscura porque el poeta no acaba de configurar sus intuiciones. |
| (oral) | Pero esta poesía oral pasa luego por un proceso lentísimo hacia formas conocidas y escritas, dando origen así a la poesía gauchesca. |
| (personal) | Es una poesía directa, que expresa el sentimiento, intimista y biográfico, que narra una experiencia personal. |
| (philosophical) | La suya es una poesía preocupada por el sentido de la vida y el destino humano. |
| (plain) | Pide para la poesía vida cotidiana y ropaje sencillo, para el poeta claridad y emoción. |
| (political) | Por el camino que abrieron Vallejo y Neruda se metió en la poesía de tono político, de tema americano. |
| (popular) | Otros prefieren, sin polémicas, un trabajo poético sencillo y de inspiración vernacular. |
| (precious) | Es una poesía preciosista que va en busca de una belleza externa que se apoya en la musicalidad aprendida y en los versos cargados de adornos. |
| (profound) | Es la de Paz una poesía honda, profunda, seria, grave, de grandes y agudas meditaciones sobre el hombre y su destino. |
| (prosaic) | Baja a las prosas de todos los días —al bajar también sus versos suelen hacerse prosaicos. |
| (pure) | Atraido por ideales de poesía pura —librar al verso de todo lo que puede decirse en prosa, según la definición de Valéry . . . |
| (recondite) | A veces su poesía llega a ser enigmática y abstrusa y recuerda a Góngora. |
| (religious) | Dámaso ha explicado que toda verdadera poesía es siempre religiosa. |
| | Poesía de ternura, bondad, sonrisa atristada, resignación y confianza en Dios . . . |
| (satirical) | La gran influencia sobre la poesía satírica de América fue Quevedo: sus temas, sus fórmulas, su lenguaje, sus |

momentos de apetito y de hartazgo por el mundo.

(sentimental)  Culminación de la poesía sentimental y fantástica a mediados del siglo XIX . . .

(social)  En este período también ha cultivado la poesía proletaria y de inquietud social.

Fue el primero que escribió en su país poesía social.

(substance)  En verso estrófico o anastrófico, o en prosa poética, la sustancia es idéntica.

(superficial)  Su poesía, verbosa y llena de imágenes deslumbrantes, resulta a menudo superficial.

(surrealist)  Moro vivió en ese hotel internacional de la poesía que fue el superrealismo.

(symbolist)  El tono general de sus poesías tiene mucho en común con la manera estética del simbolismo.

(themes of)  Los temas básicos de su poesía son la tristeza, el amor imposible, el misterio, el dolor, y cierta premonición de la muerte.

(traditional)  Logró el estilo de la poesía tradicional, esa que el pueblo siente suya; y la transmite de boca en boca y de generación en generación sin que a nadie interese quién fuera el autor individual.

(unconventional)  Hay neologismos, violaciones sintácticas, irregularidades de ortografía, e imágenes extrañas.

(unrhymed)  Su polémica contra los partidarios del verso sin rima y de la poesía reducida a ristras de metáforas dividió a sus amigos.

(value of)  Es verdad que la poesía tiene un valor intrínseco completamente desligado de otros valores.

(worthy of)  Todo —lo más vulgar, lo más insignificante, lo más pequeño y transitorio— era poetizable.

(written)  Poesía oral para oírsela a un payador, más que poesía escrita para leer en libro.

## point

(n.)  Uno de los **puntos** más discutidos en esta obra es su naturaleza.

Sus **puntos** fundamentales no son difíciles de establecer.

Prefiero ahora pasar a otro **punto**.

(of departure)  El punto de partida de Buero es una enorme y excepcional fidelidad al tiempo en que vive y a la sociedad que le rodea.

(of reference)  Para los españoles, Galdós nos sirve siempre de excelente punto de referencia.

(of view)  El mayor acierto de la novela está en la unidad del punto de vista.

El punto de vista era móvil, imprevisible, microscópico y telescópico, localizado y ubicuo.

Hay dos puntos de vista que figuran en la materia narrativa.

Desde el punto de vista de su realismo es la menos interesante de las tres obras.

Desde el punto de vista crítico podemos afirmar que . . .

La combinación de diversos puntos de vista puede producir efectos artísticos considerables.

Tal vez sea conveniente mirar la obra ingente de estos dos genios desde ángulos diferentes.

La novela, contada en tercera persona, con la perspectiva del autor omnisciente . . .

## point out    [ > illustrate]

Pero aún me interesa más **señalar** otra influencia.

Algunos críticos **han señalado** otras influencias sobre las fábulas del Arcipreste.

Me parece importante **destacar**, antes de nada, la medida . . .

Otro de los aspectos que no podemos más que **apuntar**, es . . .

## polemic

(n.) Lo peor es que todas las **polémicas** literarias han tenido por motivo minucias despreciables, estúpidos rencores, necias envidias.

La **polémica** en torno al culteranismo fue agria por ambas partes.

Este artículo inició una **polémica** larga y ruidosa entre . . .

En la **polémica** entre modernistas y clasicistas que tuvo lugar durante los primeros años del siglo . . .

(pedantic)    Una larga, pedante y estéril polémica acerca de los valores de la comedia . . .

(spirited)    En la polémica se comporta violento y audaz, enérgico y combativo.

(sterile)    Siempre evitamos afirmaciones que puedan levantar polémicas estériles.

(violent)    La polémica alcanzó a veces tonos muy violentos.

(a.) La mentalidad del periodista **polémico** no le abandonó jamás.

## polemicist

Fue un brillante **polemista**, personalidad rencorosa y de gran interés humano.

El tema le preocupó como profesional interesado y como crítico y **polémico**.

## polish

(v.) **"Pulir** es bueno, mas dentro de la mente y antes de sacar el verso al labio." —Martí

**Pule** con mimo la expresión, dándole una sencillez tremenda pero sabiamente elaborada.

## ponder    [ > meditate, reflect on]

Es evidente que ya **había considerado** la creación de ese personaje.    (considerar)

## popular

Este teatro de academia desapareció al faltarle el favor **popular**.

## popularity

Su obra conoció la **popularidad** y su éxito fue resonante.

Esa onda de **popularidad** que le rodeó en vida se ha ido extendiendo progresivamente después de su muerte.

## popularization

Por tratarse de una obra de **divulgación**, se sirve con frecuencia de opiniones ajenas.

## popularize

La novela popular y el cine **han divulgado** este procedimiento.    (divulgar)

Para **popularizar** una obra en el extranjero el autor depende de traductores profesionales.

**portrait**

En estos **retratos** el poeta nunca copia: inventa, descubre, exagera, estiliza.

**portray** [ > describe, draw, paint]

**Trazó** en dos párrafos los rasgos principales del padre de la heroína. (trazar)

Arniches ha sido el autor que ha sabido **retratar** mejor el ambiente popular de los barrios modestos madrileños.

**portrayer**

Es un magnífico **retratista** de las costumbres de la época.

**position**

¿Cuál es la **posición** de este noble y grande poeta con respecto al modernismo?

La **posición** relativa de cada uno de los miembros de la frase contribuye a determinar su valor funcional.

Debe su **puesto** en la literatura a las obras en prosa que escribió.

**positive**

Lo **positivo**, lo afirmativo es creador y lo negativo es destructor.

**possess**

**Poseía** la condición intuitiva y adivinadora de los valores estéticos. (poseer)

**possibility**

Las **posibilidades** de la novela se ven hoy disminuídas.

**posthumous**

Puede afirmarse, sin temor de exageraciones, que la obra **póstuma** de Cervantes está aún por estudiar.

La reciente aparición de esta obra **póstuma** de . . .

**post-modernism**

En efecto, el **postmodernismo** fue contra todos los excesos del modernismo: orgía melodiosa y verbal, derroche de imágenes y de metáforas brillantes, ritmos grandiosos, concepciones complejas . . .

**post-romanticism**

La labor de la escritora peruana es una de las que abre el **postromanticismo** a las posibilidades más prometedoras del realismo novelístico.

**poverty**

Hábil versificador dentro de la **pobreza** de ritmos tradicionales, Echeverría no es poeta que sobresalte al lector con hallazgos.

**power** [ > force]

Por el **poder** artístico de su palabra pertenece también a la historia literaria.

Su **poder** de observación y hondura de pensamiento . . .

Es Galdós un inventor literario de enorme **poderío**.

Es tan excepcional su **potencia** de paisajista que parece posponer su vigor novelesco.

**powerful**

No escribió ningún libro realmente **poderoso**.

Lo más **poderoso** del libro es su aguda comprensión de la soledad.

**praise**

(n.) Ha escrito un libro compacto, digno de todo **elogio**.

Azorín le dedicó siempre los más encendidos **elogios.**

(v.) Se **ha alabado** su arte de contar y narrar batallas.   (alabar)

**prayer**
Cuando nos trasportan con acento de **oración**, estos poemas sí pueden ser llamados místicos.

**precede**
El fue más artista que todos los poetas que le **precedieron.**   (preceder)

**Precede a** la obra un extenso prólogo en el que Unamuno diserta sobre el personaje.

**precedent**
Aun sin este **precedente** literario habría seguido por un camino nuevo . . .

**preceding**
Se trata de la misma realidad social que hemos visto en las obras **anteriores.**

**preciosity**
También las hubo en otras literaturas: el **Preciosismo** en Francia, el Marinismo en Italia, el Eufuismo en Inglaterra.

**precise**
Con frecuencia, nos parece asistir a una lucha por hallar la palabra **precisa.**

Sus dotes de observación son más **exactas** que la agudeza y la originalidad de su pensamiento.

**precursor**
No debemos olvidar a los verdaderos **precursores** de nuestro modernismo.

Habrá de ser estudiado como **antecesor** de la novela psicológica.

Son estas obras verdaderos **anticipos** de la novela amorosa y romántica del siglo XIX.

Los **antecedentes** de esta comedia se remontan al antiguo Oriente.

**predecessor**
Sus **predecesores** son aquellos poetas alemanes que proclaman el valor primordial de los sueños.

**predicate**
(n.) La frase se articula por medio del sujeto y del **predicado.**

**predominance**
Dentro de esta irregularidad existe un **predominio** de los hemistiquios de siete y ocho sílabas.

**predominant**   [ > dominant, main]
Los géneros **predominantes** son la poesía, la novela y el ensayo.

**predominate**   [prevail]
**Predominan** el sentimiento y la emoción sobre la razón.   (predominar)

Si tenemos en cuenta la corriente neorrealista que **predomina** en gran parte de la novela italiana . . .

**preface**   [ > foreword, introduction, prologue]
El preámbulo difiere del **prefacio** en que éste está más íntimamente ligado con el tema de la obra.

En un pequeño **proemio** que el autor colocó a la cabeza del drama . . .

**prefer**
**Prefiere** el cuento a la novela y el diálogo a la descripción.   (preferir)

No **tuvieron preferencia** sino **por** los versos tradicionales.　(tener . . .)

**Se inclina por** las extrañas figuras secundarias de la época romántica.　(inclinarse por)

**preference**

Sus **preferencias** literarias eran las del realismo de los novelistas rusos.

No puede señalarse **predilección** alguna por metros determinados ni por formas estróficas.

**prejudice**

(n.) Los **prejuicios** del autor esconden el valor artístico de la obra.

**premiere**

El **estreno** del drama fue uno de los acontecimientos teatrales de la época.

El **estreno** de estas obras tuvo lugar en el Teatro Real de Madrid.

**preponderance**

Hay **predominio** de los géneros narrativos, sobre todo en prosa, pero se cultivan otros con bastante calidad.

**present**

(n.) "Para mí y para muchos, no hay ni presente, ni futuro, ni pasado; todo es **presente**." —Azorín

(v.) La novela que acaba de **presentar**nos Guadarrama desarrolla uno de los temas más caros al pensador vasco.

Sor Juana sabe que tiene razón, y **expone** su caso con hábil dialéctica. (exponer)

No se **planteaba** el problema en términos literarios.　(plantear)

**present tense**

El **presente** indica un hecho que se cumple en el momento en que se anuncia.

El primer párrafo está todo en el **tiempo presente**.

**press**

(n.) La **prensa** fue la gran tribuna para la explicación y triunfo de las ideas románticas.

**prestige**

Es cierto que gozó de inmensa fama y que su **prestigio** alcanzó en algunos momentos cimas insuperables.

La novela es ahora el género de más **prestigio**.

**pretentious**

Al lado de los romances y coplas y villancicos populares surgió una literatura **pretensiosa**.

**pretext**

No es sino un **pretexto** literario utilizado por el autor para reunir a sus diez personajes.

**prevail**　[ > predominate]

El tono romántico **prevalece** en la exaltación del personaje . . . (prevalecer)

En un gran sector de la juventud de entonces **dominaba** el sentimiento de 'desastre'. (dominar)

**prevailing**

Parece ceder a las modas poéticas de vanguardia **imperantes** en ese momento.

No estaba de acuerdo con el gusto poético **imperante** en la época.

**prevalence**
Se viene señalando en la nueva poesía española el **predominio** del acento romántico.

**prevent**
El tono intelectual de sus novelas le **ha impedido** ganar amplio público. (impedir)
Cuando quería ser realista, se lo **impedía** su excesivo sentimentalismo.

**previous**
Todavía no ha adquirido sobre sus métodos actuales la maestría demostrada en sus novelas **anteriores**.
En la obra **anterior** apenas había argumento.

**primacy**
Se cultiva la poesía sin confiar tanto como antes en su **primacía** dentro de las letras.

**primarily**
Entre estos cronistas se destaca **en primer lugar** Hernán Cortés.

**primary**
El fin **primario** del orador es convencer a sus oyentes, y secundariamente quiere también deleitar.

**principal**   [ > dominant, main]
En el capítulo I se presentan los puntos **principales** que se analizarán más tarde.
La **principal** fuente de inspiración de Fray Luis de León es el poeta latino Horacio.

**principle**
Le interesaban sobre todo los **principios** de la crítica literaria y estética.

**print**
(v.) El mismo año de su aparición se **imprimieron** tres ediciones.   (imprimir)
La primera parte se **imprimió** en Sevilla en 1535.

**printed**
Era una época en que todo libro **impreso** tenía el prestigio de la verdad.

**printer**
Alonso Fernández de Córdoba, el primer **impresor** de nacionalidad española . . .

**printing**
"Luego se inventó la **imprenta** contra la artillería, plomo contra plomo, tinta contra pólvora." —Quevedo
La invención de la **imprenta** hizo que se publicaran importantes colecciones de romances líricos.
Los obstáculos materiales en la **impresión** de libros . . .
Será preciso estudiar, ante todo, las cifras de **tirada**, de venta y de exportación.

**printing house**
El libro se imprime durante el verano de 1920 en una **imprenta** de Madrid.

**prior to**
Su libro es expresión de una filosofía **anterior a** la Ilustración.
Se compone de treinta y dos composiciones, todas escritas **con anterioridad a** 1867.

**prize**
>  (n.) Sólo cinco escritores de la lengua han recibido el **Premio** Nobel de Literatura.
>
> Finalmente le fue concedido el más alto **galardón** que puede obtener un escritor argentino.

**prize-winning**
> Y los poetas **premiados** tenían la esperanza de ganarse también el aplauso de la posteridad.

**pro**
> Las frases que salen de sus labios son pura fórmula para exponer razones en **pro** y en contra de alguna tesis fijada de antemano.

**problem**
> Uno de los primeros **problemas** que se presentan al estudioso de esta materia . . .
>
> Este es el más arduo de los **problemas** técnicos que esta generación tiene que resolver.
>
> Llegamos así al **problema** clave de la novela: el fracaso del ideal revolucionario.
>
> ¿Cuál es el **problema** fundamental que se estudia?

**procedure**   [ > device]
> Análisis e interpretación son **procedimientos** que aspiran a la objetividad científica.
>
> Para pintar literariamente existen dos **procedimientos**: . . .

**process**
> (n.) El arte es un **proceso** creador de formas.
>
> Las tendencias renovadoras del cine actual participan también de este **proceso**.

**produce**
> (v.) Es Gutiérrez Nájera uno de los poetas más grandes que **ha producido** la nación mejicana.   (producir)
>
> Los primeros se destacaron en el verso; los segundos **produjeron** más en novela y cuento.

**production (literary)**
> La gloria literaria de Gálvez descansa en su amplia **producción** novelística.
>
> La **producción** que nos queda de él se reduce a . . .
>
> Toda su **producción** refleja la melancolía, la honradez, el buen gusto y la ponderación.

**productive**
> Fue uno de los escritores más **fecundos** de la época.
>
> El modernismo para algunos poetas españoles fue un experimento **fructuoso**.
>
> Estos años fueron los más **fructíferos** para su obra.

**professional**
> (n.) San Juan escribió muy poco, y nunca se consideró como **profesional** de la poesía.

**profound**
> Tal vez lo más **hondo** que Ortega ve en Azorín sea esto: . . .
>
> Bécquer es el poeta más **profundo** de toda la lírica romántica española.

### progress
(n.) Se advierte en su prosa un lento **progreso** del amaneramiento de las primeras páginas.

La novela realista significa un gran **paso de avance** desde el punto de vista técnico, en relación con la producción romántica precedente.

### progression
Esta **progresión** hacia la exaltación nacional del héroe tiene tres escalas, que corresponden a las tres partes del Cantar.

### progressive
Observó la naturaleza y los hombres a la luz de las ideas **progresistas** de la Ilustración.

### prolepsis
La **prolepsis** es una figura retórica, llamada también anticipación, que consiste en refutar de antemano una objeción prevista.

### prolific
Ha sido uno de los poetas más **fecundos** de la lengua castellana.

No es Ramiro Pinilla novelista **prolífico**.

### prologue   [ > foreword, introduction, preface]
El **prólogo** de un libro se refiere principalmente al autor de la obra, y suele estar escrito en su alabanza, por otro escritor.

La edición francesa fue precedida por un **prólogo** de . . .

En el **prólogo** se señala con indudable acierto que . . .

(short)   En el prologuillo que antepuso a la edición citada . . .

### prologue writer
Dentro de este breve período se decide el **prologuista** a colocar su famoso poema . . .

### prolong   [ > extend]
Renovó el lenguaje poético español y **prolongó** así los hallazgos de Bécquer. (prolongar)

### promising
Entre los nombres que la crítica considera más **prometedores** y representativos . . .

### proof (printer's)
Pero murió antes de recibir las **pruebas** de su novela.

### propaganda
Pero su maestría consiste en no permitir que la **propaganda** borre lo estético.

### proper name
Y los **nombres propios**, los términos geográficos, las menciones mitológicas acaban por fundar una realidad mágica.

### proportion
No tiene ese escritor sentido de la **proporción**.

### propose
Cervantes sólo **se propone** en esta vibrante y pintoresca sucesión de aventuras divertir al lector.   (proponerse)

### prose
"El verso se improvisa, pero la **prosa** no; la prosa viene con los años."
—MARTÍ

Es **prosa** clara, diáfana, expresiva y jugosa, con soltura y períodos rítmicos.

Su **prosa** es fluida, jugosa, musical, deliciosamente fácil.

Es indudable que, en sus artículos, ha alcanzado una **prosa** limpia, llana, rica, ingeniosa, graciosa.

Tiene una **prosa** generalmente armoniosa, clara, rítmica y llena de líricas evocaciones.

Son cualidades de su **prosa** la sobriedad, la elegancia y la riqueza de vocabulario.

Lo más importante del siglo XVIII fue su **prosa** crítica, didáctica, filosófica.

Domina una **prosa** viva, sensual, jugosa, cálida, opulenta, noble.

| | |
|---|---|
| (accomplished) | Su prosa ha escalado cimas de perfección y sencillez que le convierten en un gran maestro del idioma. |
| (agile) | Su prosa descriptiva es ágil, compleja, artística, imaginativa. |
| (amateurish) | Su prosa era insegura, artificiosa, exuberante, oscura, recargada de figuras retóricas, defectuosa en sus amplios períodos. |
| (amusing) | La prosa ensayística, aguda y de buen humor, es lo más divertido. |
| (artistic) | Escribió en una prosa artística en la que se reconocen sus lecturas de Fénélon, Saint-Pierre, Chateaubriand. |
| (baroque) | Su prosa es barroca así por la exuberancia, color y brillo como por el tema y la forma en que enfoca las inquietudes propias de esa edad. |
| | Con una prosa magníficamente barroca, llena de metáforas e ingeniosidad que mantienen al lector en constante sobresalto . . . |
| | En una prosa muy del barroco, llena de tersura, elegancia, imágenes y circunloquios . . . |
| (chivalric) | Análogo placer causaba a Cervantes la prosa caballeresca y pastoril. |
| (clear) | Onís maneja una prosa didáctica de gran precisión y claridad. |
| | Su prosa se caracteriza por su limpidez y precisión. |
| (controlled) | Su prosa no es barroca: al contrario, es sencilla, grave, suave, mesurada, casi familiar. |
| (conversational) | La prosa de estas crónicas era ya la de la conversación. |
| (correct) | Su prosa es una maravilla de casticismo y propiedad, de naturalidad y de sonoridad. |
| (crude) | Su prosa es de sorprendente chabacanería. |
| (declamatory) | La mitad de su obra teatral está escrita en prosa declamatoria. |
| (descriptive) | Y lo cierto es que en la descripción está lo mejor de esta prosa, notable por la precisión y energía de sus imágenes. |
| (didactic) | Usa la prosa como instrumento didáctico. |
| | Su prosa didáctica fue tan clara como elegante. |
| (disconnected) | Su prosa de este primer período es difícil, neologizante, a veces descoyuntada. |
| (dissonant) | Su prosa, a pesar de sus disonancias y cambios de clave, tiene gracia. |

| | |
|---|---|
| (elliptical) | La prosa es sencilla, rápida, elíptica . . . |
| (eminent) | Es una prosa que puede ponerse al lado de la mejor escrita en cualquier idioma. |
| (essayistic) | Las que alcanzaron más perfección fueron la poesía y la prosa ensayística. |
| (fast-moving) | La acción es lineal, y está contada con una prosa realista rápida en sus caracterizaciones y en sus diálogos. El 'tiempo' interno de esta prosa carente de nexos es sumamente veloz. |
| (faulty) | Sorprendente que prosa tan trabajada  tan justa y tan medida esté afeada a veces por expresiones incorrectas. |
| (flexible) | Su prosa posee una extraordinaria flexibilidad muy femenina. |
| (frank) | La gracia de su prosa está en su franqueza, en su frescura. |
| (harmonious) | Su prosa no es como la de Cervantes  periódica, armoniosa . . . |
| (imaginative) | La prosa es rápida, viva, natural, de rara cualidad imaginativa. |
| (incidental) | Prosa fragmentaria, ocasional y sin embargo enérgicamente victoriosa sobre lo trivial . . . |
| (intellectual) | Su prosa es exquisita y sabrosa, de gran calidad intelectual. |
| (journalistic) | La prosa es periodística, discursiva, llana . . . |
| (lucid) | Hay veces en que la prosa se vuelve clara, diáfana, con frases amenas y de muy buen gusto. |
| (lyrical) | Su prosa es eficaz, traspasada a veces por relámpagos líricos. |
| (masterful) | Tenía una prosa magistral en su economía, precisión y arquitectura. |
| (modernist) | Rodó es a la prosa modernista lo que es Rubén Darío a la poesía. |
| (narrative) | Una de sus obras más importantes no fue poesía, sino prosa narrativa de fresca y sorprendente novedad. |
| (natural) | Escribe según va fluyendo su pensamiento, con naturalidad, sin afectación, sin esfuerzo alguno. |
| (noble) | Las frases se yuxtaponen, se coordinan, se subordinan en arquitectura digna, serena, noble, esmerada. |
| (novelistic) | Baroja es el único escritor español del 98 que dispone de una prosa apta para el género novelesco. |
| (pictorial) | Estimaba a los franceses que crearon la prosa pictórica e impresionista. |
| (poetic) | La prosa es a veces poemática, el lenguaje muy estilizado y rico en lirismo. |
| (*vs.* poetry) | "La prosa da una idea pobre, pero el verso da una idea inexacta." —GANIVET |
| (polished) | Su prosa no es preciosista, pero muy cuidada, con voluntad de estilo y rica en ideas. |
| (powerful) | Su prosa es siempre poderosa en el empechón que da a la masa del relato. |
| (Renaissance) | La prosa renacentista se distribuye en cláusulas simétricas . . . |
| (romantic) | Con el romanticismo la prosa se dignificó literariamente en novelas, cuentos, folletines periodísticos, cuadros de |

costumbres, ensayos, memorias, crónicas de viajes y aun poemas en prosa.

Ruinas, llantos, recuerdos, soledad, melancolía, una naturaleza crispada por el dolor de los hombres se manifiestan aun en la prosa discursiva.

(satirical)    Pero su gran y justa fama se la debe a su prosa satírica y narrativa.

(scientific)    La prosa es sencilla, comunicativa, realista, a veces de crónica o informe científico.

(traditional)    Cuenta en prosa corriente y tradicional una historia picaresca de tema político.

(unadorned)    Su prosa está desprovista de elementos decorativos, contra los que siempre reaccionó . . .

(unaffected)    Teorías explicadas con una prosa llana, directa y sencilla . . .

(undistinguished)    Novela repentista con defectuosa perspectiva y prosa sin distinción.

(uneven)    Su prosa, por ser muy abundante, circunstancial e inestable en calidad . . .

(unimaginative)    Prosa sin imaginación: comunicativa, objetiva, descriptiva.

(unreadable)    La prosa es torpe y en ocasiones ilegible.

## prose writer
Fue un **prosista** extraordinario, incisivo, claro, irónico, elegante, y expresivo.

Valera es considerado por Clarín el mejor **prosista** español.

Larra es el **prosista** más fuerte del romanticismo español.

Su talento es de poeta, pero su reputación es de **prosador**.

El primer tercio del siglo XX ha contado con insignes **cultivadores de la prosa**.

## prosody
Pero sus invenciones y restauraciones modularon deliciosamente la **prosodia** de nuestra lengua.

## protagonist   [ > hero, heroine]
Su argumento se limita a describir los sucesivos estados de ánimo del **protagonista**.

Todos sus **protagonistas** son diferentes y creíbles y responden a una realidad esencial.

La **protagonista** renuncia al amor del hombre que ama.

## protest   [ > social protest]
(n.) En general sus versos expresan su **protesta** contra la opresión.

    Su literatura es una larga **queja**.

(v.) No ofrece tesis, no **protesta**, no predica, no moraliza, pero tiene una filosofía. (protestar)

## prototype   [ > archetype]
Amadís de Gaula es el **prototipo** de lo que se ha llamado un caballero andante.

¿Qué **antecedentes** literarios tiene el carácter de . . . ?

## prove
Es verdad que las novelas y comedias de Sartre han sido escritas para ilustrar o **probar** sus tesis filosóficas.

**provençal**
Más cerca está su sensibilidad de la de los grandes maestros de la poesía **provenzal**.

**proverb**
"**Sentencia** cierta, fundada en una larga experiencia."   —Cervantes
Sus palabras hacen pensar en el **proverbio** . . .
"La Celestina" está esmaltada de proverbios y **refranes** discretos y deliciosos.
Máximas, sentencias, aforismos, son a los cultos lo que los **refranes** son al pueblo: un repertorio de verdades útiles, cuyo conjunto es toda una sabiduría asistemática.

**provide**
El subtítulo nos **proporciona** también una valiosa indicación.   (proporcionar)
Los libros de los últimos años no **aportan** aspectos nuevos.   (aportar)
Hay en esta obra elementos que nos **ofrecen** la respuesta.   (ofrecer)

**provoke**
Proust parte de sensaciones que **provocan** un recuerdo involuntario.   (provocar)

**pseudoclassicism**
Iriarte es, quizá, el representante máximo del **pseudoclasicismo** frío, reglamentario y académico.

**pseudonym**
Los **seudónimos**, en la literatura, aparecen con posteridad al siglo XIV.
Para algunos en este **seudónimo** hay una clave de su vida.

**psychoanalysis**
Si se intentase hacer un **psicoanálisis** del autor . . .

**psychological**
Se caracteriza toda la comedia de Tirso por la fina penetración de sus estudios **psicológicos**.
Se ha celebrado la creación y el desarrollo **psicológico** de los caracteres hechos por Ercilla.
La obra poética no es más que una serie de estados **psicológicos** del hombre-poeta.

**psychology**
La novela contemporánea ha profundizado en el realismo y la **psicología**.
Sus temas favoritos son de **psicología** anormal, tratados a veces con ironía.
La autora comprende bien la **psicología** infantil.

**public**
(n.) "Los que escribimos para el **público** debemos ser sufridos."   —Unamuno
"El **público** cree con la mayor facilidad las más grandes necedades."
—Baroja
Su teatro nunca fue hecho para el **público** sino para representaciones privadas.

**publication**
De reciente **publicación** es este volumen dedicado a la obra dramática de Vallejo.

### publish
Góngora no **publicó** su obra en vida.   (publicar)

Ninguna de estas obras se **publicaron** durante la vida de Santa Teresa.

Cultivó la prosa y **dio a publicar** seis novelas.   (dar . . .)

### publisher
A partir del siglo XVII, el **editor** se ha hecho indispensable por su labor mercantil y la organización de su industria, que le permiten dar una publicidad enorme a una obra.

### publishing house
¿Qué criterios se siguen en las **editoriales** para seleccionar una novela?

Durante muchos años trabajaba en una **casa editora** de Madrid.

### pun   [ > word play]
Los **retruécanos**, equívocos y chistes de que se halla plagada su obra, son ejemplos de esta tendencia.

### punctuation
Se suprime la letra mayúscula; se suprime o no la **puntuación**; se intercalan espacios; se distancian las líneas.

No hay **puntuación**, usa el verso-librismo y versos hasta de veintidós sílabas.

Alterna la narración, y el diálogo con un monólogo interior sin **signos de puntuación**.

### pure
El lector se siente insatisfecho porque ni el tono de farsa ni el tono de novela psicológica son **puros**.

### purely
Gutiérrez Nájera es un poeta **netamente** romántico.

### purism
Contra el **purismo** académico han protestado infinidad de escritores.

### purist
La antigua oposición entre **casticistas** (m.) y europeístas gana nueva y vigorosa actualidad.

### purity
Sencillez y **pureza** son características de la obra becqueriana.

### purpose   [ > aim, goal, intention, objective]
El **propósito** esencial de esta obra es presentar un estudio crítico de . . .

La paciente labor del historiador ha logrado así su **propósito**.

No interesa al **própósito** de este ensayo un estudio completo sobre la obra científica y literaria de . . .

"El **fin** moral de la comedia es corregir nuestros vicios."   —JOVELLANOS

La **finalidad** de esta bibliografía es reunir en un solo tomo todos los artículos que se han publicado.

Su teatro tiene **intención**, y más que los tipos lo que le interesa son las ideas.

### pursue
Sus novelas cortas, sus cuentos, suelen **perseguir** un ideal de prosa de bellas formas.

"No se puede decir que el poeta **persiga** la verdad, puesto que él la crea."
—ORTEGA Y GASSET

# q

**quality**
Este libro tiene muchas **calidades** destacadas.
De menor **calidad** es su labor en otros géneros.
Unamuno dijo que en Galdós sólo le reconocía una **cualidad**: la de haber sido
un gran trabajador.

**quantity**
La **cantidad** (duración) de los sonidos, no distintiva en español, era fundamental en latín.

**quasi**
Su carácter **cuasi** interjectivo adquiere una potente fuerza como culminación
del poema.

**quatrain**
No es posible negar el valor funcional de este segundo **cuarteto** en el seno del
poema.

**question**
(n.) Esta será una de las **preguntas** que nos hemos de plantear.
    Cuando leemos un artículo de Azorín, vemos que su prosa está tachonada
      de **interrogaciones**.
    No podemos eludir la **cuestión**.

**question mark**
El **punto interrogativo** es un signo que indica la interrogación.

**quixotic**
Antes he calificado a Tom Jones como **quijotesco** . . .
Y si a Unamuno le gustaban las actitudes **quijotescas** . . .

**quotation**
Podríamos extraer una serie de **citas** que documentarían su posición.

**quotation marks**
Se escribe entre **comillas** toda cita tomada de algún texto.

**quote**
(v.) **Citemos** aquí lo que el crítico italiano nos dice: . . .  (citar)

# r

**raison d'être**
Su **razón de ser** es presentar las situaciones . . .

**range**
(n.) Hay en estas descripciones toda una **gama** de recursos técnicos propios de
    una cámara de cine.
    El **repertorio** de posibilidades que existen para resolver este problema es
    hoy mucho más amplio que en el siglo pasado.

La novela contemporánea ha abierto enormemente el **campo** de las posibilidades en lo que se refiere a estructura de la novela.

Se nota que el **alcance** de sus ideas literarias es enorme.

**rank**

(n.) Sus tipos no alcanzan **rango** universal porque son muy bogotanos.

(v.) Sin suficiente perspectiva histórica es difícil **categorizar** a los escritores.

(r. with)  Categóricamente puede ponerse al lado de los buenos romances de Góngora.

**rational**

En su segunda prueba se comportan de una manera más cuidadosa, más **racional**.

**rationalism**

Unamuno discute la crisis de confianza en el **racionalismo**.

**reach**  [ > accomplish, achieve, attain]

En su segunda etapa, durante su permanencia en México, **alcanza** su plenitud. (alcanzar)

**react**

Escribe con un sentido crítico cuando **reacciona** violentamente contra las superticiones del pueblo.  (reaccionar)

**reaction**

Representa una **reacción** contra el cansancio producido por los viejos temas, formas y estilos.

Se trata de una áspera **reacción** contra las irreales ficciones caballerescas y pastoriles de aquella época.

**read**

Estudió francés para **leer** a los grandes poetas de ese país en su propia lengua.

El escritor **lee** en busca de impresiones.

**readable**

Muchas crónicas no son **leíbles** actualmente por su densidad y pesadez de estilo.

Novela de protesta, sin unidad de tono, pero **legible** y eficaz.

**reader**

Al terminar su lectura el **lector** tiene la sensación de haber vivido una pesadilla.

Leyendo esta novela el **lector** viaja rápidamente por muchas escenas de la vida social.

**reading**

(n.) La **lectura** es la fuente de todos los procedimientos en la asimilación del estilo.

(a.) Podemos decir que ha constituido una revelación para gran parte de la juventud **lectora** española.

El público **lector** las sigue leyendo con interés que no decae.

**reaffirmation**

El artículo era como una **reafirmación** de las ideas expuestas en el anterior.

**real**

No hay una sola escena de **verdadero** valor artístico.

**realism**  [ > slice of life]

Mientras que el romanticismo hacía énfasis en lo subjetivo, el **realismo** responde al ansia de apresar con toda veracidad al aspecto exterior o íntimo de la realidad y de la vida, sin descuidar el aspecto de la sicología del individuo.

Uno de los rasgos dominantes de la literatura española es su tendencia al **realismo**.

La novela se encuadra en el vasto movimiento del **realismo** español del siglo XIX.

Se afirmaba sólo que la característica principal de la literatura española era su extremado **realismo**.

Frente al **realismo** chato, superficial, costumbrista, soso, sin reflexión ni perspectiva . . .

El **realismo** no supone nada nuevo: es sólo el fondo del romanticismo manifestado.

Hemos vuelto a una forma avanzada del **realismo**, un realismo subjetivo si se quiere . . .

| | |
|---|---|
| (anti-) | El antirrealismo se opone al cumplimiento, en la obra creadora, de las exigencias de la realidad. |
| (stark) | Ramos es uno de los mejores dramaturgos cubanos de todos los tiempos y sobresale por la crudeza de su realismo. |
| | El realismo es intenso y crudo y el autor pinta las pasiones más bajas del ser humano con toda franqueza. |
| (techniques of) | El procedimiento fundamental consiste en la descripción de personajes individuales y en la narración de hechos concretos. |
| (in the theater) | El realismo escénico español ha caído siempre en excesos exuberantes y en barroquismo. |

**realist**

Es un **realista**; confiesa que para hablar de un personaje ha de situarle perfectamente en el espacio y en el tiempo.

**realistic**

Es **realista** la obra de arte que está basada en la observación.

No es que sus temas sean demasiado **realistas** . . .

En Lope de Vega predomina la tendencia **realista** sobre la idealista.

**reality**

"Ningún ideal se hace **realidad** sin sacrificio."  —ESCRIVÁ

"Hay tantas **realidades** como puntos de vista."  —ORTEGA Y GASSET

El artista debe copiar la **realidad** tal como es.

La **realidad** no es la interpretación de lo real, sino lo real mismo.

El lector tiene que ir componiendo la **realidad** con los datos que el novelista le ofrece.

La representación literaria de la **realidad** ha avanzado mucho con la inesperada ayuda del cine.

**reappear**  [ > recur]

El gracioso no **reaparece** hasta el final del tercer acto.  (reaparecer)

**reason**

(n.) "La música es un arte que está fuera de los límites de la **razón**."  —BAROJA

(v.) Es evidente que el autor sabe **razonar** filosófica y estéticamente.

**reasoning**
Se sirve de un **razonamiento** bien fundado para justificar el desenlace.

**rebel against**
Y ese escritor **se rebelaba contra** la sociedad de su tiempo. (rebelarse contra)
En esta novela **se rebela contra** la concepción social de la superioridad del hombre sobre la mujer.

**rebellion**
La lírica de la **rebeldía**, de la protesta, el grito de los disconformes, produjo desde el romanticismo hasta hoy obras magníficas.

**recall**
(v.) La estructura de sus comedias **recuerda** más **al** teatro decimonónico que el contemporáneo. (recordar a)

**recherché**
Leopoldo Lugones creó un estilo brutal, **rebuscado**, denso . . .
Se ha dicho que hay en el Quijote momentos **de** excesivo **rebuscamiento**.

**recitation (dramatic)**
La **declamación** expresa la belleza por medio de la palabra, y constituye el fundamento principal del arte de representar.

**recognition**
Su **reconocimiento** como gran poeta fue un suceso lento y difícil.
Le faltó el **reconocimiento** de la crítica en vida.

**recognize**
El triste destino del escritor es que sólo a la hora de la muerte se empiece a **reconocer** lo que hizo por un país o por su literatura.

**reconcile**
Se plantea el problema de cómo **conciliar** dos tesis que parecen contradictorias.

**recondite**
Trajo palabras inusitadas, **recónditas** alusiones a la mitología, notas difíciles.

**recreate**
El autor prefirió mostrar los rasgos conocidos, sin **recrear** el personaje imaginativamente.

**recur**    [ > reappear]
La misma palabra **se reitera** en cada página . . . (reiterarse)
Es un tema que **se repite** con frecuencia en la obra de este poeta. (repetirse)
La pedante exclamación **sigue recurriendo** en el capítulo sin función aclarativa. (recurrir)

**recurrent**
Luego, formando como una especie de tema **reiterativo** . . .
Estudiemos las ideas **recurrentes** en la obra de ese crítico.

**reduce**    [ > detract, diminish, lessen]
**Reduce** a tres los actos, mezcla lo trágico con lo cómico. (reducir)

**redundancy**    [ > pleonasm]
Los dos convienen en que el estilo no está en la **redundancia** ni en el barroquismo.

**redundant**
Hay muchas expresiones que nos parecen **redundantes**.

**re-evaluation**
Muy olvidado durante el siglo XVIII, ha tenido una **revalorización** moderna.

**reference**   [ > allusion]
La primera **referencia** concreta sobre Cervantes corresponde a 1569.

**refer to**   [ > allude to]
Anteriormente **nos hemos referido** a la dignidad artística y literaria de este teatro.  (referirse a)

Contribuye a la claridad el colocar los adverbios cerca del verbo **a** que **se refieren**.

Todas las citas en este trabajo **responderán a** la edición de Cortina.  (responder a)

El autor **remite** al lector **al** capítulo primero de su estudio sobre la novela. (remitir a)

**refine**
Tantos ellos como sus contemporáneos capitales **han refinado** intensamente el estilo.  (refinar)

**refined**
Era autor de compleja espiritualidad, **refinado** en su cultura, con una mórbida organización nerviosa.

**refinement**
Hizo resonar, por primera vez, las notas de elegancia, gracia, **refinamiento**.
Lleva una vida dedicada casi exclusivamente al **pulimento** de su obra poética.

**reflect**
La obra **refleja** con extraordinaria fidelidad el espíritu de la época.  (reflejar)

**reflection**   [ > thought]
En los versos que siguen a los copiados, pasa el poeta a **reflexiones** sobre la vida humana.
Toda su obra novelística es un **reflejo** de esta experiencia.

**reflect on**   [ > meditate, ponder]
**Reflexiona sobre** los valores que orientan o deben orientar la conducta. (reflexionar sobre)

**reform**
(n.) Efectuó algunas **reformas** métricas que llegaron con los parnasianos y simbolistas.
La **reforma** que Cervantes había iniciado fundiendo en tres actos los cinco de la comedia tradicional, persiste y se afianza en Lope.
(v.) Lope **reforma** el teatro, lo organiza y lo fija.  (reformar)

**Reformation**
El Renacimiento y la **Reforma** son los fenómenos culturales que representan más exactamente el tránsito de la Edad Media a la Moderna.

**refrain**
(n.) La balada va dividida en coplas con el mismo **estribillo**.
Repite un mismo verso al final de cada estrofa, a manera de **estribillo**.
(v.) Sólo Valera **se abstiene de** juzgar a sus personajes.  (abstenerse de)

**regional**
La prosa tan pronto se pega al habla **regional** como se retuerce con artificios literarios.
Esta poesía tiene un panamericanismo evidente, capaz de borrarle cualquier matiz **regionalista**.

**regionalism**
Hay pocos **regionalismos** e indigenismos, aunque abundan los pasajes típicos.

**regular**
El fragmento es **regular** en cuanto a los versos: todos son dodecasílabos, con cesura en la sexta sílaba.

**rehearsal**
Durante el **ensayo** general, el autor cambiaba el diálogo de varias escenas.

**reinforce**
Uno de los ejemplos que propone para **reforzar** esta idea, es la relación entre Aquiles y Tetis en la "Ilíada" de Homero.

**reissue**
(v.) El librito que Azorín publicó hace ya cuarenta años, y que la Colección Austral **ha reeditado** recientemente . . . (reeditar)

**reject**
(v.) Los jóvenes dramaturgos españoles **rechazan** en bloque todo el pasado teatral. (rechazar)
Laín **ha rechazado** la fórmula del retorno cíclico en la concepción azoriniana.

**rejection**
El humor de Mihura nacía como un **rechazo** del tópico o del lugar común.

**relate**    [ > connect, link, join ; tell]
Hay un hilo, nada tenue, que **relaciona** a los maestros anteriores con los poetas de la postguerra. (relacionar)
Atesora una serie de sugestiones filosóficas que la **relacionan** con numerosos problemas.
Hemos visto como **relacionaba** el estilo con la sociedad en que el librito había nacido.
Todas las partes de una obra artística se **relacionan** entre sí.
Intenta **poner en relación** una estructura social y otra novelesca.
Estos datos nos permiten **referir** este poema a la obra total del poeta.

**related to**
La novela americana moderna está más **vinculada a** las escuelas europeas que a una tradición autóctona.
Su prosa está bien **emparentada con** la de Feijoo . . .
El contenido político de la obra está indisolublemente **ligado a** la denuncia social.

**relation**
Su gran tema es la trágica dificultad de las **relaciones** humanas.
Consideremos el valor estilístico de la palabra en **relación** con su oficio gramatical.

**relationship**    [ > connection]
Hay una estrecha **relación** entre el tema y la forma.

La **relación** no consiste en una mera analogía, sino en un último confluir de correspondencias y efectos.

Aunque uno les reconozca el **parentesco** con el lenguaje metafórico del romanticismo . . .

**relative**
(n.) El **relativo** explica o especifica su antecedente.
(a.) Todo es **relativo**, nada inmutable . . .

**relief**   [ > contrast]
La realidad y el **relieve** son cualidades esenciales en la buena descripción.

**religious**
Con ella nos ofrece una inestimable aportación para el estudio de la literatura **religiosa** del siglo XV español.

**rely on**
José Eustasio Rivera fue uno de los primeros en **apoyarse en** el paisaje colombiano para hacer brincar allí su lirismo.

**remain**
Su obra lírica **permaneció** en su mayor parte inédita.   (permanecer)

**remember**
Las últimas páginas han de **recordarse** siempre entre las mejores de la literatura española de su tiempo.

**remembrance**   [ > memory]
Tiempo y **recuerdo** son elementos constituyentes del arte narrativo de Proust.
"Las siguientes páginas son el **recuerdo** de un olvido."   —Cernuda
Pero la **remembranza** muy vivaz de esa mujer, que tanto le impresionó. . .

**remind**
Es una obra que en ocasiones nos **hace pensar** en Proust.   (hacer . . .)

**renaissance**   [ > revival]
(n.) El **Renacimiento** en las artes y las letras es un fundamental episodio histórico europeo que se inicia en la Italia de fines del siglo XIII y comienzos del XIV.
El **Renacimiento** representó un redescubrimiento de la antigüedad clásica.
Hay allí una especie de **renacimiento** literario.
(a.) Esta fuerza modeladora de la literatura grecorromana es un fenómeno típicamente **renacentista**.

**renovate**
Pero ninguna revolución intelectual puede hacerse sin **renovar** en alguna forma el lenguaje literario.

**renovating**
En la época de Góngora cunde la fiebre **renovadora** en el lenguaje.

**renovation**
Mostró anhelo de **renovación**, pero no renovación superficial sino interior.

**renown**   [ > acclaim, fame, reputation]
Gozó de gran **renombre** y estimación en su tiempo.
Es, quizá, el novelista español contemporáneo que más **renombre** alcanzó en el extranjero.
Esta novela le proporcionó una **fama** extraordinaria de la noche a la mañana.

**repeat**
> "El valor del hombre está en **repetir** constantemente su palabra." —Unamuno

Esta idea se **repite**, en tono jocoso, en un romance.

El recurso de **reiterar** el artículo para cada sustantivo de la enumeración . . .

**repertoire**
Entre esas piezas encontramos lo mejor del **repertorio** benaventino.

**repetition**
A su vez, Moreno Villa calcula la significativa **reiteración** del adjetivo "dulce" en Garcilaso.

Los párrafos resultan lentos y pesados, con **repetición** y reiteración de algunos vocablos y palabras.

El recurso de **repetición** es demasiado elemental y fatiga la vista y el oído sin alcanzar la sensación deseada.

**replace**
La novela inglesa empezó en algunos círculos a **sustituir** la francesa.

**Reemplazó** el segundo acto con otro más breve y directo.   (reemplazar)

**replete**
Sus períodos oratorios están **repletos** de descripciones, de reflexiones, de imágenes líricas.

**reporter**
Ha dejado una obra muy extensa como periodista, crítico, **reportero**, novelista y cronista.

**represent**
Sus personajes **representan** siempre estados de soledad.   (representar)

**representative**   [ > characteristic]
(n.) Es el más grande y típico **representante** del arte intelectualista y simbólico en nuestra literatura.

(a.) De todos los hombres que componen la llamada Generación del 98, es no el más importante, pero sí el más **representativo**.

Daremos de cada grupo la pieza más **representativa**.

**reprint**
(n.) El editor, en una **reimpresión** de la obra, le añadió tres nuevos capítulos.

(v.) Se **han reimpreso** tal como fueron publicados . . .   (reimprimir)

**reproach**
(n.) Esos lectores añaden al **reproche** de la frialdad el de la abstracción.

Hay una **censura** que jamás se ha dirigido a estos poetas que escriben mal.

(v.) **Reprocha** a los poetas gauchescos el haber dejado una tarea a medio hacer. (reprochar)

**reproduce**
Fue realista en la voluntad de **reproducir** las cosas tal como eran.

**repudiation**
La estética del modernismo implicaba un **repudio** a la teoría mecánica de la vida.

**reputation**   [ > acclaim, fame, renown]
En poco tiempo se hizo de una **reputación** como hombre estudioso y capaz.

Heredia fue uno de los primeros poetas hispanoamericanos en ganar **reputación** en Europa.

Muy pronto se hizo de **prestigio** con sus primeros trabajos literarios.

**require**   [ > demand]
La poesía no **requiere** ningún lenguaje especial poético.   (requerir)

**reread**
**Releyendo** sus poemas vemos que sus temas fueron . . .   (releer)
Si se **relee** esta descripción se advertirá en seguida un aire extraño, malsano, casi irrespirable.

**research**
(n.) Deja abierto un camino para futuros **trabajos** sobre el crítico asturiano.
La **indagación** va en busca del misterioso amalgama que ha fundido fondo y forma.
Falta una **investigación** completa, integral y a fondo sobre esta época.
(v.) Fue la única de sus obras para la cual **se documentó** escrupulosamente.   (documentarse)

**researcher**
La parte de este **investigador** es de menor envergadura.

**resemblance**   [ > similarity]
¿Con qué obras tiene algún **parecido**?
Podría ser que la **semejanza** entre las dos obras sea puramente fortuita.

**resemble**
¿Qué escenas y qué figuras de la obra **tienen semejanzas con** otras de la novela picaresca?   (tener . . .)
En cierto modo, su posición espiritual **se asemeja a** la de Renan.   (asemejarse a)
Llegó a dominar una prosa que **se asemeja** mucho **a** la de Cervantes.
Los adverbios **coinciden con** los adjetivos en ser palabras calificadoras o determinativas.   (coincidir con)
Esta composición **se parece**, en el título, la forma y algunos tópicos, **al** "Sueño".   (parecerse a)

**resentful**
Se sintió **resentido** porque sus propias preferencias no valían en la tabla de valores.

**resentment**
No disimula su **resentimiento** con la Iglesia.

**resist**
Bello comprendía los ideales románticos pero estaba dispuesto a **resistir** la moda.
Era un espíritu original o, por lo menos, un escritor que **se resistía a** los gustos establecidos.

**resolve**
Incitó a cada poeta a abordar sus propios problemas formales y a **resolver**los artísticamente.

**resonance**
La **resonancia** es una de las nociones fundamentales de la fonética.

**resort to**
Para unir ambas batallas en el mismo relato Olmedo **recurrió a** un truco viejo en la escuela épica.   (recurrir a)

**resources**
Para el escritor dueño de los más sutiles **resortes** del idioma . . .
Valera fue un artista consciente y dueño de sus **recursos.**

**respect**
(n.) Le faltaba **respeto** por la estética de los modernistas.
(with r. to) Para el conocimiento de su posición frente a Darío y al modernismo . . .
(v.) **Respetaba** lo que habían hecho parnasianos y simbolistas. (respetar)

**responsibility**
Nadie puede negar el principio general de la **responsabilidad** del artista.

**restore**
Desde fines del siglo XIX se ha intentado **restaurar** el simbolismo en el arte.

**result** [ > consequence]
(n.) La falta de rigor intelectual conduce a este **resultado.**
(v.) Sólo puede **desembocar** en el más absoluto fracaso.

**résumé**
Un **resumen** de este artículo se publicó en . . .

**return**
(n.) Dos tendencias recientes significan una **vuelta** (relativa) al objetivismo.
Pero en términos más íntimos y personales, es el **retorno** del poeta mismo a un estado primitivo de inocencia.
(v.) **Se volvía** a la escritura medieval, sin mayúsculas ni puntuación. (volverse)
**Retrocedamos** a los tipos puros de lo trágico y lo cómico. (retroceder)

**reveal** [ > display, point out, show]
El aparato crítico **revela** una formación escrupulosa. (revelar)
El más sencillo análisis **muestra** en las poesías de Sotomayor . . . (mostrar)
Su excelente estudio **ha puesto en claro** lo que hay de simbolista en Darío. (poner . . .)

**revealing**
Un análisis de la psicología de los personajes sería sumamente **revelador.**

**revenge**
"El menosprecio es la forma refinada de la **venganza.**" —Gracián

**reverse**
Ahora se **ha invertido** el orden de las preferencias. (invertir)

**review**
(n.) Seis años después, fundó en Méjico una **revista** literaria.
Las **revistas** son el más adecuado reflejo de la vida literaria.
Se ha dicho repetidamente que la actividad de una generación se mide por las **revistas** que produce.
Es posiblemente la más sólida **revista** poética que existe hoy en España.
Terminamos aquí el largo **repaso** dedicado al tema general del sueño en la tradición poética española.
Una **reseña** del libro apareció el 12 de septiembre.
(v.) También el teatro que **reseñamos** era poesía, puesto que se escribía en verso. (reseñar)

**revise**   [ >rework, rewrite]

Muchos capítulos **han sido modificados** muy levemente.   (modificar)

**revision**

Esto ha obligado al autor a una **revisión** total del libro.

De las **refundiciones** hechas en el siglo XV derivaron los romances populares.

**revival**   [ >renaissance]

Otras contribuciones fueron la **revivificación** del romance lírico y la poetización de la experiencia poética misma.

**revive (a play)**

En la actualidad, algunas compañías **reponen** de vez en cuando sus obras. (reponer)

**revolution**

Desde el simbolismo los escritores se habían convencido de que la literatura era una **revolución** permanente.

**rework**   [ >revise, rewrite]

Algunos de los capítulos **han sido** escritos, **retocados** o pulidos en Francia. (retocar)

Mansilla **adaptó** leyendas folklóricas de varias partes en una serie de relatos. (adaptar)

**reworked**

En los siglos XIII y XIV el poema circulaba, no en su estado primitivo, sino **refundido**.

**reworking**

En la literatura se da el nombre de adaptación a la **refundición** de una obra dramática o a la transformación de una novela.

**rewrite**   [ >revise, rework]

**Revisaba** constantemente, pulía y corregía, cuidaba su estilo . . .   (revisar)

**rhetoric**

Su purificación del idioma borró toda la **retórica** anterior.

Por **retórica** entendemos el conjunto de normas y reglas prácticas enderezadas a conseguir la maestría en el arte de hablar, dando al lenguaje tal eficacia que a la vez deleite y persuada al oyente.

**rhetorical**

Su prosa didáctica es clara y eficaz, exenta de ornamentos **retóricos**.

Entre las figuras **retóricas** más usadas se cuentan . . .

**rhyme**

La **rima** es perfecta o consonante si hay igualdad de todas las letras, desde la última acentuada, y es imperfecta o asonante si hay igualdad solamente de las vocales desde la última acentuada.

El uso continuo de la **rima** consonante da a la estrofa una absoluta firmeza.

(faulty)        Hernández muestra su facilidad de versificación, aunque no faltan las rimas defectuosas.

(monorhyme)     Estos versos son octosílabos, algunos monorrimos (los cuales eran una novedad).

(unexpected)    Elabora una poesía breve, pictórica, de rimas inesperadas, de sintaxis compleja.

### rhythm

El **ritmo** es la armonía que procede de la acertada periodicidad de los acentos.

"Cada escritor tiene un **ritmo** misterioso; captado ese ritmo está comprendido y sentido todo el libro." —Azorín

Emplea nuevos **ritmos** y muchos metros desusados u olvidados e inventa el polirritmo de versos libres con acentos variados.

Estos poetas nuevos hicieron algo de más importancia enriqueciendo los **ritmos**.

El camino del poema es ancho y rectilíneo, y es fácil retener el **ritmo** de su verso.

El pronombre relativo con el cual consigue variar la **cadencia** de su prosa...

(accelerating)  También es cierto que el ritmo se acelera aun más, subrayando el frenesí colectivo.

(decelerating)  El ritmo se hace más lento y descriptivo.

### rhythmic

Se advierte en las últimas estrofas un regreso al verso rimado y **rítmico**.

Existe una relación constante entre la construcción **rítmica** de la frase y el orden de las palabras.

### richness

La **riqueza** expresiva de la alternancia de los dos tiempos no se agota con este fino matiz estilístico.

### ridicule

(n.) "La **ridiculez** es la muerte social." —Arenal

(v.) Al primero pertenece, por ejemplo, el propósito de Cervantes de **ridiculizar** los libros de caballerías.

### ridiculous

Comparte con Gracián la condición especial para encontrar el lado **ridículo** de las cosas.

### rid oneself of

En Argentina, antes que en otros países, los escritores **se deshicieron de** los artificios modernistas.  (deshacerse de)

### right

(n.) El joven novelista español pretende no renunciar a su **derecho** a la innovación y a la originalidad.

### rights (literary)

Todos **derechos** que los mismos pudieran devengar quedarán de propiedad de su autor.

### risk

(n.) Hablar seriamente del humor tiene muchos **riesgos**, y lo peor es caer en la ingenua pedantería.

### rival  [ > adversary, antagonist, opponent]

(n.) Góngora tuvo muchos imitadores, pero no **rivales**.

### rococo

El **rococó** se produce en Francia en la primera mitad del siglo XVIII.

En su apogeo el **rococó** es delicado, pulido, lleno de contención, y con mucho de superficial.

Pueden distinguirse tres generaciones de escritores barrocos y una cuarta que corresponde al **rococó**.

**rogue**

En el realismo novelesco español jamás faltan los **pícaros** desde el siglo XVI.

**role**

Ya queda claro el **papel** estructural que desempeña este primer párrafo.

**romance**

(n.) El significado principal de la palabra **romance** es el de combinación métrica singular de un género poético español.

Romance es, en una acepción amplia, la lengua vulgar contrapuesta al latín.

(a.) El latín es la lengua común **románica**.

**romantic**

(n.) Espronceda es el **romántico** español por excelencia y representa el momento más enérgico de la escuela en la península.

Lo característico del **romántico** es: (a) su idolatría de la libertad individual; (b) su apegamiento a la naturaleza; (c) su fervor por la espontaneidad, y, por tanto, el sentimiento; y (d) la confidencialidad y egolatría literaria.

(a.) El siglo XIX se inicia con los precursores de la escuela **romántica**.

"El fruto **romántico** tiene sabores que ponen en olvido los de todo otro estilo artístico." —ORTEGA Y GASSET

El arte **romántico** era un arte extensivo; el moderno aspira capitalmente a la intensidad.

Ya mostraban la inquietud, la desesperación, la disconformidad propia y característica del hombre **romántico**.

Tenemos ya una obra completamente **romántica** desde su técnica hasta el desastroso fin de los personajes.

(anti-) Su reacción parecía antirromántica, pero en realidad iba en contra lo que la moda tenía de insincera.

**romanticism**

El concepto de **romanticismo** opuesto al de clasicismo se usa, con plena conciencia de su importancia, en Alemania desde 1802, en Francia desde 1816, en Italia y España desde 1818, en Inglaterra desde 1823.

El **romanticismo** es un movimiento literario que comienza a florecer en la transición del siglo XVIII al XIX.

El **romanticismo** español logró sus mejores frutos en el teatro, la poesía lírica y la prosa costumbrista.

No olvidemos que el **romanticismo** es un movimiento juvenil y que toda juventud supone rebeldía contra las normas y exaltación de la fuerza y de la eficacia.

El **romanticismo** llevaba implícita la escuela literaria que lo continuó: el realismo.

**rough draft** [ > sketch]

El crítico repasa de nuevo el **borrador** y va dando forma a sus observaciones.

**rule**

(n.) "El estudio de las **reglas** sirve para evitar algunos groseros defectos." —FEIJOO

Resumiendo todas las **reglas**, pongamos como medida de un buen diálogo estas dos características: rapidez y naturalidad.

**run-on line**
   Entre sus **encabalgamientos** más atrevidos se cuentan aquéllos que separan el
   verbo del sujeto.


# S


**sadness**
   "Las **tristezas** no se hicieron para las bestias, sino para los hombres,"
   —CERVANTES
   Una **tristeza** enfermiza, un amargo y desolado pesimismo y la sensación de
   soledad y desamparo son los temas esenciales de toda su poesía.
   La **tristeza** se encuentra también a la base de su humorismo.
**saga**
   Las **sagas** han llegado a nosotros por medio de la tradición oral.
   (novel)   Recientemente ha comenzado una novela-río de la que ya se conocen
        dos volúmenes.
**salon (literary)**
   En Francia se lanzó al frenesí de los **salones**, donde conoció a artistas, escritores
   y filósofos.
   Pronto su casa se convirtió en el **salón literario** más famoso de Lyon.
   En España también hubo **salones** famosos: el del conde de Lemos, el de la
   marquesa de Sarria y el de los duques de Villahermosa.
**sample**
   (n.)  De esa novela sólo cogeremos algunas **muestras**.
**sarcasm**   [ > irony]
   La ironía, el **sarcasmo**, el cinismo corren en grifo abierto, demasiado fáciles y
   superficiales.
**sarcastic**
   El autor (o, mejor, el estilo) es seco, desganado, **sarcástico**.
   Valle trae una calidad **sarcástica** que viene desde el Arcipreste de Hita.
**satire**
   "Las **sátiras** inventivas que dan en las llagas vivas son para la gente baja."
   —LOPE DE VEGA
   "Rebajar al hombre hasta donde se merece y un poco más es el eterno filón de la
   **sátira**."   —GANIVET
   La **sátira** censura los vicios y ridiculeces humanas.
   La primera parte es una vigorosa y despiadada **sátira** contra la sociedad de su
   tiempo.
   Se dedicó también a la **sátira** literaria y a los géneros narrativos menores.
   (social)   La sátira social tuvo su mejor modelo en la "Danza de la muerte",
        poema anónimo en setenta y nueve coplas de arte mayor.

**satirical**
"Nunca voló la humilde pluma mía por la región **satírica**." —Cervantes
La poesía **satírica** está basada esencialmente en la crítica de condiciones . . .
¿Qué elementos **satíricos** se pueden notar?

**satirist**
Nació en Madrid el ilustre y famoso **satírico** español.

**satirize**
**Satiriza** las costumbres, pero con una dimensión caricaturesca. (satirizar)

**satisfy**
Pero este tipo de ensayo mínimo parece que no le **satisfacía**. (satisfacer)
Nadie podía **contentar**lo porque llevaba el descontento en su alma.

**savor**
(v.) Hay que leerlo y releerlo para **gozar de** sus narraciones jugosísimas e
    incitantes.

**saying**
"El **refrán** que no viene a propósito antes es disparate que sentencia."
    —Cervantes
Hay una gran variedad de **dichos**: picarescos, ligeros, satíricos, chistosos,
    sutiles, sabios.

**scandal**
Estos **escándalos** entraron en la poesía, el teatro y la novela.

**scansion**
Son nociones muy artificiosas, y han sido creadas para reconocer en la **escansión**
    pies determinados.

**scant**
Es obra de **escaso** valor.

**scarcity**
Es curioso señalar la abundancia de novelistas y dramaturgos y la **escasez** de
    poetas líricos.

**scatological**
Evidentemente, palabras que Cervantes usaba en su tiempo con gran desenfado,
    ahora resultan **escatológicas**.
Gracioso también, aunque deliberado e inocente, es su gusto por los elementos
    **escatológicos**, de los que usa y abusa en sus últimos libros.

**scattered**
Sus ensayos, todavía **dispersos** por revistas y diarios . . .
Su obra está **desparramada** por periódicos y revistas del último tercio del
    siglo XIX.
Lo mejor son las agudas observaciones **esparcidas** por toda la novela.

**scenario**
Ha consagrado su vida al periodismo y a la literatura, pero ha escrito alguna
    biografía y varios **guiones** cinematográficos.

**scene**
En la primera **escena** del acto primero . . .
Cada vez que entra un nuevo personaje o sale alguno de los que están en el
    escenario, comienza una nueva **escena**.

Conservamos la división en **escenas** y las indicaciones escenográficas del autor.

Sus **escenas** no constituyen meras descripciones, sino cuadros animados, con su pequeño argumento, con diálogos chispeantes y graciosos en torno a una almendrilla moralizante.

### scenery   [ > décor]

Hay artistas cuya única misión es el dibujo y el colorido de las **decoraciones**.

(absence of)   En el aspecto técnico era partidario de los decorados desnudos precisamente porque creía que el espectador podía y debía crearlos para sí.

### scenography

En estas representaciones se ensayan las formas más nuevas de **escenografía** y de interpretación.

### scholar

Llevó a la literatura su seriedad de **estudioso**.

¿Qué decir de su propia y personal labor como **investigador**?

### scholarship   [ > research]

Su influencia en la moderna **investigación** ha sido tan grande como decisiva.

### school   [ > group, movement]

Raro es el escritor hispanoamericano que, de un modo u otro, no pueda referirse a una **escuela** o a un autor europeo.

Los caracteres de esta **escuela** literaria son tanto de fondo como de forma.

"Yo diría que las **escuelas** literarias no son otra cosa sino las distintas soluciones que una generación ofrece a un único problema." —SALINAS

### science fiction

Y más recientemente, las novelas y películas de **ciencia-ficción** . . .

Lo mejor de su obra son algunos cuentos de **ficción científica**.

### scope   [ > extent]

Le faltaba cultura para el **alcance** de los temas que escogía.

Su primer trabajo de alguna **envergadura** fue . . .

### scorn

(n.) En segundo lugar sienten un gran **desprecio** por la burguesía social y literaria.

Baroja también manifestó **desdén** (m.) hacia Galdós.

(v.) No **desdeño** en modo alguno el periodismo, sino que lo utilizo para hacer filosofía y para influir a las masas. (desdeñar)

"Cuando no se puede obtener una cosa hay que **despreciar**la." —GRACIÁN

### screenplay

Hace una proclamación teórica de este principio en la introducción a su **guión cinematográfico**.

### Scriptures

Ateniéndose a su tradición religiosa y reforzando las indagaciones personales con citas de las **Sagradas Escrituras** . . .

### search

(n.) La **búsqueda** de lo moderno en todos sus aspectos llega a ser el mito de la época.

Por otro lado, la **búsqueda** de nuevos caminos para la novela no se detiene.

Hay en este romanticismo una afanosa **búsqueda** de lo vital del hombre en la libertad.

En estos cambios se le ve la **busca** de una postura moral, digna, decente.

Salió del círculo modernista en **busca** de novedades.

## second-rate

Figuras **de segundo orden**, dentro de los cultivadores del género, son . . .

Autores dramáticos románticos **de segunda clase** son . . .

Por eso arremete contra los escritores **de segunda fila** . . .

## secret

(n.) "El que comunicó sus **secretos** a otro hízose esclavo de él." —Gracián

"Nada une a los hombres más que el **secreto**." —Unamuno

## seek    [ > attempt, strive, try]

El héroe **busca** la aventura por el gusto de la aventura.   (buscar)

El drama **aspira** ahora **a** presentar una imagen realista de los conflictos humanos.   (aspirar a)

## seem    [ > appear]

Su sencillez les **parecía** sinceridad; su abundancia sentimental, riqueza poética.   (parecer)

## select    [ > choose]

(v.) Quiroga **seleccionaba** los cuentos de cada libro, con un criterio temático, no cronológico.   (seleccionar)

## selection

Una **selección** de estos artículos es lo que el escritor ofrece al público.

## self-respect

"Nunca perderse el **respeto a sí mismo**." —Gracián

## (to be) self-taught (in)

Educado en un pueblo campesino y primitivo, buscó libros difíciles y **se disciplinó con** la literatura francesa.   (disciplinarse con)

## semantics

La **semántica** es la parte de la lingüística que estudia la significación de las palabras.

## semicolon

El estilo periódico es el que utiliza períodos largos, amplios, en los que el punto seguido rara vez llega, multiplicándose, en cambio, el **punto y coma**.

## sensation

Las **sensaciones**, las emociones, las pasiones iban desenvolviéndose en gradaciones continuas.

## sensational

Las escenas son violentas y deliberadamente **efectistas**.

## sense    [ > meaning]

Tomando la palabra en su **acepción** ordinaria . . .

Su libro no es una crónica en el **sentido** tradicional del vocablo.

El modernista, en general, respeta la rima; es en este **sentido** ultraconservador.

Usan la ironía para crear un **sentido** más vivo de la realidad.

(broadest)    . . . en el más amplio, unamuniano sentido de la palabra.

(restricted)   En un sentido más restringido . . .

### senses
En el barroco todo habla a los **sentidos** con fórmulas visibles y ornamentales. La vista, el oído, el gusto, el olfato, el tacto operan sin cesar, y a menudo se enlazan sus funciones.

### sensibility
El objeto del barroco es excitar fuertemente la **sensibilidad** o la inteligencia con estímulos violentos de orden sensorial.

### sensitive
Es una poesía rica por lo **sensitivo** y refinado del hombre.

### sensitivity
Es un problema de **sensibilidad**, de buen gusto, y de imaginación. "Lo nuevo es la **sensibilidad** del artista." —AzORÍN

### sensual
El modernismo era una literatura de los sentidos, trémula de atractivos **sensuales**, deslumbradora de cromatismo.

### sensuality
No tenía Silva la **sensualidad** ardiente de otros poetas tropicales.

### sentence
La **frase** puede ser: correcta o viciosa, natural o figurada, simple, compuesta y compleja.
Buscaba la **frase** expresiva y preciosa y huía del descuido y el desaliño.
Sus **frases** son armoniosas, llenas de ritmo interior y de vivacidad.

### sentiment
Son los **sentimientos** preferidos por los románticos: tristeza, amor imposible, misterio y muerte, dolor . . .

### sentimental
Poeta de acusadísima personalidad **sentimental**, puede ser considerado como un verdadero precursor del movimiento romántico.
Y su lírica es más valiosa porque no se aprovecha de palabras **sentimentales**.

### sentimentality
Hay menos **sentimentalismo** y, en compensación, mejor humor.

### separate
(v.) Diez años **separaban** al novelista de lo novelado.  (separar)
La novela actual no respecta los límites que tradicionalmente **separan** los géneros literarios.

### sequel
El realismo esencial de Rueda trajo como **secuela** el realismo escénico, la prosa teatral.
Esta novela es una **continuación** de la anterior y desarrolla el tema de la naturaleza y sicología de la adolescencia.

### serial
(n.) Escribió la novela en 1840 y la publicó como **folletín** en un periódico chileno.
(a.) Las novelas **en forma de folletín** habituaron a los lectores a argumentos absurdos, intrigas complicadísimas e interminables, contrastes de personajes siniestros y seráficos, pasiones, violencia, exageración.

**series**
> Una **serie** de episodios independientes cuya unidad se mantiene con la figura del protagonista . . .

**sermon**
> Original en su actitud de predicador, la prosa de sus **sermones** le sale original.

**setting**
> El lugar donde transcurre la acción no es importante; el **marco** está subordinado a la vida íntima del protagonista.
>
> Su mérito mayor es la descripción morosa de los **escenarios** naturales.
>
> Las **escenas** en las que se podría estudiar la realidad social del país son auténticas.

**share**
> (v.) Parece que Miguel Hernández **comparte** los sentimientos de otro poeta español de este siglo.   (compartir)

**sharp**
> Hubo escritores que se sintieron en **agudo** conflicto con el mundo en que vivían.

**shift**   [ > change]
> (n.) El **paso** al imperfecto introduce otro momento cumbre en el relato.
>
> Precisar los detalles de este **tránsito** de la novela romántica a la realista es imposible.
>
> (v.) Ultimamente, su preocupación novelesca **se ha orientado** hacia la historia contemporánea española.   (orientarse)

**shortcoming**   [ > disadvantage, fault, weakness]
> Pero estas **carencias** quedan satisfactoriamente compensadas por . . .
>
> Si hay lectores que encuentran en estas páginas **deficiencias**, imperfecciones . . .

**short story**   [ > story, narration]
> Es más **cuento** que novela, por la situación única que nos ofrece.
>
> Su gran mérito está en el **cuento**, género en el que llegó a tener la maestría de un verdadero creador.
>
> Su obra narrativa se reduce a varios **cuentos cortos** y a una novela.
>
> Algunos de sus **relatos cortos** son más conmovedores que sus novelas.

**short story writer**
> En la segunda generación romántica encontramos algunos de los mejores **cuentistas** de esta época.

**show**   [ > display, illustrate, point out, reveal]
> Groussac **mostró** su preferencia por casos psicológicos complejos.   (mostrar)

**sign**   [ > trace]
> (n.) Nuestra época viene dando **muestras** de una predilección por las antologías.
>
> Es uno de los **signos** que mejor descubre su grandeza de novelista.
>
> (v.) Como sabía que el anónimo excita la curiosidad de las gentes, no **firmó** el escrito.   (firmar)

**significant**
> A Galdós le gustaba poner a sus personajes nombres **significativos**.
>
> En Cuba no hubo un **notable** movimiento modernista hasta ya entrado el siglo XX.

**silence**

(n.) Este dramaturgo sabía el valor del **silencio**.

"Contra el **callar** no hay castigo ni respuesta." —CERVANTES

Las intensas pausas en el diálogo calan más hondo que las palabras mismas.

**similar**

Y hay otros ejemplos **similares**.

El neoclasicismo fue un intento **parecido** al erasmismo del siglo XVI para europeizar el mundo hispánico.

**similarity** [ > resemblance]

Entre las **semejanzas** de técnica estilística observadas en los dos poetas . . .

Con respeto a la **similitud** entre Baudelaire y Casal se puede decir que . . .

Nos interesa señalar aquí una fundamental **coincidencia** de la poesía de Aleixandre con la de Neruda.

Se ha mencionado tantas veces la **identidad** entre Unamuno y Pirandello que resultaría ocioso insistir ahora en ella.

Los **puntos de contacto** de estos dos grandes estilos literarios son . . .

**simile** [ > image]

El tono se exalta al culminar el **símil** que apunta en el verso 2.

El **símil** que Santa Teresa usa para la interpretación de la unión mística es el de las dos velas.

**simple**

Es de una construcción tan **sencilla** que aumenta su efecto.

Pero la lógica de Juan Ramón no ha seguido un proceso tan **simple** como el que acabamos de exponer.

**simplicity**

La **sencillez** de esta poesía consiste más en una síntesis que en una simplicidad.

La mayoría de estas narraciones se caracterizan por su deliciosa **sencillez**.

**simultaneously**

Novela que es **a un tiempo** filosofía y teología . . .

**sincere**

"¡Que ser **sincero** es ser potente!" —DARÍO

**sincerity**

Se esfuerza por alcanzar la **sinceridad** hasta donde le es posible.

La obra de arte debe ser **sinceridad** y verdad personal.

Proclama la **sinceridad** de la expresión como supremo valor.

**single out**

Ahora vamos a **destacar** a los más valiosos de esa promoción.

Usa símbolos y alegorías para **destacar** sus intenciones.

**singular (grammar)**

El verbo en **singular** ayuda a mantener la suspensión de una acción puramente mental.

**situate**

Entre 1550 y 1670 pueden **ubicarse** los cien años máximos de brillo y apogeo de esta literatura.

**situation**

La acción es bastante simplista y se repiten las **situaciones** con soluciones similares.

Las **situaciones** de sus obras tienen la gracia irresistible del contraste y del equívoco.

**skeptic**
Hubo un grupo de **escépticos** que se mantenían al margen de las ideologías.

**skeptical**
Las conclusiones del libro son, más que pesimistas o **escépticas**, radicalmente sombrías.

**skepticism**
Mucho se ha hablado del gran **escepticismo** de Varona que a veces llega al más terrible desencanto y amargura.

Su **escepticismo** le lleva a una poesía de desolación, de abandono total del ser.

Su **escepticismo** e ironía nunca son amargas, porque se deslíen en un humor malicioso y chispeante.

**sketch**   [ > outline, rough draft]
(n.) Ya se ha perdido el primer **esbozo** de esa obra maestra.
Como ha podido verse en este rápido **bosquejo** de los autores anteriores.
Era un verdadero **boceto** dramático en un acto y en verso.
(v.) En el presente artículo, **esbozaré** un sucinto panorama de la novela azoriniana.  (esbozar)
Sería vano **trazar** el perfil y la duración de cada movimiento.
En 1906 ya **había bosquejado** una breve narración con el mismo título. (bosquejar)

**skill**   [ > ability]
El autor no maneja el tema con la **habilidad** que anteriormente habíamos presenciado.
Su **destreza** técnica es grande.

**skillful**
Al poeta culto se le conoce en la **hábil** construcción del poema.

**slapstick**
El espectáculo consta de bailes y **payasadas**, sin argumento tradicional.

**slice of life**   [ > realism]
Toma un '**pedazo de vida**' y su esfuerzo literario consiste en conservarle su realidad.
Para la escuela naturalista, la novela es un **trozo de vida**.
Porque el naturalismo y las estéticas afines pretendían insertar la **tranche de vie** en una estructura formal . . .

**slipshod**
Es un poeta espontáneo, **desaliñado**, que nos habla de las tradiciones folklóricas.

**snob**
"El '**snob**' aprecia una cosa no por convicción directa de su valor, sino porque ve que es apreciada por los demás . . ."   —ORTEGA Y GASSET

**snobbism**
El europeísmo y aun el **esnobismo** de los personajes no falsifican la novela.
Se expresa sin afectación, sin pedantería, sin **snobismo**.

**so-called**
La **llamada** literatura gauchesca cae dentro de esa gran corriente de literatura popular.

El siglo XVI produce en España la **llamada** revolución italiana o petrarquista.

### social

Claro, no se puede pasar por alto la actitud **social** del poeta.

### social protest

Este es el mismo grito de **protesta social** que sale de Benavente en sus piezas negras.

Hay propósitos de **crítica social** y de reforma política, pero sin originalidad ni análisis.

Podemos extender la **denuncia social** de la obra a un plano más amplio.

### society

Tenía un conocimiento de la **sociedad** española que se nos antoja bastante unilateral.

La **sociedad** está representada por medio de los procesos mentales de los personajes.

### soliloquy  [ > monologue]

Más cuentecillo que teatro, en forma de dos **soliloquios** sucesivos ligados entre sí con unos pocos gestos.

### solitary

El narrador es un intelectual tímido, imaginativo, **solitario**.

### solitude

Se repiten en el libro las expresiones referentes a la **soledad** del ser humano.

Sus narraciones son amargas, aun trágicas, con temas y tonos de **soledad** y desesperanza.

### solution

Se caracteriza por la destreza en el planteo, desarrollo y **solución** de los argumentos.

Y en unas palabras terribles nos parece hallar la espantosa **solución** del conflicto.

### solve

Su estética parece consistir en crear problemas difíciles para **resolver**los.

### sonnet

"El **soneto** supone un esquema rígido de versos, de sílabas y de acentos, al que ha de adaptarse el pensamiento poético del autor." —GOYANES

"Un **soneto** vale más que un poema, y un vaso de vino más que un soneto." —LARRA

El **soneto** de Góngora se caracteriza por su sólida arquitectura, su espléndida sonoridad y la opulenta riqueza de sus imágenes.

(love)   Sus sonetos de amor son quizás una de las piezas clásicas más intensas de toda la poesía amorosa universal.

### sonneteer

Lope es, con Góngora y Quevedo, de los más grandes **sonetistas** de la lengua castellana.

Ha logrado una maestría que lo sitúa entre los mejores **sonetistas** contemporáneos.

### sonority

El poeta sabe buscar las palabras capaces de producir el efecto musical deseado y de **sonoridad** apropiada.

**sonorous**

El verso de Quintana es **sonoro**, rotundo y vibrante.

**soul**

Había reflejado en sus novelas el **alma** de su país y época.

Porque hacer novela es irse adentro de uno mismo, entrarse en lo más íntimo del **alma**.

"El **alma** mía; esta amarga raíz del pensamiento." —CAMPOAMOR

**sound**

(n.) Nadie sostiene la teoría del **sonido** por el sonido.

Además de **sonidos** verbales ofrecía una musicalidad psíquica, interior, sugestiva.

Se hizo después modernista y cultivó raros y a veces fascinantes juegos de **sonidos**.

**source**   [ > inspiration]

Es posible volver a los **orígenes**, a las **fuentes** mismas de la creación literaria.

Claro está que la novela tiene ciertas **fuentes** literarias, descubiertas por el análisis.

Su realismo reconoce **antecedentes** europeos y particularmente españoles.

**source material**

El autor dispone de una serie de recuerdos personales cuya lejanía los hace aptos para constituir una **materia prima** novelesca.

**space**

(n.) No tenemos **espacio** para examinar algunos otros de los ingredientes de esta poesía.

En sus poemas los **espacios blancos** valían tanto como los vocablos.

**specific**

Hay detalles **específicos** que datan sus artículos desde ese tiempo.

**specify**

Quizá debamos **precisar** el sentido de esta expresión.

**spectacle**

El teatro castellano se afirma como **espectáculo** y diversión popular.

Pero la **espectacularidad** excede el contenido mismo del drama.

**spectator**

Esta escena debe entenderse en conjunto con dos hechos que el **espectador** conoce más tarde.

**speech**

"El **lenguaje** sirve para ahorrar el pensamiento. Se habla cuando no se quiere pensar." —UNAMUNO

Su **habla** tiene nobleza, reciedad, vigor como ninguna otra.

Lo más sobresaliente de Martí como prosista son sus crónicas, ensayos, **discursos** y cartas.

No hay en la novela **discursos** políticos ni fáciles latiguillos revolucionarios.

**spelling**

Se ha modernizado la **ortografía** en todos los casos en que la grafía antigua no tiene valor fonético diferente del actual.

(errors)   Su mujer recogía las cuartillas, las ordenaba y corregía las faltas de ortografía.

**spirit**
Los tres poetas florentinos inyectan un nuevo **espíritu** en la literatura.

**spiritual**
Ciertas revelaciones **espirituales** hechas por Verlaine hubieran sido incomprensibles para los grandes trágicos griegos.

**spoil**
Aquí no hay tesis que **eche a perder** el relato.   (echar . . .)

**spokesman**
Fue uno de los **voceros** más ardientes en favor de . . .

**spontaneity**
Sus escrúpulos de buen artesano del verso nunca le quitaron **espontaneidad**.

**spontaneous**
Tienen gran valor artístico estas obrillas escritas en un lenguaje fácil y **espontáneo**.

**spread**
(v.) El modernismo **se extendió** rápidamente a todos los países de habla española.   (extenderse)

Para **propagar** sus ideas liberales, utilizó las técnicas de la novela en folletines.

**stage (theater)**
(n.) El **escenario** sirve para debatir problemas metafísicos.

El espectador ve en el **escenario** su propia vida cotidiana.

Estos esfuerzos por dignificar un tanto la **escena** española cayeron en la nada.

Esas tres primeras **etapas** se caracterizan también por las preferencias estróficas y métricas.

(on s.)   Horacio recomienda que nunca dialoguen más de tres en escena.

(v.) La cuarta tragedia **escenifica** el triste episodio que ya el lector conoce.   (escenificar)

**staging**
La **escenificación** de esas tres posibilidades reafirma el ingenio, la habilidad y la sutileza del autor.

**stand out**
De esta escuela sólo una figura **se destaca**.   (destacarse)

**Se destacó** como sonetista y continuó al servicio de la poesía.

En esta época **sobresalen** varios autores, tanto en la novela como en el cuento.   (sobresalir)

Los personajes de estos escritores **resaltan** por la circunstancia de participar ellos mismos en el conflicto del propio novelista.   (resaltar)

**stanza**   [ > verse]
La **estancia** en el arte modernista está construida por una melódica distribución de cláusulas rítmicas para expresar una emoción y un sentido.

Fue el primero en emplear esta **estrofa** italiana en español.

**start**   [ > begin, initiate, open with]
La obra novelesca de Unamuno **principia** con su primer libro "Paz en la guerra".   (principiar)

**state**
(n.) En uno de sus cuentos narra el **estado** en que la literatura se le aparece.

La obra literaria no es otra cosa que la expresión del **estado** de la sociedad.

(of mind)   Y lo desarrolló también al modo romántico, como un estado de ánimo.

Se compone la obra únicamente con descripciones y estados de ánimo del personaje que da nombre al libro.

**stature**
Su **estatura** literaria ha crecido con el tiempo y hoy se le considera entre los grandes novelistas hispanoamericanos del siglo XX.

Sus personajes carecen de **grandeza** moral en cuanto no luchan por mejorar el ambiente sórdido en que viven.

En este período la figura de **talla** internacional es Gabriela Mistral.

Aunque la composición no llega a la **altura** del gran poema de Olmedo . . .

Frente a un poeta de la **magnitud** de Góngora, sus imitadores siempre resultan pálidos.

**stem from**
Ambos movimientos **nacen de** una misma actitud: insatisfacción con el estado de la literatura en aquella época.   (nacer de)

Toda su obra **proviene de** un intento metódico de acoger la eternidad en el seno de la vida terrestre.   (provenir de)

Esta posibilidad **radica en** la ambigüedad que posee toda gran obra.   (radicar en)

La esencia de este personaje **brota de** una narración intensamente subjetiva. (brotar de)

**stereotyped**
Es un poeta que canta al mar con auténtico sentimiento a pesar de las formas externas que nos suenan a **estereotipadas**.

**stimulating**
La lectura de estas novelitas es francamente **estimulante**.

**stimulus**
El novelista trabaja con el **estímulo** de la realidad misma.

**stock phrase**
Ciertas **fórmulas** se repiten para caracterizar un personaje.

**stoic**
(n.) En su serenidad hay algo de los **estoicos**, a quienes también leía.

**stoicism**
Necesitaba de **estoicismo**, sin duda, para sobreponerse a su tristeza.

**story**   [ > narration]
"El **cuento** es cosa difícil; necesita tres períodos: prólogo, desenvolvimiento y epílogo." —AZORÍN

"El **cuento** es a la prosa lo que el soneto al verso."   —AZORÍN

"El límite del **cuento** es flexible, no sujeto a esquema alguno, sino impuesto por la índole del asunto." —GOYANES

De los tres **cuentos** largos que forman la serie, el mejor es el primero.

Carecen los **relatos** azorinianos de auténtica trama argumental.

| (detective) | Es un maestro, tanto del cuento fantástico como del detectivesco. |
| (fast-moving) | Sus narraciones se caracterizan por su movimiento rápido, refinamiento y brevedad. |
| (in the first person) | Centra su relato en el 'yo' y va evocando sus aventuras en un estilo rápido. |
| (imperfect) | No le conocemos ningún cuento perfecto: en general escribía rápidamente y cometía fallas, no sólo de estilo, sino de técnica narrativa. |
| (language) | "La salsa de los cuentos es la propiedad del lenguaje." —CERVANTES |
| (vs. novel) | "Todo verdadero cuento se puede convertir en novela, puesto que, en realidad, es un embrión de novela." —AZORÍN |
| (within a story) | Las narraciones en que maneja la técnica del 'cuento en el cuento' . . . |

### storyteller
Algunas personas son extraordinarios **narradores** en la conversación.

### storytelling
Tuvo en gran medida el don del **fabulismo** y consiguió crear un mundo novelesco personal y coherente.

Su modo de **historiar** no es el interpretativo, sino el descriptivo.

### story writer
Pero la suma de sus cuentos revela un **cuentista** de primera fila en nuestra literatura.

Construye las historias con habilidad: por eso, es mejor **cuentista** que novelista.

### stream of consciousness
El **monólogo interior** surgió de una necesidad legítima y profunda.

Ensaya el monólogo interior directo que muestra el **flujo de la conciencia** de Bernardo.

El monólogo interior o **corriente** (f.) **de conciencia** abre un mundo nuevo para la novela.

### stress   [ > accent, emphasize, underscore]
(v.) No es necesario que **insistamos** más **en** este punto.   (insistir en) **Insistiremos sobre** este punto un poco más adelante.

Hay que **recalcar** una diferencia: el estilo lírico es más individual.

**Da énfasis a** la importancia del libro como exposición de la crisis política. (darn . . .)

Ante una realidad que ve llena de defectos él se burla **acentuando** su aspecto de farsa.   (acentuar)

### strive   [ > attempt, seek, try]
Quizá es España el país que más **se ha esforzado en** producir letras y arte más apegados al sentimiento trágico de la vida y al sentimiento pícaro de cada día. (esforzarse en)

### strong point
El interés constante que despiertan las situaciones y la maestría para reproducir el diálogo popular son los **puntos fuertes** de su novela.

#### structuralism
El **estructuralismo**, que es una influencia extranjera en la literatura española, analiza obras literarias de una manera antitradicional.

#### structure
Ha permanecido siempre fiel a la **estructura** tradicional, dentro de la que busca unidad y concentración.

La **estructura** del libro se apoya en una serie de cuadros o episodios.

Es un teatro de **estructura** y técnica europeas.

Aun el verso libre debe tener una **arquitectura** interior.

Solía dar a su prosa **arquitectura** de sermón, de discurso, de proclama, de oración.

(classical)   El poema obedece a cierta arquitectura clásica.

(faulty)   La obra falla desde el punto de vista literario: la estructura es endeble, la trama inexistente.

(lack of)   No ha quedado la estructura del verso, ni siquiera la estructura de una simple frase.

(loose)   La estructura dramática es floja: el ambiente, falso.

(planned)   La composición tiene, además, una arquitectura, un orden rigurosamente pensado.

(recurrent)   Una vez fijada esta estructura, se repite a lo largo del poema.

(weak)   El problema de esta novela consiste en la debilidad de su estructura.

#### struggle   [ > conflict]
(n.) La obra nos presenta la eterna **lucha** entre el amor y la muerte.

En todo el epistolario vemos la patética **lucha** de Valera por el dinero y por la fama literaria.

#### study
(n.) Antes de entrar en el **estudio** detallado de las dos novelas editadas en este tomo . . .

El **estudio** es esclarecedor y sugestivo en interpretaciones.

Hasta aquí, en esta **indagación** de los estratos sensoriales que informan el estilo . . .

(v.) Primero **estudiaremos** los modernistas que se destacaron más en el verso que en la prosa.   (estudiar)

#### style   [ > tone]
"El **estilo** de un escritor, es decir, la fisonomía de su obra, consiste en una serie de actos selectivos que aquél ejecuta." —ORTEGA Y GASSET

"Tener **estilo** es no tener estilo." —AZORÍN

"Para mí, el mejor **estilo** es el que menos lo parece." —MENÉNDEZ Y PELAYO

"El que ajuste su pensamiento a su forma, como una hoja de espada a la vaina, ése tiene estilo." —MARTÍ

"**Estilo** es todo lo que individualiza a un ente literario: a una obra, a una época, a una literatura." —D. ALONSO

**Estilo** es el conjunto de rasgos que caracterizan a un género, a una obra . . .

El **estilo** es la realidad de quien narra, el único personaje insustituible.

Una vez más se comprueba que el **estilo** es el hombre . . .

El **estilo** es el producto de una intención artística.

Su **estilo** es sencillo, elegante y sobrio, muy elaborado, sin embargo, muy depurado también.

Su **estilo** se caracteriza por la justeza, por la exactitud y por la sobriedad propia del carácter del autor.

Juan Manuel creó el verdadero sentido de la prosa literaria con su **estilo** reposado, claro, conciso y elegante.

De este fondo se levantaba impetuosamente un **estilo** exclamativo, entrecortado, vivo, voluptuoso, apasionado, colorido, mórbido, rico e imaginativo.

El **estilo** puede ser dividido con relación a numerosos aspectos: claro y oscuro, original y común o vulgar, natural y afectado, puro (castizo) o bárbaro, preciso y vago, suave y áspero, ligero y pesado, enérgico y débil, conciso y prolijo, noble y familiar, fuerte y débil, elegante y chabacano, cortado y farragoso, llano y florido, compacto y desencajado.

| | |
|---|---|
| (absence of) | "Mi ideal sobre materia de estilo es no tenerlo." —MENÉNDEZ Y PELAYO |
| (academic) | Su estilo es cuidadoso, solemne y tradicional. |
| | El estilo académico consiste en cierto purismo de lenguaje, en una atención exagerada a la ortodoxia de la sintaxis y de la construcción. |
| (affected) | La lengua adolece en general del estilo afectado, declamatorio y enfático. |
| | Se caracteriza su estilo por los abundantes juegos de palabras, conceptos extravagantes y afectación erudita. |
| (baroque) | El estilo es en extremo barroco, pero sabe darle al relato movimiento épico. |
| (balanced) | El estilo es equilibrado y por eso aparenta simple. |
| (biblical) | Esa figura se usa frecuentemente en la Biblia y por los que imitan el estilo bíblico. |
| (brilliant) | La novela está escrita en un estilo brillante, esmaltado de frases ingeniosas, de paradojas, de alusiones artísticas y literarias. |
| | "El estilo, como las uñas, es más fácil tenerlo brillante que limpio." —D'ORS |
| (candid) | Nos agrada el realismo de la narración, el suave candor de su estilo. |
| (careless) | El estilo es flojo, desaliñado, y con numerosos galicismos. |
| | El estilo es descuidado como en una charla, pero con sonrisas y guiños irónicos. |
| | Su estilo a veces padece de descuidos y a menudo es periodístico, pero el autor tenía talento de narrador. |
| (chaotic) | El estilo de esos escritores era tan caótico como el objeto que descubrieron: el caos humano. |
| (as choice) | El concepto de estilo como 'selección' procede de Ortega y Gasset en su ensayo sobre Baroja. |
| (compact) | El estilo denso, compacto, jugoso viene a ser una pantalla admirable que todo lo refleja. |

| | |
|---|---|
| (conceptista) | Conocía muy bien el estilo oscuro y difícil de conceptistas y culteranos. |
| (conversational) | El estilo no es de esmerado literato, pero sí de incomparable conversador. |
| (critical) | Surge ahora la cuestión de si hay un estilo crítico y de críticos. |
| (cumbersome) | Estilo recargado de imágenes y expresión literaria extravagante . . . |
| (decadent) | Es un estilo decadente, el que lucía con sordo brillo de ópalos en las comedias de Oscar Wilde. |
| (deficient) | Su estilo era inadecuado para el género novelesco. |
| (detached) | Ha tenido que forjar un estilo adecuado que huye de toda emoción, toda simpatía de su parte. |
| (difficult) | El resultado es un estilo personalísimo, característico y difícil. |
| (direct) | Copia la realidad histórica con un estilo sencillo, directo, veraz y realista. |
| (dull) | Le reprochamos la torpeza de la construcción y del estilo. |
| (dynamic) | El propio vigor interno del estilo, su dinamismo y vitalidad . . . |
| (elaborate) | Su estilo, rico en metáforas, símbolos, mitos, a veces oscuros, misteriosos y aun místicos, era nuevo. |
| (elevated) | Su castizo lenguaje, su levantado estilo, la nobleza de sus ideas y el calor de sus diálogos . . . |
| (emphatic) | Aquí el estilo vuelve a ser enfático y su entusiasmo, desmesurado. |
| (epic) | El estilo de la epopeya ha de ser rico, elevado, suntuoso. |
| (existential) | En sus formas complejas surge también el estilo existencial del autor. |
| (fascinating) | Esa mezcla de emoción y análisis le ha permitido forjar un estilo fascinante y persuasivo. |
| (feminine) | Si el estilo tuviera sexo, femenino sería éste, en el sentido en que se habla de la feminidad del estilo de Virginia Woolf. |
| (flawed) | Su estilo no está exento de algunos defectillos como son el tono demasiado declamatorio y denso . . . |
| (flexible) | Estilo rico, brillante, capaz de la ironía, de la gravedad científica, de la emoción, también de la agudeza y de la indignación. |
| (florid) | El estilo florido se complace en buscar todo género de adornos y copias de figuras y tropos para hermosear y enaltecer el asunto. |
| (forceful) | Es un estilo viril, enérgico, lleno de fuerza convincente, pero al mismo tiempo claro, sincero, directo. |
| | Su estilo es de gran desenvoltura, pujante, lleno de fuerza y expresión, pero nunca retórico o enfático. |

| | |
|---|---|
| (French) | Es evidente que el autor formó su estilo en la prosa artística francesa, de Flaubert en adelante. |
| (gay) | Está escrita con estilo festivo, ligereza y gracia. |
| (impressionist) | El estilo es abrupto, impresionista; con frecuencia también, desmayado, incoloro, trivial. |
| (ironic) | El estilo es irónico, punzante, siempre quevedesco. |
| (journalistic) | La obra está escrita en un estilo periodístico ágil, vibrante, lleno de primores de estilo. |
| (lapidary) | La primera necesidad del estilo lapidario es la brevedad que no excluye la claridad. |
| (lively) | Vasconcelos posee un estilo vigoroso, inquieto como su temperamento, brioso y flexible. |
| (luminous) | En su estilo encontramos primores y luminosidades. |
| (masculine) | De estilo varonil, llano, preciso y objetivo ... |
| (measured) | Miró pertenece a la generación del párrafo largo: su período es de andadura lenta, reposada. |
| (metaphorical) | El suyo es un estilo de metáforas impresionistas, de imágenes breves que saltan como chispazos, e inspirado por el intento de llegar a la sugestión poética. |
| (modernist) | La atención a la vida psicológica de los personajes, la calidad estética de la descripción y el cuidado de la frase sitúan la novela en el estilo modernista. |
| (natural) | "Escribo como hablo; solamente tengo cuidado de usar de vocablos que signifiquen bien lo que quiero decir, y dígolo cuanto más llanamente me es posible, porque a mi parecer en ninguna lengua está bien la afectación." —JUAN DE VALDÉS |
| | Cuando se compara su estilo con el de Santa Teresa, se nota en el de ella más naturalidad. |
| (new) | Los nuevos estilos son recibidos con incomprensión y proporcionan material abundante a los escritores y dibujantes satíricos. |
| (nineteenth century) | Su estilo, que no puede desembarazarse de lo decimonónico, es desigual, paradójico, contorsionado. |
| (noble) | El estilo noble es el más propio para la oratoria académica y para la alta crítica de literatura y arte. |
| (oratorical) | El estilo oratorio es más campanudo y sonoro, y suele terminar los párrafos con palabras agudas, que dejan eco. |
| (ornate) | El estilo es duro, conceptuoso, impropio y a veces extravagante. |
| (periodic) | Por su forma, el estilo puede ser cortado o sentencioso y periódico o amplio. |
| (persuasive) | Cabe decir que su estilo es un estilo persuasivo. |
| (picaresque) | Su estilo es ágil, flúido, variado, lleno de sal y picardía. |
| (Pindaric) | Estilo pindárico es aquél en que resalta lo vivo y animado de la pintura, lo noble del pensamiento, la abundancia y brillantez de las imágenes. |

| | |
|---|---|
| (pleasant) | Sus memorias están escritas en claro y ameno estilo . . . |
| (polished) | Encontramos que sus relatos son vivos y su estilo terso, pulido y expresivo. |
| (precious) | Hay muestras de un estilo adornado, colorido, metafórico, con el gusto por contrastes, enumeraciones y detalles preciosos. |
| (precise) | De su prosa podemos alabar la precisión, la rapidez, el nerviosismo, la plasticidad, la exactitud. |
| (pure) | Su estilo es uno de los más decantados y depurados de la lengua castellana. |
| (regional) | Su estilo es una mezcla de amorosa reproducción de todos los aspectos de su región, un tono de suavidad en la expresión y la reproducción del habla regional. |
| (Renaissance) | La obra está en la tradición renacentista por el estilo. |
| (rigid) | El estilo premioso carece de flexibilidad, de facilidad y de soltura. |
| (romantic) | Bello se burló de las faltas de lógica en ese estilo romántico. |
| (simple) | Su estilo tiene una encantadora simplicidad y limpieza. |
| | La aparente rústica sencillez de su estilo tiene mucho de arte pensado y escrupulosamente vigilado. |
| | Su estilo es un modelo de llaneza, casi aun de rusticidad. |
| (sober) | Se destaca por su estilo sobrio en el que lo importante es el pensamiento y las ideas. |
| (solid) | Su estilo es sólido, de peso y substancia . . . |
| (spare) | Presenta un estilo directo, a menudo descarnado, de frases cortas y parcas. |
| | Utiliza un estilo escueto, esquemático, de ritmo acelerado. |
| (spontaneous) | Es un estilo forjado de prisa, sin aliños, pero lleno de espontaneidad. |
| (stately) | Logró un estilo peculiar lleno de mesura, serenidad, precisión elegante y una perfecta concatenación entre la idea y la forma expresiva. |
| (sure) | Nos encontramos ante un escritor ya maduro, en posesión de un estilo muy personal y exento de vacilaciones. |
| (uneven) | Su estilo es desigual, irregular, a veces descuidado. |
| (urbane) | El estilo, cosmopolita, ágil, ingenioso, irónico y en algunos instantes aforístico . . . |
| (vigorous) | Su estilo es vigoroso, lleno de fuerza y de poder. |
| | La obra está escrita en estilo robusto, abundante y castizo. |
| (violent) | Es conocido su estilo, violento, cruel, polémico, brillante. |

## stylist

Era un **estilista** escrupuloso, preocupado tanto del fondo como de la forma de su obra.

"Todos los reputados por **estilistas** no tienen ideas."   —AZORÍN

Todo buen **estilista** debe huir del culteranismo y del prosaísmo.

Pérez de Ayala es uno de los grandes escritores, de los grandes **estilistas** contemporáneos.

Además estilísticamente fue uno de los escritores más importantes de su tiempo.

**stylistic**

No vamos a entrar en el estudio **estilístico** de estos versos.

La peculiaridad **estilística** más notable es la ausencia casi total del punto y aparte.

**stylistics**

"Una literatura reducida a **estilística** sería insoportable." —Maeztu

"La **estilística** es un instrumento crítico." —A. Alonso

"La **estilística** es el estudio de la expresión individual, el uso de la lengua por los individuos.

El reciente desarrollo de la **estilística** supone, muchas veces, una atención excesiva a lo puramente formal.

**subconscious**

(n.) Su obra significó un cambio hacia los temas del **subconsciente**.

Ha creado un teatro de conflictos de conciencia, con buceos en la **subconsciencia**.

**subject**    [ > subject matter, theme]

(n.) No repite el sujeto pronominal, a no ser en ciertos casos enfáticos.

Es poema que por su vocabulario y por su **temática** es típicamente noventayochista.

(v.) **Somete** el frenesí de su lirismo al rigor de versos de perfectas formas. (someter)

**subjective**

La obra es un análisis **subjetivo** y muy penetrante del carácter mexicano.

Lo **subjetivo** es lo único que vale.

**subjectivity**

Es, en opinión de estos poetas, la poesía algo más que la expresión de una **subjetividad**.

El realismo objetivo se ha retirado ante la invasión del **subjetivismo**.

**subject matter**    [ > subject, theme]

"La **materia** no salva nunca a una obra de arte . . ." —Ortega y Gasset

El libro no tiene unidad en la **materia**.

Entre los cuentistas de **asunto** social el más destacado fue . . .

**sublime**

Para estudiar la relación que tiene lo trágico con lo **sublime** . . .

**subordinate**

(v.) El estilo se **subordina** siempre a la eficacia de la acción.   (subordinar)

(a.) Introduce conjunciones especiales para la formación de las frases **subordinadas**.

**subsequent to**

El acto de escribir es **posterior a** la vida que evoca aquella escritura.

**substance**

Sobre lo que constituye la **substancia** de la poesía existen criterios muy diversos.

**substantial**

El pensamiento es **sustancioso**, sin caer en lo pesado.

**substantive**
(n.) El empleo de estos **sustantivos** ensancha el horizonte significativo del poema.

**subtitle**
(n.) Y pone de **subtítulo** a una de sus mejores colecciones de novelas cortas "novelas poemáticas".

Este es el **subtítulo** que se le ha dado en la edición antes citada.

(v.) Se **subtitula** "novela" pero puede también considerarse como un documento antropológico.   (subtitular)

**subtle**
Con esa sensibilidad que le permite captar los matices más **sutiles** . . .

**subtlety**
No debemos buscar aquí **sutilezas** psicológicas.

Las olas de sensiblería cubren el diálogo, gruesas, pesadas; falta **sutileza**, falta matiz.

**succeed in**    [ > manage]
Góngora **consiguió** crear un lenguaje poético distinto del normal.   (conseguir)

**success**
"La obra mejor es la que se realiza sin las impaciencias del **éxito** inmediato."
—Rodó

El **éxito** de "La Celestina" se extiende por toda Europa durante todo el siglo XVI.

El **éxito** de ese género de novelas se prolongó hasta mediados del siglo XVII.

Conoció el **éxito** y la reputación de gran escritor.

No todas las piezas de Buero Vallejo han tenido **éxito** con el público, ni todas son perfectas.

Es su primera obra en constituir un **éxito** extraordinario, tanto financiero como de lectores.

(commercial)   Fue un éxito editorial sin precedentes.

Acaso sea el escritor español que ha alcanzado un mayor éxito.

"El poeta y el dinero, que se juntan mal, Señor."   —Monroy

**successful**
Su primera novela **de éxito** fue . . .

Entre otras **felices** innovaciones, brindó una poesía que aniquila el mundo real.

**successive**
No sintetiza rápidamente, sino que se demora en la presentación **sucesiva** de los accidentes del relato.

**suffer**
"Es una ley: **sufrir** para comprender."   —Esquilo

La obra **adolece de** los defectos generales del estilo de Mármol.   (adolecer de)

Las angustias que el hombre **padece**, su desesperación ante el destino . . . (padecer)

**suffering**
El romántico piensa que la vida es soledad y desamparo, lugar de **sufrimiento**.

**suffice**
En ocasiones, la colocación de una coma **basta** para cambiar la estructura y el significado de una frase.  (bastar)

**suggest**
La comedia **insinúa** más de lo que realmente expresa.  (insinuar)
Esta división **sugiere** una estructura rigurosa que la novela dista de tener. (sugerir)

**suggestion**
Del romanticismo salieron dos brotes especializados, uno en la perfección plástica (Parnaso), otro en la **sugestión** musical (Simbolismo).
A pesar de lo dicho, queda una **sugerencia** de ironía disfrazada.

**suit**
(v.) El título **le viene** muy **bien** porque . . .  (venir . . .)
No **cuadran** las acciones con la personalidad del protagonista.  (cuadrar)

**suitable**   [ > appropriate]
En esto influye el interés de escribir novelas **aptas** para transformarse en guiones cinematográficos.
El título de la obra es muy **apropiado** porque . . .

**suited**
Ese movimiento, importado de Europa pero bien **asentado** en las necesidades sociales de nuestro país . . .

**summarize**
Es imposible **resumir** en unas líneas la trascendencia del Quijote dentro de la evolución del género narrativo.

**summary**   [ > condensation, plot summary]
(n.) En el **sumario** al comienzo del capítulo se enumeran los temas que se van a desarrollar.
(a.) Quizá un **somero** análisis nos permita llegar a una conclusión satisfactoria.

**superficial**
Aunque de fondo pesimista, es una vena de gracia inagotable, si bien resulta a veces **superficial** y desdeñoso de la sociedad.

**superfluous**
"Será acaso el estilo la eliminación de lo **superfluo**."  —Azorín

**supernatural**
Decididamente, lo **sobrenatural** no está de moda, y Poe tampoco.

**support**
(n.) Añade una graciosa anécdota también en **apoyo** de la copla.
(v.) Voy a dar, no obstante, algunas pruebas que creo **corroboran** mi tesis. (corroborar)
Para **fundamentar** esta explicación ofrecemos la siguiente estrofa.

**supposition**
Se puede decir que su idea obedece a tres **hipótesis**.

**surface**
Parece frívolo: en realidad es porque de tan comprensivo parece estar en la **superficie** de todo.
Unamuno se preguntó más de una vez si la profundidad no estaba en la **superficie**.

**surpass**   [ > exceed]
Los diálogos y las narraciones **sobrepasan a** las descripciones en importancia.
   (sobrepasar a)
Como poeta exquisito y subjetivo no **es superado** por ningún otro poeta de la
   lengua.   (superar)
Otros escritores lo **excedieron** en talento o en resonancia.   (exceder)
No hay en toda la literatura española una novela que la **aventaje** ni siquiera la
   iguale.   (aventajar)

**surprise**
   (n.) Veamos otro ejemplo de la técnica de la **sorpresa** en Azorín.
   (v.) El arte de **sorprender** al lector con una inesperada situación . . .
        La intensidad poética, mágica, de su teatro **sorprende** también en sus
        cuentos.

**surprise ending**
   A cada cuento se le pone siempre un **fin inesperado** . . .

**surrealism**
   Pero si nos volvemos ahora a estudiar su lenguaje, su expresión poética, nos
   hallaremos colindando con otra escuela: el **superrealismo.**
   La lógica es la bestia negra del **superrealismo,** cuyo esfuerzo se concentra en
   sofocarla.
   Las palabras del **superrealismo** corrigen la falsa estructura lógica de la realidad.

**surrealist**
   (n.) Los más leídos y amados poetas extranjeros son los franceses, desde Baude-
        laire hasta los **superrealistas.**
   (a.) Aleixandre no es un poeta **superrealista,** pero sí ha pasado junto a esta
        escuela.

**surrender**
   (n.) No hay en estos sonetos una **entrega** emocional.

**survey**
   (n.) Para ofrecer un **panorama** completo de lo que se ha escrito durante . . .
        Su libro de 1925 fue el primer **panorama** que ofrecía una síntesis de las
        tendencias nuevas.

**survive**
   Sólo dos obras narrativas **sobreviven** del siglo XVIII.   (sobrevivir)

**suspense**
   Hay también continuos elementos de **incertidumbre** usados hábilmente para
   dar fuerza a la novela.
   Hay en toda la obra una tendencia a lo truculento, lo sorpresivo, el **suspenso**
   más violento y enérgico.
   La **tensión suspensiva** interna se manifiesta estilísticamente en la abundancia de
   exclamaciones, frases entrecortadas, puntos suspensivos.
   Allí nos suspende el ánimo con la curiosidad de saber qué va a ocurrir cuando los
   nudos se desaten.

**suspension points**
   Los **puntos suspensivos** crean un ambiente propicio a la fantasía . . .

**sustain**
>  Su objeto consiste en **sostener** el interés del lector u oyente.
>  Y el verbo en uso impresionista **mantiene** la imagen concreta.   (mantener)

**syllable**
>  "La unidad métrica será la **sílaba**, y la unidad rítmica, el acento."   —Freyre
>  Los primeros versos castellanos no tenían igual número de **sílabas**, pero poco a poco las fueron igualando.
>  Su versificación es irregular; su cadencia no corresponde a un número exacto de **sílabas**.

**syllepsis**
>  La **silepsis** es un tropo que consiste en usar una misma palabra en su sentido recto y en su sentido figurado.

**syllogism**
>  "Lo que prueba el **silogismo**, falsifica la esperiencia."   —Moratín

**symbol**
>  A veces el sentido de la novela queda iluminado por el uso de **símbolos**, alegorías, mitos.
>  La insistencia en ciertas imágenes suele darles fuerza a los **símbolos**.

**symbolic**
>  El párrafo culmina en una visión **simbólica**.

**symbolism**
>  El romanticismo no cesó nunca: se transformó en **simbolismo**, en superrealismo, en existencialismo.
>  El **simbolismo** invadió a España con los versos de Rubén Darío.
>  Persiste el **simbolismo** de los nombres y de las situaciones.
>  Es sabido que cada obra de Galdós tiene una clara **simbología**, construida con minuciosos esquemas en los que apenas nada queda sin sentido representativo o simbólico.

**symbolist**
>  (n.) En su prosa menciona frecuentemente a los principales **simbolistas** de Francia.
>  (a.) Conoció a los poetas **simbolistas** y parnasianos franceses.
>  Agregaron a sus maneras parnasianas, ricas en visión, las maneras **simbolistas**, ricas en musicalidad.

**symbolize**
>  En algunas páginas **simboliza** con animales los conflictos humanos.   (simbolizar)

**symmetrical**
>  Notemos la estructura **simétrica** de los siete primeros verbos.

**symmetry**
>  Una **simetría** queda así dibujada entre ambos tercetos.
>  Es un pensamiento que claramente procede con **simetrías** y construcciones ordenadas.

**sympathy**
>  Lo que sitúa sus escenas en el centro mismo del corazón del lector, es la **simpatía** que como novelista manifiesta hacia sus personajes.

**synalepha**
   **Sinalefa** es el concurso de dos vocales que se pronuncian de un golpe formando una sola sílaba métrica.
   Tiene lugar la **sinalefa** cuando una palabra termina por vocal y empieza con vocal la palabra siguiente.
   En los versos 11 y 14 hay **sinalefa.**

**synecdoche**
   La **sinécdoque** consiste en designar un objeto con el nombre de una de sus partes: 'el español' por 'los españoles'.

**syneresis**
   Por la **sinéresis** sa hace diptongo donde no lo hay fonéticamente.

**synesthesia**
   A la manera de Baudelaire cultivó las 'correspondencias' entre los sentidos, la **sinestesia** tan preferida por los impresionistas.

**synopsis**
   La **sinopsis** es un compendio, extracto, o resumen de una obra literaria.

**syntactic**
   No son simples juegos **sintácticos**, ni efectos brillantes de expresión estudiada...

**syntax**   [ > word order]
   Adoptó muy tempranamente la **sintaxis** francesa, que es la clave de su estilo.
   A la renovación del vocabulario corresponde una renovación de la **sintaxis.**
   En el **orden constructivo** de la frase hay en las lenguas notables discrepancias.

| | |
|---|---|
| (complex) | Su sintaxis es rica y compleja. |
| (flexible) | Su sintaxis es rica y flexible en el enlace de giros y frases. |
| (involved) | Y la sintaxis no es tan violentamente retorcida como antes. |
| (modernist) | Más tarde hablaré detalladamente de la sintaxis de la escuela modernista. |
| (natural) | La sintaxis castellana adquiere una naturalidad hasta entonces desconocida. |

**synthesis**
   Para tener la **síntesis** de Rubén Darío yo sumo: Horacio, más Byron, más Verlaine.

**synthesize**
   Sor Juana **sintetizó** todas las corrientes apreciadas y practicadas en la primera mitad del siglo.   (sintetizar)
   Pueden **sintetizarse** estas características en las siguientes: ...

**synthetic**
   Darío procede en su elaboración de la poesía nueva con una mente **sintética.**

**system**
   "Los **sistemas**, las hipótesis, los métodos y clasificaciones son de mucho auxilio para la enseñanza."   —JOVELLANOS

**systematic**
   Da una introducción **sistemática** a los problemas de la ciencia literaria universal.
   De los pensadores de esta época el más **sistemático** fue...

**systematize**
   Hombre de pensamiento coherente aunque no llegó a **sistematizar**lo...

# t

**table (chart)**
En el **cuadro** que a continuación presento trato de mostrar . . .

**tableau**
Muchas veces se limita a una sucesión de **cuadros** en vez de la trama novelesca tradicional.

**table of contents**
Pero falta un **índice de materias** para facilitar la indagación.

**take into account**
El manuscrito fue terminado en el verano de 1960 y sólo en pocos casos se pudo **tener en cuenta** publicaciones posteriores.

**take on**
Ningún personaje **cobra** relieves suficientes, ni siquiera el protagonista. (cobrar)
La novela **va adquiriendo** progresivamente un tono de tristeza y desolación. (adquerir)

**take place**    [ > happen, occur]
La acción dramática **se desarrolla** en un pueblecito castellano.   (desarrollarse)
La acción dramática **tiene lugar** en una casa modesta de Madrid.   (tener lugar)
La acción **transcurre** entre 1910 y 1920, los años de la revolución.   (transcurrir)
La acción **se sitúa** en Buenos Aires, en 1820.   (situarse)

**tale**    [ > narration, story]
De su obra en prosa lo más significativo fueron sus **relatos**.
Se compone de veinticinco **relatos** que muestran . . .

**talent**
"Triste don es el **talento** si nos sirve para atraernos el general desprecio o el odio." —Darío
Su **talento** es limitado, pero queda a la altura de sus propósitos.
La **habilidad** azorinesca consiste en hallar resonancias entre las distintas sensibilidades.
Muñoz Seca poseyó indudables **dotes** cómicas y dramáticas.

**talented**
Este libro es la obra de un periodista **de talento**.
Alarcón no era un genio sino simplemente un autor **de talento**.
Más **talentoso** que los poetas jóvenes ya iniciados en el parnaso francés . . .
Fue hombre de más cultura y poeta mejor **dotado** que el primero.
Hasta su muerte será el escritor más **genial** de su país, temido y odiado por muchos, rodeado por unos pocos discípulos.

**task**
Era difícil el **empeño**, pues de Cervantes se ha dicho y se ha escrito mucho.
La **empresa** del crítico es situar la poesía que se estudia, ponerla en su sitio.
La **tarea** del crítico consiste en situarle al lector ante la realidad de una obra literaria.

La **labor** del narrador supone apropiarse plenamente y expresar de modo personal la materia novelesca.

## taste
"No hay en el **gusto** más razón que el gusto." —Lope de Vega
"**Gustos** y disgustos no son más que imaginación." —Calderón
Tenía **gusto** por la poesía y hasta la escribía.
(bad)     Como no poseyó ninguna chispa de genio toda su obra quedó en una muestra ampulosa de mal gusto.
(good)    Si bien romántica, conserva algo del 'buen gusto' académico, en cuyo ocaso se había educado.

## teachings
Muchas y muy diversas son las **enseñanzas** que contiene.

## technical
Gran parte de tanto alarde **técnico** se inspiraba en las tendencias francesas hacia el verso libre.

## technically
**Técnicamente** la novela está bien hecha y llega a mantener el interés del lector.

## technician
Gran **técnico** de la prosa, no gran prosista.
Sin embargo, era más un **técnico** que un revolucionario.

## technique    [ > device]
Una **técnica** mucho más perfeccionada, rigurosa y moderna . . .
No se trata de una novela, aunque emplea **procedimientos** novelescos en la recreación.
Las **estratagemas** en el arte de contar recuerdan las de Borges.
(complex)        La técnica con que maneja los elementos constructivos de la novela es complicada, ambiciosa y exhibicionista.
(contemporary)   Utiliza este autor una técnica rigurosamente contemporánea: saltos en el tiempo, visión fragmentaria y caótica, impresiones dispersas, presentación directísima, narración fría e imparcial de los hechos más atroces . . .
(film)           La originalidad consiste en el uso de la técnica cinematográfica.
(immature)       La técnica es primitiva, inmadura, burda en la construcción.
(journalistic)   Se diría una técnica basada en el reportaje.
(modern)         Aquí otra vez vuelve a presentar abundancia de técnicas contemporáneas: monólogos interiores más avanzados, contrapunto, realismo crítico, ruptura del tiempo cronológico, lenguaje popular.
(narrative)      Se ha discutido mucho sobre la técnica narrativa de esta obra.
(surrealist)     Su técnica posee también muchos puntos de contacto con la de los surrealistas.
(traditional)    Las técnicas que usa son tan tradicionales que a veces el lector recuerda el mundo novelístico de Galdós.

## television
La **televisión** no es más que un anexo del periodismo.

**tell**

La segunda novela **relata** la historia de una vieja mendiga y su ahijado. (relatar)

El texto **narra** las hazañas del Cid Campeador. (narrar)

Al **contar** anécdotas de su propia vida solía enriquecerlas con recuerdos frívolos.

**temperament**

Tiene un **temperamento** artístico completamente distinto del de . . .

Por **temperamento** estos dos autores son muy diferentes.

**temporal**

La novela posee una técnica rica y compleja: superpone diversos planos **temporales.**

**tendency**

Aunque en esta época hay muchas **tendencias** literarias, ninguna alcanza la importancia del realismo.

La **tendencia** al realismo, fundamental en todas las manifestaciones del arte español . . .

El mexicano tenía más **inclinación** natural para lo lírico que para lo épico.

**tend to(ward)**

Unamuno **tiende a** describir la realidad interior más bien que la exterior. (tender a)

Lo mejor de su obra **tiende hacia** la austeridad retórica y verbal.

Sus formas **se inclinan hacia** ritmos y estrofas del folklore. (inclinarse hacia)

**tense**

(n.) El verbo, en **tiempo** presente, no es empleado más que una vez y en singular.

Los **tiempos** del verbo se despojan de todo valor temporal, para concentrarse en una función plenamente estilística.

**tension**

El ritmo de los versos muestra una **tensión** creciente hacia la palabra clave y las pausas están ubicadas para favorecerla.

Sólo es poética la frase cuando erige con **tensión** máxima ese cuadro que pretende articular.

**tercet**

Los flojos **tercetos** reiteran el contenido de la estrofa anterior.

El más característico de sus dos libros publicados está todo escrito en **tercetos.**

**term**  [ > word]

Es inmenso el vocabulario de Miró, y hasta los españoles más cultos hallan **términos** desconocidos en esta obra.

**terminology**

La crítica universitaria pone en circulación una **terminología** de cierta novedad.

**testimony**

Su obra merece ser considerada como uno de los **testimonios** más auténticos de la vida contemporánea.

**text**

Se veía obligado a estudiar **textos** clásicos para poder explicar la poesía.

**theater**  [ > comedy, drama, play]

"El **teatro** es, en efecto, la expresión más genuina de la conciencia colectiva del pueblo." —UNAMUNO

Los griegos inventaron el **teatro**, pero los romanos aprovecharon esta invención para elevarla a alturas que sus iniciadores nunca pudieron sospechar.

Para él el **teatro** es espectáculo y también literatura, es una escuela que debe cumplir la misión social de analizar conflictos y proponer tesis.

| | |
|---|---|
| (of the absurd) | Son cinco esquemas dramáticos, algo expresionistas, precursores de lo que después se llamará 'teatro del absurdo.' |
| | Su teatro destaca por su anticipación a las técnicas del teatro de lo absurdo. |
| (classical) | Era grave delito literario, para el concepto clásico del teatro, colocar una escena cómica en una tragedia, o viceversa. |
| | El teatro clásico español es una creación total del genio de Lope. |
| (commercial) | "Las comedias se han hecho mercadería vendible." —CERVANTES |
| (costumbrista) | Su teatro pertenece al costumbrismo del siglo XIX. |
| (epic) | Juan de la Cueva tuvo el honor y el gran mérito de ser el primer dramaturgo que introdujo la materia épica nacional en el teatro. |
| (experimental) | En México han existido más de treinta grupos de teatro experimental. |
| (fast-moving) | Lope creó un teatro todo nuevo, rápido y animadísimo. |
| (high point of) | Calderón, se puede decir, significa el momento de apogeo del teatro español y, en consecuencia, aquél en que se inicia su decadencia. |
| (historical) | No olvidemos que el teatro histórico moderno no ha tenido en España gran éxito. |
| (of ideas) | El suyo es un teatro fundamentalmente de ideas, de tesis, serio y trascendente. |
| | Logró Galdós la perfecta fusión del teatro realista y del teatro de ideas. |
| (innovating) | Ese tipo dramático fue novedoso y presentó muchas posibilidades. |
| (intellectual) | Es teatro intelectual, para públicos escogidos, por su elevación y profundidad. |
| | Son dramas hechos a base de razonamiento, de juego de ideas, de aquí la importancia que adquiere el diálogo sobre la acción. |
| (literature of) | El rey poeta tenía una verdadera afición por la literatura escénica. |
| (melodramatic) | El decidido paso del teatro romántico al teatro realista melodramático lo marcó Echegaray. |
| (original) | El solo creó el teatro más fecundo, original y limpio que se conoce en nuestra literatura. |
| (poetic) | El teatro de Lorca, sin duda el más puro teatro poético de nuestro tiempo . . . |
| (political) | Con frecuencia, el teatro sirve de vehículo a las ideas políticas de la época. |
| (popular) | El teatro popular se inició, dentro de las iglesias, con diálogos en los que se intentaba explicar al pueblo las verdades de la religión. |

Es uno de los primeros que intenta llevar al teatro personajes, tipos, costumbres, palabras, giros expresivos populares.

El verdadero teatro nacional es el teatro popular, escrito para el pueblo.

(to be read)    Su teatro es más para ser leído que para ser representado.

(realistic)    El teatro español vuelve siempre al realismo, que es, en general, la más fuerte característica de la literatura y del arte español.

(religious)    La raíz del teatro religioso se encuentra en los primeros autos sacramentales.

(rural)    El renacimiento del teatro rural, que tantos días de esplendor había dado a nuestra literatura . . .

(secular)    El teatro profano, representado fuera de los templos, recibió un gran impulso de los histriones, juglares, remedadores.

(social)    Algunas de estas obras tienen cierto interés como muestras del teatro social.

(tragic)    Todo el teatro trágico de Gutiérrez es de tema histórico.

(universal)    Es acaso en el teatro donde su obra alcanza un valor universal más claro e intemporal.

(verse)    El teatro versificado, que monopolizó injustamente el título de poético, se reservó para los temas históricos o seudohistóricos.

El teatro de Echegaray está escrito en verso en su casi totalidad, en verso horrible, pero muy teatral.

### theatrical
En realidad, España es el centro de mucha actividad **teatral**.

### thematic
La presencia de lo criollo, de la vida en la América Hispana, es el centro **temático**.

### theme    [ > subject, subject matter]
Para fijar el **tema**, intentemos dar con la palabra abstracta que sintetiza la intención primaria del escritor.

Este **tema** ha sido imitadísimo en toda la literatura universal en cuentos, dramas, novelas.

El libro refleja el **tema** que fue tratado antes por . . .

Recordemos que lo que vale en literatura no son los **temas** sino el uso que los novelistas hacen de ellos.

(avant-garde)    Es escritor de vanguardia, pero más por sus temas que por la dislocación de las formas.

(contemporary)    Es un libro que estudia un tema de actualidad.

(limited)    El tema no puede ser más limitado y el autor confiesa su modesto propósito.

(original)    En la novedad de este tema reside el mérito mayor de la novela.

(popular)    Ha encontrado el tono y la clase de temas que aseguran a su teatro la popularidad.

(religious)    Son frecuentes también los temas elegíacos, así como los religiosos.

| (universal) | Aprendió de los clásicos a cantar los temas universales, en especial el del destino humano. |
| (varied) | Los temas eran muy variados. |

## theoretical
Los libros **teóricos** nos hacen admirar la estructura, pero no nos enseñan a construir.

## theory
"Cuando una **teoría** es buena no se ha de fundamentar."   —UNAMUNO

Ese año pronunció una conferencia en Buenos Aires dando a conocer la nueva **teoría** estética.

Cuando Azorín expuso por vez primera su **teoría** generacional . . .

## thesis
En esa novela defiende el autor la **tesis** del libre albedrío.

Hay en esto un rigor y una precisión de límites que recuerda las **tesis** doctorales.

La **tesis** central discutida por Gombrich es la del 'arte como comunicación'.

## think   [ >believe]
"Quien vive sin **pensar** no puede decir que vive."   —CALDERÓN

Supo en todo momento **pensar** hondo, alto y claro.

## thinker
Se le considera entre los tres más grandes **pensadores** uruguayos.

No era filósofo, a pesar de sus antecedentes de **pensador** sistemático.

## thought
"La palabra, en algunos casos, me parece la profanación del **pensamiento**."
   —NERVO

Escribió cuentos, relatos, artículos, ensayos, novelas, **pensamientos**.

Martí igualaba con la expresión el **pensamiento**.

Su **pensamiento** es en todos casos viril, complejo y original.

## thoughtful
Es uno de los hombres más **reflexivos** y **meditabundos** que se han expresado en nuestra lengua.

## thought-provoking
Es un nuevo volumen de ensayos, tan **sugestivo** e **incitador** como los anteriores.

## thread   [ >narrative thread]
Los **hilos** del relato van entretejiéndose y apretándose con firmeza.

## time
"El **tiempo** es muchas veces el único personaje de la novela moderna."
   —GOYANES

En la novela contemporánea hay un personaje fundamental: el **tiempo**.

Para él no cuenta el **tiempo** convencional: ayer y hoy están a menudo confundidos en sus relatos.

El **tiempo** es la sustancia de su literatura.

El **tiempo** en el cine se resuelve todo en momentos.

La reconstrucción poética de este **tiempo** está admirablemente conseguida.

Lope sitúa la acción de la comedia en la **época** de Juan II.

**timeliness**
> Interesa más por su **actualidad** que por su alta calidad.

**timely**
> Es **oportuna** la obra que corresponde a su momento.

**(to be) tinged with**
> Y hasta su lenguaje **se tiñe de** colores caseros.   (teñirse de)

**title**
> "Los **títulos** son difíciles; cuesta mucho trabajo encontrarlos." —Azorín
>
> Su primer volumen de versos llevaba el **título** de . . .
>
> El poema lleva por **título** . . .
>
> En busca de la razón de este **nombre** han acudido los críticos a toda clase de explicaciones.

**title page** [ >frontispiece]
> El epígrafe que se encuentra al dar la vuelta a la **hoja del título** . . .

**tone** [ >style]
> Su poesía tiene un **tono** personal e íntimo inconfundible.
>
> La lírica no alcanza el alto **tono** del siglo anterior.
>
> A pesar del **tono** belicoso de estas palabras . . .
>
> Su **tono** es persistentemente hiperbólico.

> (intimate)   El relato tiene un tono de serenidad, confianza y confesión que se ajusta muy bien al asunto.

> (moralizing)   Otra característica de su estilo es su tono moralizante.

> (poetic)   El tono poemático es más importante que la acción y la caracterización.

> (somber)   El tono es serio, patético, desprovisto de humor, y el relato está cargado de tintes sombríos.

**topic**
> Escribió muchas cartas sobre el mismo **tema**.

**touch** [ >move]
> (n.) Es notable el **toque** femenino, que corre por toda la composición.

**touching** [ >moving]
> No se concibe tragedia más **patética** y dolorosa.
>
> Abunda esta historia en detalles **conmovedores**.

**tour (theatrical)**
> Hizo una **gira** por todo Chile actuando con una compañía teatral.

**trace** [ >sign]
> (n.) El idioma nativo dejó **huellas** muy evidentes en su prosa castellana, así en la sintaxis como en el vocabulario.
>
> En su autobiografía se han visto **trazas** de literatura picaresca.
>
> Otros **rasgos** de fantasía poetizan la crónica.
>
> (v.) En este intento de **rastrear** el pensamiento del escritor . . .

**tradition**
> "Solamente la **tradición** no se adquiere." —Darío
>
> Se ha dicho ya que no existe una **tradición** en la novela moderna española.
>
> La falta de **tradición** inmediata y valiosa, que se ha señalado en la evolución de la novela, no existe en el teatro.
>
> La **tradición** literaria se había roto, y estaban olvidados los mejores modelos.

### traditional
La novela no es el único género literario que ha roto con las reglas **tradicionales**.

Su lengua poética, no obstante, se parecía a la **tradicional**.

### tragedy
La **tragedia** se caracterizaba por su argumento noble, sus ideas elevadas y, especialmente, por su desenlace funesto en que el protagonista era aniquilado.

La **tragedia** griega es una tragedia del destino.

### tragic
Un acento casi **trágico** se oye en la nueva literatura.

Le faltó fe en el hombre y careció, en consecuencia, del sentido de lo **trágico**.

### tragicomedy
Lope de Vega dio a gran número de sus obras el título de **tragicomedias**, género dramático cuyo contenido participa de los elementos de la tragedia y de la comedia.

Esta novela se acerca más a un tipo de bufonada trágica o de **tragedia bufa**.

### transcend
En estos últimos poemas, el poeta **trasciende** el mundo físico, resultando así que la violencia física también desaparece.   (trascender)

Algunos personajes **trascienden** de la realidad histórica para alcanzar la realidad literaria.

### transcendental
El drama tiene ahora una finalidad seria y **trascendental**.

### transcendentalism
Dieron a su credo estético el nombre de **trascendentalismo** porque no gozaban de esas experiencias inmediatas fácilmente expresables por la palabra, sino que partían hacia lo desconocido en busca de entes absolutos.

### transcribe
**Transcribió** poemas quechuas que se cantaban o se recitaban en aquella época.   (transcribir)

### transform
El romanticismo **transforma** los géneros literarios, tanto en su forma como en su materia.   (transformar)

### transformation
Hay en esta **transformación** semántica un proceso paralelo a . . .

### transition
Una frase corta marca la **transición**.

Lobo tuvo la desdicha de pertenecer a una época de **transición**.

No es un poema modernista, pero marca ya un período de **transición**.

El **tránsito** del barroco al rococó no se produjo en forma violenta y precipitada.

El **tránsito** del periodismo a la novela lo hace a través de unos cuantos libros de crónicas.

### transitional
Es más bien una figura **transicional** entre el postmodernismo y las nuevas tendencias de vanguardia.

Quedará como escritor brillante de un período **de transición**.

### transitive
Se trata de un verbo **transitivo** y su complemento directo correspondiente.

### translate
"El **traducir** libros es como el copiar y escribir del niño por materias."
—Quevedo

**Traducía** con un diccionario, pues su conocimiento del italiano era aún incompleto.

**Ha sido traducida** a varios idiomas modernos.

La mayor parte de sus obras **está traducida** al inglés y a otros idiomas.

Sus mejores obras **han sido vertidas** al francés, inglés y otros idiomas importantes. (verter)

Al castellano **vierten** los más interesantes libros europeos de la época.

### translation
"O se trae el autor al lenguaje del lector, o se lleva el lector al lenguaje del autor." —Ortega y Gasset

Entre las muchas **traducciones** extranjeras que se han hecho del famoso drama . . .

La mayor parte de estas **traducciones** han sido editadas muchas veces.

(literal)  Es una versión literal del texto griego.

La literalidad de la traducción parece evidente, si se recorren con una mirada rápida ambos textos.

### translator
Y luego están esos matices ante los que temblaría cualquier **traductor**.

### travelogue
Es uno de los mejores **libros de viajes** de nuestra literatura contemporánea.

Su obra en prosa —ensayos, **crónicas de viaje**, discursos, historia— es menos renovadora.

### treat
(v.) El autor también **trata de** la relación entre la luna y la fecundación en las religiones primitivas. (tratar de)

Es autor de novelas que **tratan** el tema indígena con un lirismo sobrio pero intenso.

El tema sueño-muerte **es tratado** aquí sin la ambigüedad que hemos visto antes.

**Se ocupó del** teatro desde un punto de vista teórico. (ocuparse de)

### treatise
Muchos de estos trabajos aquí citados no son **tratados** científicos de estilo escolástico, sino verdaderos ensayos literarios.

La obra es un **tratado** religioso de valor.

### treatment
Ciertos escritores requieren un **tratamiento** más extenso.

Algunos poetas se desvían hacia un **trato** más directo con la vida y la naturaleza.

### trend
Se hacen visibles tres **corrientes** muy distintas en la producción poética.

En la **tendencia** neo-romántica son conspicuas las mujeres.

**trilogy**
En México publicó una **trilogía** novelesca de la guerra española.

**trite**
Lo primero que se nota es su tendencia a huir de las frases hechas y **mil veces repetidas**.

**triumph**
(n.) Además, el escritor ha tenido el problema de haberse iniciado con un gran **triunfo** que su obra posterior no ha logrado superar.
(v.) En España vivió, publicó sus poesías y **triunfó**.   (triunfar)

**troubadour**
Fue durante aquellos largos períodos de paz cuando los **trovadores** comenzaron a cantar su fe, su patria y su amor.
Los **trovadores** hacían profesión de la galantería y del amor.

**true**
Pero su **verdadera** gloria se debe a sus obras teatrales.

**trust**
(v.) Pues Bécquer, visionario, soñador, espíritu puro, no **se fía de** las palabras.   (fiarse de)

**truth**
La **verdad** es siempre histórica.
Con profundidad de pensamiento y elevación de propósito, llevó a la escena la **verdad** de su tiempo, pero embelleciéndola y poetizándola.
"Ser leídos: este es nuestro objeto; decir la **verdad**: este nuestro medio."
—Larra
Debemos hacernos cargo del problema de su **veracidad** histórica.

**try**   [ > attempt, experiment, seek, strive]
**Procura** no repetir nombres que ya aparecen en otro lugar.   (procurar)
Tanto en el verso como en la prosa **ensayaron** procedimientos novísimos.   (ensayar)
Aunque prefería el soneto **se probaba en** diferentes metros y estrofas.   (probarse en)

**try out**   [ > experiment]
Nuestros escritores no **experimentan** nuevas formas, sino que, tarde y difusamente, aplican los experimentos europeos.   (experimentar)

**turn of phrase**
La traducción conserva bien la jugosidad original, aunque algunos **giros** suenen poco a castellanos.

**type**   [ > kind]
(n.) Nuestro novelista fue español hasta la médula y creó **tipos** auténticamente nacionales.
Parece haber esencialmente tres **tipos** principales de antologías.
Un mundo de este **índole** sólo puede construirse de dentro hacia fuera.
(printer's)   Había que encontrar un buen impresor que tuviese tipos griegos.

**typical**
Toda la materia contada es real, pero el modo de contar no es el **típico** del realismo.

Lo **típico** de Góngora es la abundancia y la sutileza de conexiones que fijan su frase.

Su género novelesco más **característico** fue el folletín literario.

**typographical**

Todo el libro era nuevo y sorprendente, inclusive el aspecto **tipográfico**.

# u

**ultraism**

El **ultraísmo** —insurrección literaria contra el sentimentalismo 'fin de siglo' y el modernismo triunfante entre 1898 y 1920— surgió en España en 1919.

**uncertain**

Hay un soneto de autor **incierto**, donde encontramos . . .

**unconscious**

Cada día encuentro menos admisible ese tipo del artista **inconsciente**, que no sabe lo que hace.

**underestimate**

Una corriente generalizada en cierta crítica ha tendido a **menospreciar** su poesía, eclipsada siempre por la grandeza de su prosa narrativa y su erudita ensayística.

El lector suele **desestimar** el arte de la creación del soneto.

**underscore**  [ > accent, emphasize, stress]

El autor **subraya** algo que no han sabido valorar sus biógrafos.   (subrayar)

**understand**

Me parece que **ha entendido** mal una frase de este breve poema.   (entender)

"Sólo es capaz de **comprender** todo el que es capaz de amarlo todo."
—MARAÑÓN

Acertaba como crítico cuando sus materiales eran académicos, pero no **comprendía** los valores nuevos.

**understanding**

Y esto es fundamental para un **entendimiento** de la poesía del poeta cuya obra comentamos.

La **comprensión** del poema no agota su contenido.

**undertake**

Cuando se **aborde** el estudio de la temática de Rubén Darío . . .   (abordar)

**undertaking**

Hay varias maneras de llevar adelante esta tremenda **empresa** informativa.

**uneasiness**

La novelística sigue expresando la angustia y el **desasosiego** del hombre actual.

**unequalled**

Ha escrito cuentos **que no tienen parangón** en nuestra literatura.

**uneven**

El resultado de este inmenso trabajo es **desigual**.

Este teatro viene siendo objeto de juicios críticos muy **dispares**.

**unexpected**

No busquemos en sus versos lo **inesperado**.

**unfinished**

"Lo **inacabado** no es nada."   —AMIEL

Por eso su obra deja siempre la sensación de algo **inacabado**.

El primero es una obra **inconclusa** que consta de mil doscientas octavas reales.

**unfold**   [ > develop]

El conflicto **se desenvuelve** ante y en nosotros.   (desenvolverse)

**unfolding**   [ > development]

En el **desenvolvimiento** progresivo de la novela . . .

La obra de Silva nos muestra el **desdoblamiento** de su alma en contacto con la realidad.

**uniform**

(a.)  La estructura es perfectamente **uniforme** en cada uno de los cuentos.

**uninteresting**

Esto sería demasiado simple y **carente de interés**.

**unique**

La riqueza de ritmos del Modernismo es **única** en la historia de la lengua.

**unite**   [ > join]

En el último acto el dramaturgo **une** a los amantes. (unir)

**unity**

La regla fundamental de la acción literaria es la **unidad**.

Poseen las narraciones una evidente **unidad** de tono, lenguaje y estilo.

Sirve para dar **unidad** a todo el poema y enlazar cuantos elementos se intercalan en él.

Habrá **unidad** en el drama si el argumento es uno solo  realizándolo todas las partes secundarias.

Es un libro de gran **unidad** material y formal, lleno de emoción y pensamiento.

Su novela no tiene **unidad** de estilo: frases imaginativas a vueltas con clisés desgastados.

Nunca logró un libro de perfecta **unidad**, pero al menos se lo proponía.

Tenía gran respeto a las tres **unidades** dramáticas de tiempo, lugar y acción.

Lope fue el primero que se burló de la férrea disciplina de las tres **unidades**.

(of action)   La unidad de acción: todo el enredo de la tragedia o la comedia debía recaer sobre un solo punto.

La unidad de acción se mantiene inalterable: según ella, la pieza teatral debe constar de exposición, nudo y desenlace.

(of place)   La unidad de lugar: toda la trama de la obra debía desarrollarse sin modificar el asiento de la acción.

La unidad de lugar ha sido rota hace tiempo, pero el cinematógrafo ha acabado por aniquilarla totalmente.

(of time)   La unidad de tiempo: el argumento de la obra debía desarrollarse necesariamente dentro de veinticuatro horas.

La unidad de tiempo fue alterada desde el siglo XVIII.

### universal
Quevedo es, tal vez, el talento más **universal** de la historia literaria española.

Desde que apareció fue un libro **universal** que trataba un asunto universal.

Su obra total tiene valor **universal** por su calidad estética y por la trascendencia de sus ideas.

Anotemos después el valor **universal** de los tipos creados por Tirso.

El conflicto es **universal** en esencia y el escenario puede estar en cualquier lugar del mundo.

### universality
La literatura colabora con la política y la diplomacia en la **universalidad** del idioma.

Abandona el pasado por un presente permanente que subraya el **universalismo** de la afirmación.

### unknown
El **desconocido** autor del Lazarillo observa más que imagina.

### unlike
**A diferencia del** Inca Garcilaso, el estilo de Balbuena es francamente barroco en esencia y en la forma.

### unnoticed
Es un libro precioso, que pasó **inadvertido** en 1935, el año de su aparición.

### unpublished
Dejó tres libros en prosa y uno en verso y tres obras **inéditas**.

### unrelated
Ensayos **desconectados** entre sí, pero ligados por el tema . . .

El autor carga la novela con ideas **ajenas** al tema principal.

### unsuccessful
La novela cuenta la **fracasada** aventura política de Rojas.

### untranslatable
Resulta casi **intraducible** el lenguaje figurado de ese poeta.

### unusual
Domina las formas y se atreve con versos de ritmo **inusitado**.

Castigó cada línea con acentos **no usuales**, endureciendo acaso la ondulación de las palabras.

### upper-case letter
En tales oraciones no es necesario que empiece con **mayúscula** más que la primera.

### up-to-date
La bibliografía final ha sido puesta **al día** y adaptada para lectores franceses.

Sus artículos siguen siendo **actuales** en cuanto al estilo.

### use
(n.) Pero por el **uso** de estas formas métricas no podría decirse que los modernistas han sido innovadores.

El efecto ha sido traducido mediante el **empleo** simultáneo de recursos impresionistas y expresionistas.

(v.) Espronceda **ha utilizado** en esta leyenda todas las libertades de versificación que le permitía la escuela.   (utilizar)

No **usa** temas o valores universales, sino exclusivamente de sabor local.
(usar)

**Haciendo uso de** su excelente don descriptivo . . .   (hacer . . .)

Las imágenes **de** que **se sirve** el poeta para expresar su idea . . .   (servirse de)

El poeta anónimo de los romances viejos **se vale del** mismo recurso.
(valerse de)

### useful
Hizo teatro y dejó, en prosa, páginas **útiles** para la historia del modernismo.

### usefulness
Esto ya da una idea de la **utilidad** de este instrumento de trabajo.

### useless
Son del todo **inútiles** las teorías si no se traducen en una buena composición
literaria.

# V

### vague
Sólo que su poesía, deliberadamente **vaga**, es rica en visualidad.

### vagueness
En ambos poetas encontramos una **vaguedad** apacible y melancólica.

Su verso heredó de los simbolistas cierta **vaguedad** y musicalidad.

### valid   [ > worthy]
Aunque las dos interpretaciones puedan ser **válidas** . . .

El hombre ha hallado en la novela respuestas **valiosas** a todos sus problemas.

Percibió que la crónica era un género literario **valioso** y se dedicó a él con la
fuerza de una vocación lírica.

(to be v.)   El mentiroso, el difamador, el ingrato **valen** como caracteres artísticos.

### validity
Sus juicios sobre escritores mantienen parcialmente su **validez**.

### value   [ > worth]
(n.) La novela posee un indudable **valor** absoluto y un gran valor relativo.

Posee un sistema de **valores** humanos absolutamente diferente del usual.

La colección será de poco **provecho** para el estudio de . . .

(enduring)   Blecua sintetiza así el valor imperecedero de esta composición.

(historical)   El valor de la novela es histórico y sociológico.

(v.) Iremos de los poetas que **estiman** más la tradición a los poetas que más
estiman la innovación.   (estimar)

Esta novela se **valora** por su estilo innovador.   (valorar)

### value judgment
Su larga excursión investigadora por el mundo de las ideas estéticas, constantemente acompañada de **juicios de valor** . . .

**variant**
Estas **variantes** del tema del sueño se relacionan siempre con el amor.
Su obra nos ha llegado incompleta en varios manuscritos, con **variantes** textuales.

**variation**
Su novela interesa como **variación** sobre un tema de época, pero carece de movimiento.
Las **variantes** al tema de la muerte son violentas y aun macabras.

**varied**
Por todo eso nos parece la novela contemporánea mucho más rica, compleja y **variada** que la clásica.
Sus fuentes son muy **variadas** y numerosas.

**variety**
La enorme **variedad** de elementos contenidos en esta obra . . .
El procedimiento narrativo no ofrece grandes **variaciones**.
Explica la **diversidad** de interpretaciones que a lo largo de la historia se pueden dar de una obra literaria.

**various**
Sus **diversos** estudios de crítica literaria . . .

**vary**
La última parte **ha variado** poco, exceptuando algunas nuevas adiciones. (variar)
Con metros que **fluctúan** entre diecisiete y veintiuna sílabas el poeta va conversando a paso cansado. (fluctuar)

**vaudeville**
Hoy el **vaudeville** está ciertamente desprestigiado, por las excesivas obscenidades acumuladas en él.

**vehicle**
Su prosa fue el **vehículo** de lo que a él más le interesaba, que era el pensamiento crítico.
Resultó el **vehículo** más adecuado para la difusión de las ideas.

**vein**
Esta **vena** cómica —con agudezas quevedescas— continuó por algún tiempo.

**verb**
En este párrafo hay pocos **verbos**, pero los hay.
(key)  En el primer verso también se utiliza con acierto un verbo clave.

**verbosity**  [ > wordiness]
La pesadez de la novela es por exceso de **verbosidad**.
"Sólo los entendimientos de ideas inseguras y de movedizo criterio propenden a la **verbosidad**." —GALDÓS
En los discursos de Castelar, pese a su **ampulosidad**, hay evidente belleza literaria.

**verify**
La crítica moderna ha podido **comprobar** la realidad de la geografía del poema.

**verisimilitude**
La exactitud en los detalles, la mezcla inteligente de lo real con lo inventado consigue dar **verosimilitud** al conjunto.

Todos ellos dan la sensación de una gran **verosimilitud** por la seriedad con que narra, la precisión en las fechas, datos y material de erudición.

(lack of)   Hay también alusiones a la inverosimilitud de su novela.

El defecto peor es su inverosimilitud.

## versatile

Tal vez sea el poeta más **variado** de su generación.

Reyes es el más brillante y **versátil** de los ensayistas de hoy.

## versatility

Su **versatilidad** parece surgir a veces de la riqueza de un fondo temperamental romántico.

## verse   [ > poetry, stanza]

"Lo que no puede el oro, el **verso** puede." —I<small>GNACIO DE</small> L<small>UZÁN</small>

Sus **versos** son frescos, naturales y la narración está hecha con desenfado y corre con fluidez e interés.

En la cuarta **estrofa** del primer poema . . .

(abstract)          Sus versus son claros, regulares y excesivamente abstractos en su preocupación por el destino del hombre.

(arte mayor)        El arte mayor castellano es un tipo de verso que nació en Castilla en el siglo XIV y se cultivó hasta mediados del siglo XVI. Consiste en un dodecasílabo dividido en dos hemistiquios.

(arte menor)        Se denominan versos de arte menor los que no tienen más de ocho sílabas, y de arte mayor, los que poseen más de ocho.

(construction of)   Delicadeza y perfección caracterizan la factura de sus versos.

(culterano)         El verso culterano, sembrado de imágenes brillantísimas, juegos de palabras, giros sorprendentes es un verdadero deleite literario.

(flowing)           El verso corre flúido y espontáneo como en las mejores obras de Lope.

                    El verso es de una suavidad, de una fluencia maravillosa.

(free)              Su nombre ha quedado asociado a la introducción del verso libre en lengua castellana.

(romantic)          Tiñó sus versos de imaginación, de melancolía y de angustia romántica.

(syllabic)          Corresponde a Gonzalo de Berceo el honor de haber introducido la versificación con sílabas contadas.

                    La denominación de los versos silábicos es la siguiente: bisílabos (2), trisílabos (3), tetrasílabos (4), pentasílabos (5), hexasílabos (6), heptasílabos (7), octosílabos (8), eneasílabos (9), decasílabos (10), endecasílabos (11), dodecasílabos (12), alejandrinos (14).

(unadorned)         El verso se ha desnudado de retórica y es todo esencia.

## versification

**Versificación** es la forma del lenguaje en frases o partes sujetas a un ritmo regular y medida determinada y musical, llamadas versos.

La **versificación** en general muestra soltura y facilidad; fluidez y espontaneidad; sinceridad y realismo.

La **versificación** de las gestas es, en cuanto a la métrica, de una irregularidad grande.

**versifier**

Tampoco se refiere a sí mismo como poeta, pero sí como **versificador**.

**versify**

**Versificó** a la manera de algunos poetas seudoclásicos. (versificar)

**version**

En este poema, una **versión** más corta e intensa de otro de la misma colección . . .

Fue estrenada, en su **versión** definitiva de tres actos, en 1960.

**vers librist**

(a.) Desborda el modernismo y se va por el cauce **versolibrista**.

**vestige**

Hay también en la Generación del 98 un último **vestigio** de romanticismo.

**view**  [ > judgment, opinion]

(n.) Pero la crítica se mostró muy unánimemente hostil a este **parecer**.

**vie with**

Como orador y prosista **se hombrea con** los mejores del idioma. (hombrearse con)

**vignette**

El valor de la **viñeta** original residía en . . .

En relatos y retratos concretísimos, y aun en **viñetas** apenas esbozadas . . .

**vigor**

Su **vigor** —vigor de poeta más que de poetisa— no se debe a las cosas que canta.

**villain**

En la novela hispanoamericana de tendencia social, el cacique ha sido, tradicionalmente, 'el **malo**' que oprime a 'los buenos'.

**violence**

Hay gracia, a veces sarcasmo y a veces **violencia** polémica.

**violent**

Las escenas son **violentas** y deliberadamente efectistas.

Las escenas **violentas** se acumulan hasta quitarle el aliento al lector.

**virtue**

Lo que otras veces habían parecido **virtudes** (f.) se estimaron defectos.

**vision**

Traducía su **visión** de la realidad en alegorías sin fuerza dramática.

**visual**

La película abunda en felices hallazgos **visuales**.

Acierta siempre en la imagen **visual**, que va mejorando el relato y distinguiéndolo.

**vitality**

Sorprende la extraordinaria **vitalidad** de este género.

Una de las razones del éxito internacional de esta novela radica en su profundo **vitalismo**.

**vocabulary**

El **vocabulario** empleado por un escritor en una creación literaria está sujeto a las características de la obra (seria, jocosa, irónica, satírica, lírica, épica, dramática, erudita, popular, etc.).

El **vocabulario** ofrece una mezcla de cotidianeidad y rebuscamiento culto.

El **vocabulario** es siempre selecto, sonoro.

(critical)      Las imprecisiones en el vocabulario crítico son dañinas y acaso inevitables.

(high-flown)   El culteranismo busca siempre un vocabulario exquisito.

(rich)         Es exuberante el lujo de comparaciones y metáforas y la gran riqueza del vocabulario.

## vogue
El género más en **boga** era la loa de pocos personajes y de carácter simbólico o alegórico.

## voice
La **voz** del actor debe matizar las palabras del comediógrafo.

Hay tres clases fundamentales de **voz** gramatical: activa, media y pasiva.

## volume
Los **volúmenes** de cuentos que resta por mencionar . . .

Esta obra en tres **volúmenes** es la mejor crónica que se escribiera sobre la conquista.

Las obras completas han sido publicadas en tres **tomos**.

(separate)   Se imprime por primera vez en libro suelto.

(small)      Su primer cuadernillo de poesía nueva fue . . .

## vowel
La escala de acuidad de las **vocales** españolas es: **i, e, a, o, u.**

## vulgar   [ > coarse]
Dio al verso español una flexibilidad que jamás fue **vulgar**.

Fuentes usa expresiones **crudas**, no ahorra lo desagradable.

Era un observador de detalles, con preferencia por los **groseros** porque era un naturalista.

## vulgarity
La esencia de su **vulgaridad** radica en su falta de sensibilidad.

Allí encontraban excelente acogida las **groserías** más increíbles y las más bajas bufonadas.

# W

## waste
(v.) Después de **haber malgastado** la mayor parte de su talento . . .   (malgastar)

No **desperdiciaba** ocasión para criticar el medio político, económico y social prevaleciente.   (desperdiciar)

## way   [ > manner]
Cabe mencionar su novísimo **modo** de manipular el encabalgamiento.

**weak**
> La estructura dramática es bastante **endeble**.
> La estructura de la pieza es **floja**, y el ambiente, falso.
> Lo más **débil** de su obra es la producción teatral.

**weakness**  [ >defect, flaw, shortcoming]
> Estos **puntos débiles** no amenguan de ninguna manera sus grandes valores.
> Se le buscan y se le encuentran fácilmente los **puntos flacos**.
> Aun su humorismo es doloroso, porque descubre la **flaqueza** humana.
> Las **debilidades** de la novela no disminuyen el valor del libro.
> Esta misma **deficiencia** se advierte en sus obras dramáticas.

**weekly**
> (n.) En el primer número del **semanario** . . .

**well known**
> Esta técnica se encuentra también en una de las más **conocidas** novelas de la guerra civil de España.

**well received**
> La obra fue muy **bien recibida** en Francia.

**whole**
> (n.) Ya se sabe que la historia es un **todo** continuo.
> Su muerte nos impide valorar el **conjunto** de su trabajo.

**widespread**
> Lo que rechazo es la muy **divulgada** creencia de que esto es posible con cualquier cuento.

**win**
> Su gran labor de escritor le **ganó** dos preciados galardones.   (ganar)

**wisdom**
> "Siempre resulta que el principio de la **sabiduría** es un temor." —UNAMUNO

**wish**  [ >desire]
> (v.) El artista modernista **anhela** ser más cuidadoso y consciente.   (anhelar)

**witness**
> (n.) No basta la sinceridad para hacer de un escritor el mejor **testigo** de los hombres.
> (v.) Las primeras fueron escritas por quienes vivieron y **presenciaron** los hechos.   (presenciar)

**word**  [ >term]
> "Pocas **palabras** cumplen al buen entendedor." —JUAN RUIZ
> "Las **palabras**, cera; las obras, acero." —GÓNGORA
> "Son las **palabras** hijas del entendimiento, y testigos que informan su capacidad." —QUEVEDO
> La literatura es el arte de las **palabras**, en cuanto a sonidos articulados y cargados de significación.
> Dejar que las **palabras** traicionen los pensamientos de los personajes.
> Azorín tiene a mano el **vocablo** preciso.
> Muchas veces se utiliza un **vocablo**, más que por su significación, por lo que evoca o por su valor musical.
> Los comienzos de Valle-Inclán son modernistas, si se acepta este **vocablo** de contenido algo incierto.

| (exact) | Azorín se preocupó por la palabra justa, la única que puede expresar, con exactitud y belleza, un determinado contenido afectivo. |
| (in its fullest sense) | Es un clásico en todo el sentido de la palabra. |
| (precise) | Nos sorprende con la selección de la palabra única. |
| (spoken) | La palabra hablada es la base de donde se alza el canto guilleniano. |
| (written) | La palabra oral no tenía en él menos fuerza que la escrita. |

**wordiness**    [ > verbosity]

Aunque tiene los defectos de **grandilocuencia** y **retoricismo** . . .

Esa estrofa larga sería, por el contrario, una invitación a la **palabrería**.

La nueva prosa huye del párrafo ampuloso, de la simple **palabrería** hueca para convertirse en conceptuosa.

**word order**    [ > syntax]

No podemos citar un solo idioma en que el **orden de colocación de las palabras** sea absolutamente libre.

**word play**    [ > play on words]

Lo escribió así para hacer un **juego de palabras** . . .

**work(s)**

(n.) Una **obra** literaria se define tanto por la actitud del escritor ante el mundo como por su manera de sentir y entender el lenguaje.

Escribió **obras** didácticas, científicas, periodísticas y políticas.

En este libro estudio la **obra** de estos cuatro poetas.

La **obra** de Boscán, publicada en tres libros, no es ni numerosa ni realmente feliz como creación poética.

Su **labor** literaria es de muy diversa índole.

Cervantes dedica esta larga **composición** en tercetos a enumerar los grandes poetas y escritores de su tiempo.

Su **tarea** como crítico es válida aún hoy día.

| (of art) | Quería crear ante todo una obra de arte. |
| (complete) | Como el tema es interesante, me parece muy oportuno abordarlo al comentar este volumen de obra completa. |
| (minor) | También escribió algunos opúsculos de menor importancia. |
| (short) | Pero, con todo, esta obrecilla tiene interés por sus datos sobre el gusto literario setentista. |
| | La mas famosa de estas obrillas es . . . |

(v.) La materia en que **trabaja** más parece estar a la altura de su obra poética.
    (trabajar)

**worth**    [ > value]

El poema es de poco **valor** en general.

Pero su fama es mayor que su **valor** de poeta.

Un escritor español de reconocido **mérito** y traductor responsable . . .

**worthy**    [ > valid]

La realidad de todos los días no parecía **digna** de seriedad artística.

**write**    [ > compose]

"Aprenda a **escribir** bien, puesto que escribe." —Quintana

**Escribir** es entrar en materia, en la materia verbal.

El autor **escribe** en una prosa casi poética, muy pulida y cuidada.

Todo indica que **escribió** la obra primeramente en prosa, transcribiéndola luego en verso.

"El que **pone por escrito** sus pensamientos, sus ensueños, sus sentimientos, los va consumiendo, los va matando." —UNAMUNO (poner . . .)

He procurado hasta aquí **asentar** metódicamente algunos pasos del análisis literario.

Cabeza de Vaca lo ayudó a **redactar** los primeros capítulos.

(like Góngora)   Góngora fue una de sus muchas lecturas, y gongorizó ocasional- mente, en la superficie de la lengua.

### writer   [ > author]

"Yo creo que para ser **escritor** basta con tener algo que decir, en frases propias o ajenas." —BAROJA

El modo específico de actuar el **escritor** es el de testigo, notario de lo que ve.

Es **escritor** de gran claridad expositiva y elegante prosa.

Si el **redactor** concibe confusamente su obra o su idea, la manifestación de la palabra ha de ser forzosamente vaga.

(careless)   Si bien aparece como un escritor descuidado, estuvo muy pre- ocupado por el estilo.

(classical)   Los escritores clásicos trataron rara vez asuntos originales.

(needy)   Las biografías de Zorrilla y Bécquer ilustran esta condición menesterosa del escritor independiente.

(secondary)   Si a estos nombres unimos el de otros muchos autores de menor resonancia . . .

(talented)   Talento de escritor le sobraba . . .

(woman)   Es escritora de gran fuerza, de gran intuición, admirablemente dotada . . .

### writing

**Escribir** es un modo de reordenar la realidad, regulando sus propias experiencias.

La **escritura** alfabética nació de la escritura ideográfica.

### writings

Los **escritos** de sus últimos años están llenos de frases reveladoras.

Por los **escritos** de estos hombres ha sido posible conservar . . .

### wrong

Sin examinar la obra completa tenemos una impresión **errónea** del escritor.

# y

### youth

Su pensamiento ha tenido una influencia pocas veces igualada en la **juventud** de todo el continente.

# Z

**zarzuela**

La primera **zarzuela** tuvo letra de Calderón de la Barca y música de Juan Risco.

La **zarzuela** o género chico, obra graciosa en que se alternan cantos y conversaciones sobre temas de actualidad regional . . .

# Adjectives based on proper names

| | |
|---|---|
| Alfonso el Sabio (1252–1284) | la prosa alfonsina |
| Aristóteles (384–322 a. de J. C.) | la tendencia aristotélica |
| Arniches (1866–1943) | algunos tipos arnichescos |
| Ascasubi (1807–1875) | la ascendencia ascasubiana |
| Avellaneda (seudónimo de ?) | el Quijote avellanedesco |
| Azorín (1874–1967) | La estética azoriniana; esa actitud azorinesca |
| Balzac (1799–1850) | la revelación balzaquiana |
| Baroja (1872–1957) | la novela barojiana |
| Baudelaire (1821–1867) | la intuición baudelaireana; la indiferencia baudelairiana |
| Bécquer (1836–1870) | los versos becquerianos |
| Benavente (1866–1954) | el repertorio benaventino |
| Bergamín (1897– ) | el pensamiento bergaminiano |
| Bergson (1859–1941) | la idea bergsoniana |
| Borges (1899– ) | la poesía borgiana; la temática borgeana |
| Brecht (1898–1956) | la musa brechtiana |
| Bretón (1796–1873) | la comedia bretoniana |
| Buffon (1707–1788) | la fórmula buffoniana |
| Byron (1788–1824) | una obra byroniana; un poeta byroneano |
| Calderón (1600–1681) | la dramática calderoniana |
| Calvino (1509–1564) | la tradición calvinista |
| Campoamor (1817–1901) | la poesía campoamorina; la obra campoamoriana |
| Camus (1913–1960) | la filosofía camusiana |
| Cela (1916– ) | el itinerario celiano |
| Celaya (1911– ) | el tema celayano |
| La Celestina (peronaje literario) | una literatura celestinesca |

| | |
|---|---|
| Cernuda (1902–1963) | el tema cernudiano |
| Cervantes (1547–1616) | la crítica cervantina; el estilo cervantesco |
| Cicerón (106–43 a. de J. C.) | el párrafo ciceroniano |
| El Cid (personaje literario) | la tradición cidiana |
| Cortázar (1916–   ) | el microcosmo cortazariano |
| Cortés (1485–1547) | el ciclo cortesiano |
| Chateaubriand (1768–1848) | un marchamo chateaubriandesco |
| Chejof (1860–1904) | la melancolía chejoviana |
| D'Annunzio (1863–1938) | la influencia d'annunziana |
| Dante (1265–1321) | una simetría dantesca |
| Darío (1867–1916) | el genio dariano; el modernismo rubeniano; poetas rubendarianos |
| | |
| Descartes (1596–1650) | el origen cartesiano |
| Don Juan (personaje literario) | un tipo donjuanesco |
| Don Quijote (personaje literario) | las empresas quijotescas |
| D'Ors (1882–1954) | el pensamiento dorsiano |
| Dostoyewski (1821–1881) | la raíz dostoyewskiana |
| Echegaray (1832–1916) | el modo echegarayesco |
| Erasmo (1469–1536) | la sátira erasmista |
| Esopo (VII–VI s. a. de J. C.) | una fábula esópica |
| Espronceda (1808–1842) | un poeta esproncediano |
| Faulkner (1897–1962) | la visión faulkneriana |
| Feijoo (1676–1764) | una novedad feijoniana |
| Freud (1856–1939) | las aportaciones freudianas |
| Galdós (1843–1920) | las novelas galdosianas |
| García Lorca (1899–1936) | el símbolo lorquiano; la obra garcilorquiana |
| Garcilaso de la Vega (1503–1536) | el sueño garcilasiano |
| Generación del 98 (grupo literario) | compañeros noventayochistas |
| Gide (1869–1951) | la sinceridad gideana |
| Giner (1839–1915) | la influencia gineriana |
| R. Gómez de la Serna (1888–1963) | el mundo ramoniano |
| Góngora (1561–1627) | la sintaxis gongorina |
| Goya (1746–1828) | el sabor goyesco |
| Gracián (1601–1658) | el conceptismo graciano; el conceptismo gracianesco |
| | |
| Guillén (1893–   ) | la poesía guilleniana |
| Hamlet (personaje literario) | el sentimiento hamletiano |
| Hegel (1770–1831) | la escuela hegeliana |
| Heidegger (1889–   ) | el enfoque heideggeriano |
| Heredia (1803–1839) | la producción herediana |
| Herrera (1534–1597) | la poesía herreriana |
| Herrera y Reissig (1875–1910) | el estilo herreriano |
| Homero (IX s. a. de J. C.) | los poemas homéricos |
| Horacio (65–8 a de J. C.) | la tradición horaciana |
| Hugo (1802–1885) | la grandilocuencia huguesca; un poeta victor-huguesco |

| | |
|---|---|
| Humboldt (1767–1835) | la misión humboldtiana |
| Ibsen (1828–1906) | el estilo ibseniano |
| Ignacio de Loyola (1491–1556) | el tema ignaciano |
| Isabel I (1451–1504) | la España isabelina |
| Jiménez (1881–1958) | la aportación juanramoniana; el pensamiento juanrramoniano |
| Joyce (1882–1941) | el lenguaje joyciano |
| Kafka (1883–1924) | una situación kafkiana |
| Kant (1724–1804) | un matiz kantiano |
| Keats (1795–1821) | la bibliografía keatsiana |
| Krause (1781–1832) | la escuela krausista |
| Lamartine (1790–1869) | el simbolismo lamartiniano |
| Larra (1809–1837) | la obra larreana |
| Leibniz (1646–1716) | el mundo leibniziano |
| Lope de Vega (1562–1635) | los autógrafos lopescos |
| Lugones (1874–1938) | la poesía lugoniana |
| Machado (1875–1939) | el aforismo machadiano |
| Maeterlinck (1862–1949) | la manera maeterlinckiana |
| Manrique (¿1440?–1479) | las coplas manriqueñas |
| Maragall (1860–1911) | la métrica maragalliana |
| Marañón (1888–1960) | la obra marañoniana |
| Martin Fierro (personaje literario) | la generación martinferrista |
| Marx (1818–1883) | las ideas marxistas |
| Miró (1879–1930) | la sensibilidad mironiana |
| Molina (1536–1600) | la disputa molinista |
| Moratín (1760–1828) | el teatro moratiniano |
| Napoleón (1769–1821) | la invasión napoleónica |
| Neruda (1904–    ) | el erotismo nerudiano |
| Nietzsche (1844–1900) | la ética nietzscheana |
| Onetti (1909–    ) | el prototipo onettiano |
| Ortega y Gasset (1883–1955) | la prosa orteguiana |
| Palés Matos (1898–1959) | la poesía palesiana |
| Pascal (1623–1662) | las razones pascalianas |
| Pereda (1833–1906) | de raíz pearediana |
| Péricles (495–429 a. de J. C.) | el ideal perícleo |
| Petrarca (1304–1374) | la estrofa petrarquesca; el soneto petrarquista |
| Píndaro (¿522?–443) | la oda pindárica |
| Pirandello (1867–1936) | las reminiscencias pirandellianas; un tema pirandeliano |
| Platón (428–348 a. de J. C.) | el mito platoniano; las teorías platónicas |
| Proust (1871–1922) | un crítico proustiano |
| Quevedo (1580–1645) | una expresión quevedesca |
| Rabelais (¿1494?–1553) | el estilo rabelesiano |
| Rousseau (1712–1778) | el humanitarismo rousseauniano |
| Saint Simon (1760–1825) | un autor sansimoniano |
| Salinas (1892–1951) | las figuras salinianas |

| | |
|---|---|
| San Agustín (354–430) | la doctrina agustiniana |
| Sancho Panza (personaje literario) | el buen sentido sanchopancesco |
| San Pablo (¿ ?–¿67?) | las epístolas paulinianas |
| Santa Teresa (1515–1582) | los elementos teresianos |
| Sarmiento (1811–1888) | el humorismo sarmientino |
| Sartre (1905–  ) | la libertad sartreana; la conclusión sartriana |
| de Saussure (1857–1913) | el análisis saussuriano |
| Séneca (55 a. de J. C.–39 A. C.) | la tragedia senequista |
| Shakespeare (1564–1616) | la comedia shakespiriana; el personaje shakesperiano |
| | |
| Sócrates (470–399 a. de J. C.) | la mentalidad socrática |
| Spinoza (1632–1677) | la idea spinoziana |
| Stendhal (1783–1842) | la explicación stendhaliana |
| Taine (1828–1893) | una determinación tainesca; la teoría taineana |
| | |
| Tirso de Molina (1583–1648) | el teatro tirsiano |
| Tolstoy (1828–1910) | una novela tolstoiana |
| Unamuno (1864–1936) | la expresión unamunesca; la bibliografía unamuniana |
| | |
| Juan de Valdés (¿1500?–1541) | los estudios valdesianos |
| Valle-Inclán (1866–1935) | el estilo valleinclanesco; el teatro inclaniano; la obra valleinclaniana |
| | |
| Vallejo (1892–1938) | la bibliografía vallejiana |
| Verlaine (1844–1896) | la poesía verleniana |
| Virgilio (70–19 a. de J. C.) | el poeta virgiliano |
| Voltaire (1694–1778) | la crítica volteriana |
| Whitman (1819–1892) | una crudeza whitmaniana |
| Wilde (1854–1900) | el drama wildeano |
| Zola (1840–1902) | el naturalismo zolaense |
| Zorrilla (1817–1893) | la concepción zorrillesca |

# Useful references

Abrams, M. *A Glossary of Literary Terms*. New York: Holt, 1963.

Alonso, M. *Ciencia del lenguaje y arte del estilo*, 8ª ed. Madrid: Aguilar, 1967.

———. *Redacción, análisis y ortografía*, 7ª ed. Madrid: Aguilar, 1969.

Anderson-Imbert, E. *Métodos de crítica literaria*. Madrid: Revista de Occidente, 1969.

Barnet, S., *et al*. *A Dictionary of Literary Terms*. London: Constable, 1964.

Bleiberg, G., *et al*. *Diccionario de literatura española*, 3ª ed. rev. Madrid: Revista de Occidente, 1964.

Bloise, P. *Diccionario de la rima*. Madrid: Aguilar, 1946.

Bonet, C. *La Crítica literaria*, 2ª ed. Buenos Aires: Nova, 1967.

Buonocore, D. *Diccionario de bibliotecología*. Santa Fe de Argentina: Castellví, 1963.

———. *Vocabulario bibliográfico*. Santa Fe de Argentina: Castellví, 1952.

Calderón, E., and F. Lázaro. *Como se comenta un texto literario*. Salamanca: Anaya, 1966.

Castagnino, R. H. *El Análisis literario*, 3ª ed. rev. Buenos Aires: Nova, 1961.

Coy, J. J. *Crítica literaria actual*. Madrid: Razón y Fe, 1966.

Davison, N. J., *et al*. *A Student Guide to Critical Spanish*. Albuquerque: University of New Mexico, 1967.

Díaz-Plaja, G. *La Creación literaria en España*. Madrid: Aguilar, 1968.

Fresno, L. *Crítica literaria*. León: Gráficas Alfer, 1969.

Gálvez, L. *Preceptiva literaria*, 4ª ed. Quito: Los Andes, 1959.

García Montoro, A., and S. A. Rigol. *En torno al poema*. New York: Harcourt, 1969.

Goyena, P. *Crítica literaria*. Buenos Aires: Editorial Universitaria, 1968.

Hibbard, A., and W. Thrall. *A Handbook to Literature*, rev. C. H. Holman. New York: Odyssey, 1960.

Jiménez, J. Ramón *Estética y ética estética*. Madrid: Aguilar, 1967.

Lamb, A. *La Estilística aplicada*. New York: Scott Foresman, 1970.

Lausberg, H. *Manual de retórica literaria*. Madrid: Gredos, 1966.

Lázaro, F. *Diccionario de términos filológicos*, 3ª ed. rev. Madrid: Gredos, 1968.

Leocadio Garasa, D. *Los Géneros literarios*. Buenos Aires: Columba, 1969.

Marchese de Almará, M. N. *Análisis literario de textos*. Buenos Aires: Huemul, 1967.

Martín Vivaldi, G. *Curso de redacción: Teoría y práctica de la composición y del estilo*, 6ª ed. Madrid: Paraninfo, 1969.

Navarro Tomás T. *Arte del verso* 4ª ed. México: Colección Málaga 1968.

Perrer W. M. Jr. *Diccionario de términos periodísticos y gráficos*. New York: Columbia University 1959.

Porto-Bompiani G. *Diccionario literario de obras y personajes de todos los tiempos y de todos los países* 2ª ed. Barcelona: Montaner y Simón 1967.

Poulet G. ed. *Los Caminos actuales de la crítica*. Barcelona: Planeta, 1969.

Royo S. C. *El Análisis de la prosa literaria*. Buenos Aires: Huemul, 1968.

Sainz de Robles F. C. *Ensayo de un diccionario de la literatura* 3ª ed. Madrid: Aguilar, 1965.

———. *Los Movimientos literarios* 3ª ed. Madrid: Aguilar, 1957.

Scott A. F. *Current Literary Terms*. New York: Macmillan, 1965.

Shipley J. T. *Dictionary of World Literary Terms* rev, ed. Boston: The Writer, 1970.

de Torre, G. *Doctrina y estética literaria*. Madrid: Guadarrama, 1970.

Wehrli, M. *Introducción a la ciencia literaria*. Buenos Aires: Nova, 1966.

A 2
B 3
C 4
D 5
E 6
F 7
G 8
H 9
I 0
J 1